떠남과
남겨짐의
교육

이 책은 2008년 정부(교육과학기술부)의 재원으로 한국연구재단의
지원을 받아 연구되었음(과제번호: KRF-2008-321-B00147).

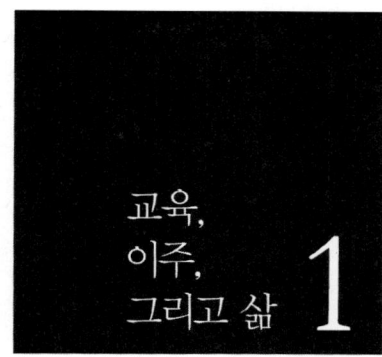

교육,
이주,
그리고 삶
1

떠남과
남겨짐의
교육

이주와 교육 프로젝트팀 지음

머리말

　우리 민족에게 교육은 시대와 공간을 넘어 삶의 동력이자 전략이었다. 정치적 자유가 없고 생존 조건이 열악했던 일제 강점기에도, 정치경제적 상황이 나아진 오늘날에도, 교육은 여전히 삶의 난관을 극복하고 희망을 재생산하는 기제로 인식되고 있다.

　식민지배시대에 정치적인 이유로 혹은 더 나은 생존의 조건을 찾아 이주한 척박한 이국땅에서도, 우리 민족은 학교를 세우고 교육을 했다. 민족의 독립을 위해 교육에 희망을 걸었고, 교육을 안정적 정착을 위한 전략으로 활용했다.

　식민지시대의 교육과 이주가 민족적·정치적 요구가 크게 작용한 것이라면, 오늘날 국내의 교육과 이주는 개인과 가족중심의 요구가 강하게 작용한 것이었다. 교육의 사회적 효용성이 강조되고, 개인에게 주어진 사회경제적 보상은 교육에 대한 기대를 더욱 높였다.

　그러나 이러한 기대는 결국 교육 자체보다는 학력·학벌에 대한 열망으로 이어졌고, 교육의 도구적인 효용성을 강조하는 경향을 띠게 되었다. 교육은 곧 학력·학벌 추구를 위한 활동과 동일시되었다.

　교육기회의 불평등이 심화되었고, 지역 또한 중앙주의의 거센 조류에 밀려 학력·학벌 사회에서 소외된 변방이 되었다. 교육이 지역변수와 결부되면서, 한국교육은 떠남과 남겨짐의 현장이 되었다. 중앙을 향한 떠남은 소수의 사회적 성공과 연결되고, 교육은 성공한 소수 모델을 이상으로 제시하고 성공을 부추기고 있다. 전략으로서 떠남이 있는 자리에 머묾, 남음, 뿌리내림은 남겨짐이 되고, 남겨진 곳의 삶과 교육은 현장의 황폐화와 삶의 고단함을 역설하고 있다.

이 책은 크게 4부로 구성되어 있다. 제1부에서는 교육-공간-이주 간의 이론적, 실제적 연관성을 개괄한다. 제2부에서는 해방 전후 우리 민족이 러시아와 중국 등지에서 보여준 이주와 교육의 역사적 의미를 살펴볼 것이다. 제3부에서는 현재 한국사회에서 이루어지고 있는 교육과 이주의 관계에 대한 인식과 그 의미를 조사·분석하고 있다. 제4부에서는 우리 민족사회가 역사적 과정을 통해 오늘에 이르기까지 형성·변화시켜온 교육의 모습에서, 우리가 지양해야 할 바에 충격을 가하면서 또한 우리가 정립해야 할 대안교육론을 구성해본다.

이주와 교육 프로젝트팀

C·O·N·T·E·N·T·S

01

교육, 공간, 삶

교육과 공간은 어떤 관계를 맺고 있는가. 특정 공간이 더 나은 교육을 보증하는가. 그리고 교육을 위한 이주는 얼마만큼 실재이며, 교육이주로 인하여 발생하는 사회적 문제는 무엇인가. 제1부에서는 우리에게 교육이 어떤 의미였는지 이주를 통해 논의한다. 교육의 의미를 굳이 '이주'와 연관 지어 밝히려는 까닭은 교육에 대한 적극성을 확인할 수 있기 때문이다. 적극성이 행위함을 의미한다고 볼 때, 생경한 이주지에서 무엇보다 교육을 중시했거나 교육을 위해 삶터를 옮긴다는 사실은 교육을 향한 우리들의 적극성을 의미하는 것이다. 그러나 교육성취를 위한 떠남이 전략이 된 곳에서 '남음'은 '남겨짐'이 되고 남음/남겨짐은 교육적 차별을 심화시킨다.

제1장 교육, 공간, 그리고 한국인의 삶:
교육으로 인한 떠남과 남음/남겨짐

이경숙

Ⅰ. 공간, 자유와 구속성

현대사회에서 공간은 응축, 네트워크, 초경계성으로 흔히 표현된다 (박배균, 2009; 박경환, 2008). 그만큼 공간의 폐쇄성은 사라지고 공간과 공간 사이의 넘나듦이 자유로워지고 있다. 공간과 공간 사이에 인위적으로 만든 경계를 인간 또는 자본, 상품, 교통수단 및 통신 등이 넘어다니며, 공간과 공간 사이의 경계를 약화하고, 공간과 공간을 연결한다. 이때 현재공간과 목표하는 공간을 잇는 중간의 모든 공간은 소멸되고 원하는 지점으로 마치 바로 연결되는 듯한 공간의 응축이 있다. 공간의 응축이 있기에 공간이동은 더욱 자유롭다. 만약 원하는 공간으로 가는 모든 공간에서 지난한 경험을 거쳐야 한다면, 공간이동은 매우 어려울 것이다. 목표하는 공간으로의 직진이 더욱 빨라지면서, 점차 인간의 삶은 공간을 초월해가고 있다. 그 자유로움은 이곳에 있지 않되 이곳에 있는 '비존재의 존재'를, 이곳에 있되 이곳에 있지 않는 '존재의 비존재'까지도 불러오고 있다. 핸드폰이나 인터넷을 통해, 굳이 몸이 그곳에 있지 않아도 내가 그곳에 존재할 수 있다.

공간이동이 자유로우니, 현대인의 삶에서 거주와 이주의 간극도 매우 좁다. 거주와 이주라기보다 차라리 유동하는, 흘러 다니는 삶이라고 하는 게 더 적합할지도 모른다.[1] 각종 과학기술, 교통, 통신의 발달은 새로운 공간개념과 이주개념을 요구한다. 적극적으로는 새로운 공간을 인간이 만들기도 한다. 인터넷 속의 가상세계를 만들어 그곳에서 삶을 살고 항의하고 현실의 변화를 이끌어 낸다. 습관의 경제성(존 듀이, 이홍우 옮김, 2007)을 다 버리고, 매사 모든 일에 신경을 곤두세워야 하는 긴장상황임에도, 사람들은 새로운 공간으로 나아가길 주저하지 않는다. 새로운 공간으로의 진입은 새로운 세계로의 진입이다. 다시금 익숙한 체계를 형성할 때까지 모든 불편을 감당하면서도 이주할 때는 이유가 있다. 현재보다는 더 나은 삶이 있다든가, 더 나은 학력과 경력을 찾아 이주한다든가, 또는 사회·정치·경제적 이유로 이주한다(Virginia Yans-McLaughlin, 2009). 그 어떤 이주이든 바뀐 삶의 조건 속에서 이주자는 살아가야 한다. 또 다른 거주를 시작해야 한다. 새로운 공간이 주는 긴장에도 불구하고 한국사회는 교육을 매개로 한 이주와 거주가 두드러진다.

그러나 자유로운 넘나듦으로 거주공간이 삶에 미치는 영향력이 줄어들거나 다중적인 공간이 삶에 동시에 영향을 미치는 현상에도 불구하고, 인간 몸이 현존하는 공간은 있기 마련이다. 거주공간의 이동이 말

---

1) 현대사회에서 거주함은 점차 관계의 넓이와 깊이의 개념, 또는 뿌리내림의 개념을 상실해가고 있다. 현대인들은 자본을 매개로 관계가 성립하지 관계 자체를 지향하지 않으며, 한 공간에 뿌리내린다는 것도 점점 어려워지고 있다. 자본을 따라 움직이는 삶, 그것은 공간의 이동이기도 하고 또한 사고와 생활방식의 흐름이기도 하다. 자본을 쫓아다니지만, 자본과 결합하지 못하면 언제든 버려지는 인생을 살아가게 된다. 때문에 심리적으로도 부유하는 삶을 산다. 이 점에서 현대인의 삶은 꼭 물리적 공간을 이동하지 않아도, 고향상실을 내재하고 있다고 말한다.

처럼 마냥 자유롭지 않고, 그가 살고 있는 현장이 삶에 영향을 미치므로 '공간의 이야기'는 여전히 존재할 수밖에 없다. 대표적으로 여권과 비자발급, 그리고 통관절차는 사람들에게 국가 사이의 경계를 일깨워준다. 그리고 눈에 보이지 않는, 그러면서도 실제 이주의 장벽이 되는 인위적 경계도 있다. 예컨대 경제적 장벽이다. 그래서 사람들은 자신이 공간 속의 존재임을 깨닫게 된다. 이런 장벽이 있기에, 세계를 더 넓은 활동무대로 삼는 이들의 자유가 돋보이고, 한편 어떤 이들에게는 공간이 진입할 수 없거나 벗어날 수 없는 구속을 의미하게 된다. 다수 사람들은 국경을 넘을 때, 또는 국경 내에서조차도 사회경제적 지위에 따라 이동의 자유가 제한되거나 이동지역이 제한되는 국지성을 띤다. 게다가 거주하는 공간은 거주자의 사회·경제·문화적 위치를 표시할 정도로 공간은 차별적으로 존재한다. 공간은 단지 지리적 장소가 아니라 여러 지표에 따라 서열화된 위계적인 값이다. 공간의 위계화가 공간이동의 자유만큼이나 빠른 속도로 굳어져 왔다. 공간의 위계화는 인간 존재가 공간을 초월한다 해도, 인간 존재의 몸은 어쩔 수 없이 어딘가에 머물고 있으며, 그 거주공간의 서열에 따라 일상에 영향을 받는다는 것을 의미한다.

Ⅱ. 자식교육, 이주와 거주의 힘

삶의 공간에 교육은 존재해왔다. 우리 근대 역사에서는 한반도에서든, 한반도를 떠나서든 사람들은 학교를 만들어 교육해왔다. 거주공간에는 마땅히 학교를 세워 아이들을 가르쳐야 한다는 생각이 삶을 이끌었다. 19세기 말 전후하여 한반도를 떠난 우리 민족은 경제적 어려움에도 학교를 설립하고 자녀의 학교교육에 원주민들보다 적극적이었다. 그리고 국내 거주자들도 교육열이 높았고, 교육을 이유로 거주지를 결정하고 이주했다. 해방이후부터 2000년대까지 국내 인구이동의 중요요인 중 하나가 교육이었다(유경문, 1989; 정승일, 1993; 정환영, 1996; 최진호, 2008).[2] 우리 민족은 교육을 위해 기꺼이 도시경계와 국경을 횡단해 왔다. 이 점에서 근 100년 동안 우리 민족에게 교육은 이주와 정착의 힘이었고, 여전히 힘이다.

1. 해외 이주자들, 이주지를 교육적 공간으로 생성·배치하다

우리 민족의 국제이주는 19세기 후반부터 자발적이고 간헐적으로 국경을 넘어 농사를 지었던 노동이주와 20세기 초반 식민지 상황에서 발생한 정치적 이주에서 시작되었다. 그리고 일제식민정책에 의한 이주도 행해졌다. 경제적 이주는 대체로 지인을 통해 알음알이로 이주지가 결정되는 연쇄이주였다. 정치적 이주의 경우에는 항일독립운동에 적합한 곳을 선정하는 방식으로 이뤄졌다. 20세기 전반기 이렇게 조선을 떠난 이들은 주로 만주, 연해주, 일본, 미국 등으로 건너갔다. 이들 이주자들은 정착과정에서 다른 민족보다 자식교육에 더 높은 열성을 보였고, 이는 이주 2세대의 사회적 성공을 이끌었다.[3]

---

2) 최진호는 1997년 시행된 인구이동통계를 기반으로 수도권으로의 전입과 전출요인을 분석하였는데, 전반적으로는 직업요인, 가족요인이 가장 주요한 이동원인이었다고 밝힌다. 교육요인은 수도권 전입과 전출에 큰 변수를 차지하지 않았지만, 연령과 교육 수준에 따라 교육요인 때문에 이동하였다는 가구주의 비율은 매우 컸다. 15~24세까지, 40~49세까지는 교육요인 때문에 수도권 진입 또는 진출자가 많으며, 교육 수준에 따라서는 전문대학 이상자가 교육요인 때문에 수도권 진입 진출자가 상대적으로 많았다.

3) 이 시기 교육해야 할 이유는 많았다. 가난한 부모세대들은 자식들의 가난을 면할 수 있는 유일한 통로가 교육이었고, 사회문제를 생각하는 층들은 독립운동을 위해서 다음 세대의 실력 양성에 교육만큼 중요한 활동이 없었다. 그런가 하면 심지어 제국주의자 일본조차도 식민지인들을 그들의 '황국신민'으로 양성하기 위해서는 통제 가능한 학교교육이 중요했다. 사회 곳곳에서 후세대를 위한 교육의 명분과 필요가 충분히 많았다. 이것이 후세대들의 높은 교육열을 이끄는 중요한 이유가 되었다.

중국 한인들은 국경을 넘어온 사람들이라는 의미에서 '월경천입민족(越境遷入民族)'으로 불렸다. 19세기 후반부터 국경을 넘은 한인들은 생존과 정치적 독립을 위한 전략으로 자식교육을 중시했다. 20세기 초반 이후 항일독립운동과 결합하여 마을마다 많은 사립민족학교를 설립할 만큼 이주자들은 자식교육에 적극적이었다. 만주국교육사(滿洲國教育司) 조사에 따르면, 1937년 만주지역 전체 학령아동의 취학률은 30.25%였다. 그런데 그해보다 한 해 앞선 1936년 6월에 만주국 내 한인의 취학률은 이미 48%(남자 65%, 여자 25%)였다. 1944년 간도성의 한인 학령아동 취학률은 평균 83%에 이를 만큼 높았다. 이런 통계수치는 "아무리 어려워도 자식공부는 시킨다", "마을마다 학교가 있었다"는 한인의 자부심 어린 말에서도 확인할 수 있다.

연해주 역시 국경이 인접한 까닭에 19세기 후반부터 이주가 시작되었다. 이곳에서도 자식교육열은 높았다. 1905년 민족주의학교가 세워지기 이전에 벌써 실용적 필요 때문에 한인들은 자녀에게 학교교육을 시켰다. 이 점에서 1903년 포시에트지역 농민대표는 한인들은 자식교육열이 높아서 국가의 별도 교육지원이 필요 없다고 말할 정도였다. 그리고 1910년대 외무성 전권대표 그라베는 연흑룡지방에서 글을 아는 러시아인들은 거의 없지만 한인들은 그렇지 않다고 말했다(보리스박·니콜라이 부가이 지음, 김광환·이백용 옮김, 2004: 105).

블라디보스토크 신한촌에서는 학교를 마을 중심에 건립하고 학교가 마을의 문화적 중심기능을 했다. 소련집권 상황에서도 이런 교육열은 이어졌다.[4] 국가재정이 닿지 않는 시골지역에서는 한인들이 자발적으로 교사 월급을 주며 학교를 운영하였는데 이는 다른 민족에게서는 볼

---

4) 1924~1925학년도 극동도시의 러시아 주민 1,000명당 평균학생이 152명이었는데, 한인학생은 156명이었다.

수 없는 '기현상'이었다(보리스 박·니콜라이 부가이 지음, 김광환·이백용 옮김, 2004: 235). 중앙아시아로 강제 이주당한 이후에도 조선인들의 교육열은 높았다. 소련이 해체되기 직전 카자흐스탄의 교육 정도를 비교해보면, 카자흐스탄인 대학생(16~29세) 수는 천 명당 평균 69명인데, 카자흐스탄 한인들은 평균 138명이었다. 그리고 대학을 졸업한 노동자비율도 카자흐스탄 평균보다 한인이 두 배 이상 높았다(심드미트리, 2011).

초기 미국 이주자들인 하와이 이주자들 역시 자식교육열이 높아서, 1925년 한인학생들은 8학년 수학경시대회에서 한인, 일본인, 중국인, 백인 중 최고 성적을 거두었고, 15~19세의 공립학교 학생 중에서 한인학생들이 많았다. 1936년 인구 1,000명당 하와이 대학생(18~21세)은 평균 71명이었지만, 한인 대학생들은 81명이었다. 한인들이 일본인과 중국인보다 늦게 하와이에 도착하였지만 교육성취는 더욱 높았다(웨인 패더슨, 정대화 역, 2003).

당시 '교육'을 목적으로 하는 이주는 거의 없었다. 정치·사회·경제적 이유로 이주하였고, 이주한 다음 그곳에 거주하면서 생존과 독립운동의 전략으로서 자식세대의 교육에 적극적이었다. 자식교육은 부모 세대가 살아가는 원동력이었다. "자식은 검은 노동에서 벗어나도록 하기 위해", "나는 이렇게 살았어도 자식은 그렇게 살지 않도록 하기 위해서", "자식만은 더 잘살도록" 하기 위해서 부모들은 힘겨운 삶이라도 이겨냈다.

낯선 공간으로 이주한 한인들은 이주공간을 교육적으로 배치하고, 그곳에 속하면서 교육적 삶을 사는 계기가 되었다. 마을마다 교육공간을 꾸리고, 그곳에서 다음 세대를 통해 희망을 재생산하려고 노력했던 공간배치 방식은 삶의 변화를 불러왔다. 학교를 중심으로 독립운동가들과 민중들이 함께 다음 세대를 걱정하고, 운동회와 연합축제와 같은 학교활동을 마을로까지 확장하여 교육이 마을의 삶 속으로 스며들게 하였다.

2. 한국인, 거주지를 분화된 교육소비공간으로 만들다

현재 '월경'이라는 말이 무색할 만큼 공간은 응축되었다. 국경을 넘는 이주도 잦고, 더 나은 학벌과 경력을 위해서도 국경을 넘는다. 이 행위는 '국제적 인물', '국제경쟁력을 갖춘 인물', '글로벌 인재', '글로벌 리더'가 되는 길이다.

김선정(2009: 145~180)은 한인의 미국 이주사에서 1990년대 말부터 현재까지(제4시기)를 '교육형 이민기'라고 명명하고 있다. 그동안 많았던 경제적 이주자는 줄고, 1990년대 말부터 교육적 이유로 미국에 간 이민자들이 증가하고 있다는 것이다. 증가일로이던 해외조기유학이 2006년 이래 경제적 문제로 감소하는 추세이지만, 조기유학 의향이 줄어든 것은 아니다.[5] 손준종(2005; 2008)은 교육이민, 조기유학,[6] 어학연수, 해외유학을 '교육을 목적으로 한국을 떠나 외국에서 교육받는 탈한국 현상'이라 지칭하였다. 그에 따르면 대학교육을 중요하게 생각할수록, 학력이 계층결정에 주된 요인이라고 생각할수록, 월평균소득이 높을수록, 강남지역에 거주할수록, 사무직에 종사할수록 교육을 위한

---

5) 1990년대 후반 이후 급증하던 조기유학생이 2006년도 이래 감소하는 추세이다. 특히 2009년도 조기유학생 수는 2005년도 이전 수준으로 줄었다. 이는 2008년도 미국발 세계금융위기로 인해 한국 경제 역시 어려워졌다는 사실에서 한 가지 원인을 찾을 수 있다. 하지만 여전히 사람들은 가능하다면 자녀를 조기 유학시키고 싶어 한다. 교육여론조사에 따르면(한국교육개발원, 2010: 102~104), 2010년도에 전국 성인 1,500명 가운데 '자녀를 외국의 초·중·고등학교로 조기유학을 보낼 의향' 이 있는 사람이 45.2%에 이른다. 2008년도와 비교해서 보낼 의향 자체는 줄지 않았다.

6) 조기유학은 고등학교를 졸업하지 아니한 초·중·고등학생이 유학('외국의 교육기관 연구기관 또는 연수기관에서 6개월 이상의 기간에 걸쳐 수학하거나 학문 기술을 연구 또는 연수하는 것' 국외유학에 관한 규정, 제2조 제1호)을 가는 경우를 의미한다. 사유별로는 초·중학교는 인정유학, 미인정유학으로 구분하고, 고등학교는 자비유학으로 정의한다.

탈한국 현상에 긍정적 태도를 보였다. 한편 조기유학의 이면에는 '기러기가족'이 있다. 기러기가족은 가족이 계급재생산을 위한 도구적 가족이 된다는 문제를 안고 있다(이두휴, 2008; 김현미, 2011).

교육으로 인한 탈한국 현상은 거주지역과 깊은 관계가 있다. 실제로 서울지역, 그리고 서울 내 강남지역의 조기유학 열풍이 다른 지역에 비해 높다. 여기서 이주가 전면적인 범위로 이뤄지지 않는다는 사실을 알 수 있다. 외형상 보기에 국가 대 국가의 형태로 이주가 일어나는 것 같다. 가령 대한민국에서 미국으로 이주한다고 생각한다. 그러나 실제로는 대한민국 어느 지역에서나 이주가 발생하고 미국 어느 지역이나 이주대상지가 되는 것이 아니다. 국가 전면이 아니라 사회·경제·문화적으로 부유한 곳, 가령 강남에서 더욱 부유한 특정한 곳, 가령 미국 내 대도시로 이주해가는 것이다. 따지고 보면 '국가 대 국가'의 형태로 이주가 발생하는 것이 아니라 '현장 대 현장', 즉 살고 있는 구체적 공간 대 지향하는 구체적 공간으로 국지적 이주가 발생하는 것이다(박배균, 2009; 박경환, 2008).

국내의 교육이주도 잦다. 대도시, 도시 내 특정 지역을 향한 교육이주가 꾸준히 늘고 있다. 농촌은 도시로, 도시는 도시 내 중앙으로, 또다시 서울로, 교육이주를 떠나고 싶어 한다. 가족의 전략적 행위방식으로 교육이주가 이뤄지고 있다. 다른 가치보다 자녀교육, 또는 자녀교육을 통한 사회적 성공의 가치를 중요하게 생각하여 교육이주가 일어나고 있다. 실제 교육이주는 못 해도, 교육이주를 희망하고 교육이주에 대체될 만한 행위를 하는 '의식적 이주', '잠재적 이주'도 있다.

사회경제적으로 부유한 계층이 모여 사는 곳에 특별한 학교와 사교육기관이 들어서고, 그곳의 교육을 소비하기 위해 사람들은 다시 집중된다. 특별한 사람들의 특별한 교육소비공간으로서 거주공간이 재탄생

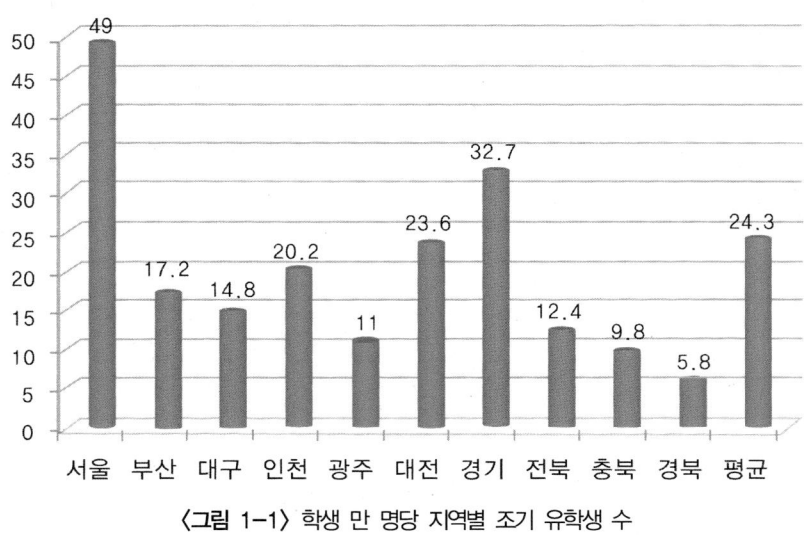

〈그림 1-1〉학생 만 명당 지역별 조기 유학생 수

하게 되었다. 그 거주지가 이른바 '교육특구'로 사회적 유명세를 얻으면, 이후 교육여건과 결과를 내세워 거주지 값이 높아진다. 그렇지 않은 거주지들은 교육기관이 다 떠나버림으로써 잘 갖춰진 교육소비공간과는 분리된 교육황무지가 된다.

교육과 공간의 관계라는 측면에서 본다면, 100년을 사이에 둔 20세기 초반 전후와 21세기 초반 전후 두 시기는 공통점과 차이점이 존재한다. 공통점이라면 어떠한 공간에서든 우리 민족은 자식교육을 중요한 삶의 행위방식으로 인식하고 교육적 공간을 만들고 배치하고 그 속에 속하고자 한다는 사실이다. 사람들이 모이면 가장 먼저 학교부터 만들었다는 사실은 교육공간 만들기가 중요한 삶의 형태였음을 말한다.

차이점은 삶에서 자녀교육이 차지하는 위상 문제, 그리고 자녀교육과 이주의 관계변화이다. 20세기 초반 무렵 자녀교육이 중요했지만, 교육이주가 이주의 독자적 이유가 아니었고 자식교육이 가족 삶 전반을 압도하지도 않았다. 20세기 초반에는 한 인간이 사회 속에서 독립할 수 있는 힘으로서 자녀교육이 의미 있었다. 자녀교육은 사회적 관계 속에서 더 잘살아가기 위한 장치였다. 그러나 현재는 자녀교육이 가족 삶 전반을 압도하고 있다. 관계 속에 자녀교육이 있다기보다 자녀교육이 사회적 관계를 조정할 만큼 힘이 커졌다. 그리고 거주지 분리와 학교분화가 심화되면서 학교교육이 사회적 관계의 확장보다는 특정계층끼리의 폐쇄적 관계를 지향하는 측면이 강해졌다.

Ⅲ. 교육과 거주지 효과

일반적으로 교육과 공간의 관계는 '교육에 미치는 거주지 효과', 가령 '교육에 미치는 강남 효과', '교육에 미치는 수성구 효과' 문제로 나타난다. 즉 거주지라는 요소가 교육에 미치는 영향과 그로 인한 삶과 교육의 변화를 따지는 것이다. 거주공간과 교육의 관련성을 묻는 것이다. 교육과 거주지 효과의 관계를 말할 때, 이론적으로 그런 효과가 실재하느냐를 묻는 논의, 그리고 실제에서 얼마나 많은 사람들이 거주지 효과를 신뢰하고 행위하느냐의 문제로 말해볼 수 있다.

1. 거주지 효과에 대한 이론들

'교육에 미치는 거주지 효과'는 우리 사회에서 실천행위가 먼저 있고, 이를 이론이 뒤쫓아 설명하는 모양새이다. 이론과 실제, 무엇이 앞섰든 간에 교육과 거주지 효과를 다루려면 한 가지가 전제된다. 거주지 간의 차이가 존재해야 한다는 것이다. 거주지들 사이에 차이가 있기에 그 차이가 작용하여 교육을 달리 형성한다. 모든 거주지가 동일하다면 거주지에 따른 효과라는 말은 성립하지 않는다.

인간이 사는 곳은 동일하지 않다. 거주지마다 지리적 환경도 물질적 환경도 다르다. 거주지의 구성인자, 재정자립도, 경제상황, 사회문화 편의시설, 복지제도의 실현 정도도 매우 다르다.[7] 그렇기 때문에 거주지 이동은 단순히 물리적 공간이동이 아니라 사회·경제·문화적 재배치라고 한다. 부르디외는 공간에 따라 ① 상황이윤, ② 위치이득 혹은 등급이득, ③ 점거이득과 공간점령이득을 유발한다고 설명한 바 있다.[8] 이런 공간이득을 한국 교육상황에 대입해보면, 첫 번째 상황이윤은 가령 강남에 거주함으로써 잘사는 아이, 공부 잘하는 아이들끼리 모일 수 있는 이득이 발생하는 것이다. 그리고 둘째, 위치이득 또는 등급이득이란 이른바 '인(in) 서울대학'과 같이, 서울에 있다는 사실만으로 저절로 발생하는 이득이다. 셋째, 점거이득도 있다. 특정 거주지에 산다는 이유로 누리는 이득으로, 예컨대 강남에 살면 이른바 '명문학교'와 다양한 사교육이 밀집되어 있어 이에 접근할 수 있는 이득이 발생한다.

교육에 미치는 거주지 효과와 관련된 여러 선행연구들이 있다. 선행연구들은 한결같이 거주지에 따라 교육여건과 교육결과가 다르다고 주장한다. 다만 비가시적 요소로는 차이를 재기 어렵다는 전제 아래 선행

---

7) 김종혁·이상원(2010)은 거주지의 차이를 거주민의 직업분포(고위직분포), 사교육규모, 부동산가격에서, 김양분 등(2009)은 저소득계층 비율, 학업중단자 비율, 재정자립도 등에서, 그리고 손준종과 김경근·장희진 등(2005)은 거주민의 학력, 직업분포(고위직분포), 부동산 가격에서 거주지 차이를 발견한다. 최은영(2004)은 거주민의 학력, 직업분포, 부동산 가격 등을 기준으로 서울 내 자치구의 차이를 발견한다. 권영길(2009)은 부동산 공시지가, 거주민의 학력분포를 기준으로 삼아 거주지를 본다.

8) 상황이윤은 "먼 거리라는 이유로 원치 않는 사람이나 사물이 되거나 또 가까운 거리라는 이유로 원하는 사람이나 사물이 되는 상황"이며, 위치이득이나 등급이득은 좋은 주소처럼 다른 것들과의 관계 속에서 얻을 수 있는 이득이며, 점거이득과 공간점령이득은 그 공간을 점거하고 있기 때문에 불청객이 들어올 수 없다든가 위압감을 준다든가 하는 이득을 말한다(마르쿠스 슈뢰르 지음, 정인모·배정희 옮김, 2010: 103~106).

연구들은 거주지 효과 지표를 교육성취, 예컨대 대학수학능력시험의 결과, 학업성취도 결과, 대학진학자 수와 같은 가시적인 요소들로 구성했다. 거주지 간 차이를 측정하는 요소로 거주지 구성원들의 직업분포, 교육수준, 거주지의 학교분포, 사교육기관분포, 재정자립도 등을 제시하였다. 선행연구들은 대체로 거주지라는 단일요소가 교육결과에 영향을 미친다고 확정하기는 어렵지만, 거주지에 따라 교육여건과 교육결과에 차이가 있다고 말하고 있다.

손준종(2004)은 '교육적 공간전략'이라는 개념을 사용하여, 교육에 미치는 거주지 효과를 설명한다. 그는 '교육적 공간전략'이 궁극적으로 '경제적 정치적 권력의 획득 및 재생산'을 위한 전략의 성격을 갖는다고 보았다. 공간전략의 역사적 변동은 1970년 이전의 '탈농촌'에서 1970년 이후 '탈지방'으로, 그리고 1990년 이후 '탈한국'현상으로 이어지고 있다고 분석한다. 그리고 '탈출'현상은 공간의 분리현상을 초래하여, 서울중심 또는 미국중심의 공간배치를 생성하고 있다고 본다.

김경근·장희진(2005)[9]은 "상위계층 학부모들이 거주지의 교육환경에 민감하게 반응하는 이유는 거주지가 학업성취에 영향을 미치고 궁극적으로 사회이동에도 핵심동인으로 작용할 가능성이 크기 때문"이라고 분석하였다. 최은영(2004)은 서울의 거주지 분리현상이 심화되고 있고, 그에 따른 교육환경도 차별화되고 있다고 분석하였다. 거주지 분리현상은 교육결과에도 영향을 미쳐서, 양적으로는 대학진학자 수의 차별화를 가져오고, 질적으로는 진학대학과 진학학과에도 차별화를 낳았다고 본다. 김양분 등(2009)[10]은 지역 간에는 대학수학능력시험 성취

---

9) 김경근·장희진(2005)은 2004년 조사결과 교육이주 가족들은 대체로 소득 수준이 높고 아버지가 정신노동에 종사하며, 또한 교육열이 높아 자녀에 대한 기대교육 수준도 높았다고 보고했다. 그리고 거주지 효과는 비단 한국만이 아니라 미국과 영국에서도 실재한다고 적시하였다.

10) 김양분 등(2009)은 이때 지역 간 차이변수는 저소득계층 비율, 학업중단자 비율, 재정자립도 등이었

결과에 차이가 있다는 사실을 밝혔다. 권영길(2009)은 전국의 부동산 공시지가와 특정대학 진학자 수의 관계를 통해 '대한민국 교육불평등지도'를 제시한 바 있다. 김종혁·이상원(2010)은 대구 수성구를 '교육특구'로 규정하고 수성구 효과를 논의하고 있다. 김경근·강혜영(2005)은 지역 간 교육여건(학급당 인원수, 교사 1인당 학생 수, 사교육 등)과 교육결과(대학수학능력시험 평균점수)의 차이에 주목했다.

이 외에도 주택가격과 교육정책, 학군, 교육환경 등에 관한 여러 연구들이 있다. 대부분 연구는 교육환경이나 정책이 주택가격에 직접 영향을 준다고는 보지 않았다.[11] 그러나 거주지별 교육여건과 교육결과의 차이는 명백하다고 보았다.

2. 거주지 효과의 실제―신념체계로서 거주지 효과

거주지 효과의 실제는 누가 거주지 효과를 신뢰하고 행위하느냐, 그리고 그 영향력이 얼마나 널리 확산되어 있는가 하는 측면에서 볼 수 있다. '개천의 용', '맹모삼천지교', '강남엄마', '수성구엄마' 이는 교육과 공간의 연관성에 관한 말들로 우리 사회에서 사회적 공감도가 높다. 그래서 이제 더 이상 개천에서 용은 나지 않는다고 사람들은 깊은 탄식을 쏟아낸다. 요즘의 용은 태어난다기보다 키워진다는 인식이 더 널리 퍼져 있다. 강남엄마와 수성구엄마의 전투적 교육행위로 용을 만들 수 있지만, 개천은 태어난 용조차 품지도 지킬 수도 없다.[12]

고, 지역은 도시(대도시, 중소도시)와 읍면지역으로 구분했다.

11) 김경민·이양원(2007)은 일반교습학원 증가율은 아파트 가격에 영향을 미치지만, 교육성과(서울대 합격자 수)는 아파트 가격상승에 영향을 미치지 않는 것으로 보고했다.

12) 현재 용이 날 수 있는 곳은 강남과 수성구 같은 지역이다. 그렇다면 개천은 어디인가. 개천의 의미는 모든 약한 것들이다. 가난한 아이, 가난한 집안, 가난한 지역, 가난한 학교. 가난 속에서는 용이 태어날

거주지 효과에 대한 신념은 주로 교육여건과 교육결과 사이의 투입-산출 관계에 대한 전적인 믿음이며, 그 믿음에서 특정 거주지에 속하기를 욕망한다. 인간의 성장에는 투입과 산출 사이의 복잡한 인간내부과정이 있다는 생각은 비집고 들어갈 틈이 없다. 효과를 알기 어려운 복잡함 대신 더 많이, 더 고가의, 더 고품질의 투입을 하면 원하는 것을 얻으리라는 강한 믿음이 있다. 이럴 때 거주지는 매우 중요한 투입물이다. 거주지의 교육여건을 새로이 만들고, 배치하는 것은 오랜 시간과 비용이 지불된다. 때문에 개인이 교육을 새로 만들기는 어렵다. 그래서 개인이 선택할 수 있는 최선의 행위는 거주지 효과를 신뢰하고 그 거주지에 살거나 그곳으로 이주하는 것이다. 교육적 성취결과를 더 높여줄 수 있는 특별한 지역, 이른바 '교육특구'는 교육을 사회성공의 전략적 행위로 인식하고 교육성취를 올리는 데 적합한 체제를 갖추는 가족의 능력이다. 가령 대구 수성구 학부모는 이렇게 말한다(이경숙 외, 2010 재인용).

> 최소한 수성구에서는 아이들이 적극적이고 자발적이다. 나태하고 이러지 않고 긴장감이 있고 노력하려고 한다. 성적에 관심이 많아졌다. …… 여기 아이들은 공부를 왜 해야 하는지에 대한 고민, 해야 되나 말아야 되나 고민은 안 한다. 당연히 해야 한다고 여기고 있어서 우리 아이도 영향을 받는 것 같다. 이제는 어떻게 해서든 공부를 해야 한다고 생각한다.
> -수성구 이주자 1, 자녀가 중학교 1학년 때 수성구로 이주, 중등학교 교사

> 여기 (수성구로 이사) 와서 내가 엄마로서 부족한 것을 느낀다. 아이뿐만 아니라 엄마도 경쟁심을 가진다. …… 애를 실어 나르고, 팀 맞춰서

수 없거나, 용으로 성장할 수 없거나, 승천할 수 없다. 용이 되려면 그에 적합한 공간이 필요하다. 그곳에서는 삶의 방식과 자녀교육방식이 다르다. 그곳은 학부모의 삶을 결정하고, 그에 따라 아이의 삶도 달라질 만큼 큰 영향력을 미친다는 사고가 일반적이다.

축구팀 만들어야 하고, 수행평가도 엄마들이 다 따라가고 실어다준다. 봉사활동도 엄마가 태워다주고, 방학 때 오페라 미술전시회 등 모든 것을 다해야 한다. 자식을 위해 올인해야 한다.
-수성구 이주자 2, 자녀가 초등 6학년 때 이주, 중등학교 교사

학부모들은 교육특구에서 결과로서 더 높은 성적, 더 좋은 대학진학을 욕망하지만, 그게 끝은 아니다. 더불어 더 많은 것을 욕망한다. 입시에 적합한 삶의 체제를 갖추는 것, 그리고 또래들끼리 자발적으로 형성되는 학업성취지향적 통제효과, 사회적 성공을 위한 인맥관리 역시 거주지를 통해 욕망하는 중요한 목표이다.

학부모들에게 거주지 효과가 신념체계가 되었다 하는 까닭은 거주지 효과에 대한 믿음이 일상행위 전체를 이끌어가는 기제가 되고 있기 때문이다. 그래서 거주지 효과를 노리는 가족은 높은 집값을 지불하고,

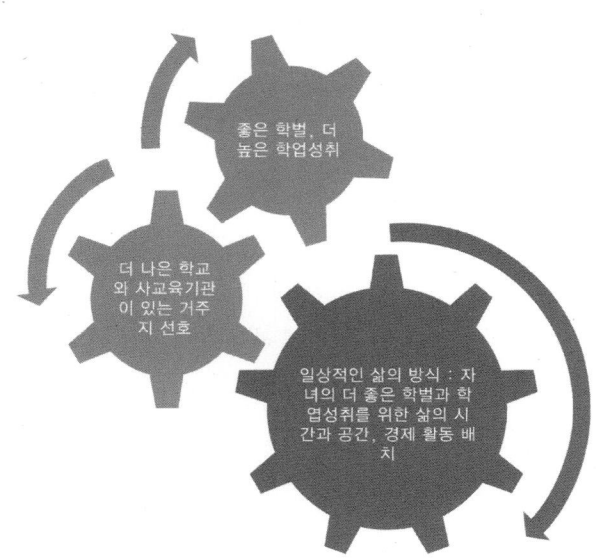

좋은 학벌, 더 높은 학업성취

더 나은 학교와 사교육기관이 있는 거주지 선호

일상적인 삶의 방식 : 자녀의 더 좋은 학벌과 학업성취를 위한 삶의 시간과 공간, 경제 활동 배치

〈그림 1-2〉 학벌과 삶의 상호관계

부모의 출근시간이 두 배 이상 길어진다 해도 자녀교육을 위해 기꺼이 이주한다.

신념체계로서 거주지 효과에 대한 인식은 실행해야 할 대상이다. 만약 욕망하는 거주지에 살지 못할 처지라면 다른 방법을 동원해서라도 유사한 효과를 내려고 한다. 그것이 위장전입이다. 고위공직자와 권력자들의 위장전입이 보도되면서 오히려 사회적으로 성공하기 위해서는 학군 좋은 곳에 살아야 한다는 통념을 사회적으로 공표하는 꼴이 된다. 결국 안 하는 사람만 손해라고 여기게 하여 가능하면 너도나도 위장전입을 하게 만드는 효과를 부추긴다. 그리고 거주지 효과를 신념체계로 받아들이면서도 여러 사정으로 행할 수 없다면 죄책감과 나름의 방어 논리를 개발한다.

또한 신념체계로서 거주지 효과에 대한 믿음은 모든 개별사례가 거주지 효과를 입증하느냐를 묻는 게 아니다. 여기서 성공사례의 중요성이 나온다. 성공사례보다 실패사례가 많다 해도 몇몇 성공사례를 전적으로 신뢰한다. 성공사례들은 주변 이웃들에게서 발견되기도 하며, 또한 언론이나 사교육기관, 학교를 통해 유포되기도 한다. 그렇게 만들어진 성공사례들이 공공연한 실제가 되면서, 학부모들은 그 사례를 자신의 사례로 수용하게 된다. 설령 거주지 효과에 반하는 결과를 보더라도 사례들은 전체 속에 수렴되어 읽힐 뿐이다. 그래서 성공사례는 거주지 효과로 유의미하지만, 실패사례는 공적인 논의가 되지 못하고 소멸된다. 실패사례는 실패자 당사자에게만 유의미한 사례가 되거나 잠시 유포되어도 곧 힘을 상실하고 없어진다.

그런데 최근 거주지 효과 논의에 새로운 변수가 생겼다. 이전에는 거주지 효과 논의에서, 거주지 내 학교가 산출한 결과를 곧장 거주지로 인한 교육성취의 결과로 해석했다. 즉 A지역에 있는 A'고등학교의 성취결과를 A지역의 효과로 해석해왔다. 거주지역이 그대로 학군이었기 때문이다. 그러나 이제는 거주지와 아이가 다니는 학교의 소재지가 달라지는 상황이 많이 발생하고 있다. 학교 다양화라는 명목으로 학군제도, 평준화제도에 균열이 생기면서 나타난 현상이다. 외국어고등학교와 과학고등학교 같은 특수목적고등학교, 자율형 사립학교와 같은 다양한 학교들, 그리고 거주지역을 벗어나서 학교를 다니는 것이 가능한 학교선택제도가 생겼다. 그래서 A지역 내 A'학교의 성취와 A지역 효과를 곧장 연결할 수 없게 되었다. 강남 학생이라고 강남지역 학교를 다니는 것은 아닐 수 있다. 그래서 학교 매개 없이 더욱 직접적으로 거주지 효과를 재야 한다. 어느 학교를 다니느냐와 무관하게 A지역에 사는 학생들의 성취와 A지역을 결부시켜야 된다.

Ⅳ. 교육으로 인한 공간과 삶의 변화

교육이주자들의 공간전략은 특정 거주지의 더 나은 교육여건을 향유함으로써, 더 높은 학업성취와 사회적 성공을 도모하려는 가족주의적 전략이다. 이러한 공간전략은 시간전략을 포함하고 있다. 대부분 학업성취에 유리한 공간이 사교육기관이 많다거나 이른바 명문고등학교가 있는 곳이라서 학습시간을 단축할 수 있다. 단축한 학습시간만큼 남들보다 더 많은 것을 학습할 수 있다. 시간을 생산한다고 볼 때, 적극적 공간전략을 펼치는 이들에게 더 많은 시간을 생산할 기회가 주어지는 것이다. 시간의 생산은 단순히 시간의 양만이 아니라 시간의 안정성, 안정성으로 인한 높은 시간계획 가능성까지도 포함한다. 이는 경제적으로 어려운 이들, 가령 비정규직들이 스스로 시간을 통제할 가능성이 더 낮고, 그로 인해 스스로 설계할 수 있는 시간도 더 적다는 사실에서 확인할 수 있다. 이 점에서 교육적 공간전략을 펼치는 이에게는 시간생산과 미래의 설계라는 이득이 주어진다.

교육을 전략적 행위로 인식하고 실천하는 우리 사회는 구성원의 가족관계와 생애주기마저 바꿔놓았다. 수험생의 시간계획이 가족의 생활시간을 결정하고, 기러기아빠들이 홀로 살아야 한다. 생애주기 역시 학교체제 중심으로 짜인다. 청소년으로서 심리적 방황을 할 겨를은 없다. 부모들도 노년준비를 유보해야 한다. 이 모든 이유는 더 나은 학벌을 얻기 위함이며, 경쟁적 사회에서 성공하기 위해서이다. 경쟁적 삶이 치열하고 장기화되면 경쟁적 삶은 교육결과 중심의 교육을 더욱 강화한다. 그래서 사회 내에서 소통단절의 교육, 성공과 실패의 이분법적 교육이 교육을 지배하게 된다. 위계적으로 분리된 공간은 이 현상을 더욱 부채질한다.

1. 중앙주의와 공간의 양극적 배치

중앙을 지향하는 의식이 사회와 개인 삶을 지배하는 것을 중앙주의라 한다면, 현재 한국사회는 중앙주의 사회이다(교육문화연구회, 2000). 중앙이 실체적으로 있다. 국가에 따라, 지역에 따라 위계적으로 거주공간이 존재하고 있다. 국가로는 미국이 중앙이며, 한국 내에서는 서울-수도권-지역 대도시-중소도시-지역 읍면이 중앙에서 변방에 이르는 위계서열이다. 이 중 서울을 향한 집중은 가히 '초집중'(최장집, 2010)이라 할 만큼 모든 경제, 문화, 사회적 요소들이 집중되어 있다. 모든 권력과 경제가 서울에서 나오기 때문에 서울과 수도권 이외의 지역은 점차 쇠락해가고 있다. 그래서 중앙주의는 공간을 극단적으로 배치하는 효과를 낳게 된다. 중앙에는 사람과 자본이 몰리고, 지역은 황폐화된다.

중앙주의 의식은 비록 중앙으로 이주하지 못해도, 현재 상태에서 중앙을 지향하는 잠재적 이주를 포기할 수 없다는 의미이다. 몸은 여기 있되 의식은 중앙을 표준화하여 그 삶을 지향하는 분절적 삶을 살게 된다. 그래서 지역민 스스로 자기 거주지에 대한 관계 맺기의 삶이 깊어질 수 없는 이유가 된다. 자신의 거주지에 대해 무능력하거나 무기력해진다.

교육에서도 중앙주의는 심화되고 있다. '교육특구'의 생성은 중앙주의의 한 양상이다. 교육이 삶을 지배하여, 교육상품이 잘 진열된 거주지가 중앙으로서 최고 가치를 인정받는다. 중앙을 향한 이주가 각 지역의 중앙을 향해서, 그리고 서울을 향해서, 또 미국을 향해서 실천되고 있다.[13]

중앙이 아닌 지역들은 중앙의 교육을 욕망한다. 중앙의 교육과 유사한 형태로 거주공간을 배치하려고 노력하게 된다. 그럼으로써 거주공간의 문제를 해결하려고 한다. 어떻게든 과학고등학교나 외국어고등학교를 유치하려는 지방자치단체의 노력은 그 하나의 사례이다. 신도시가 만들어지면 신도시에 유치하려는 학교는 예외 없이 특수목적고등학교이거나 자율형 사립학교이다. 그리고 그 거주공간에 사교육이 들어오게 된다. 이런 교육적 배치가 이루어지면 거주공간의 가치가 상승할 수 있다.

그런가 하면 나가는 이주와 들어오는 이주는 공간의 극단적 분리현상을 보여준다. 사회경제적 지위가 높은 사람들은 이주가 쉽지만, 노동자들은 나가는 이주가 쉽지 않다. 그리고 들어오는 이주, 특히 주로 동아시아에서 결혼을 통해 들어오는 이주는 대부분 농촌으로 들어온다. 들어오는 이주는 농촌지역의 결혼문제, 노동력문제, 인구문제와 연관

---

13) 조기유학생의 대부분이 미국행을 선호한다. 2009년도 통계자료에 따르면, 초등학생 가운데 미국 유학률은 30.1%, 중학생 34.7%, 고등학생 45.6%이다(한국교육개발원, 2011). 그리고 고등교육단계에서 미국 유학비율은 더욱 높아진다. OECD 교육지표참여국 가운데, 고등교육단계의 유학생들 중 각 국가에서 미국으로 유학 가는 학생은 평균 24.2%인데 반해, 한국 학생들 중 미국으로 유학 가는 학생은 59.9%로 OECD 국가의 평균보다 두 배 이상 높다(OECD, 2010).

되어 있다. 실제로 해외로 나가는 이주는 중앙을 향한 이주이고, 들어오는 이주는 비어버린 또는 황폐화된 곳을 메우는 이주이다. 초국가적 이주가 이뤄지는 시기, 대한민국 역시 이 양극화된 이주를 고스란히 겪고 있는 중이다. 이 문제는 교육에서도 문제를 낳게 된다. 교육경력을 위한 국제적 이주, 국내에서의 중앙을 향한 이주가 심화되고, 농촌지역에서는 전혀 다른 차원에서 '다문화' 교육이 논의되고 있다.

2. 떠남의 전략과 남음/남겨짐의 효과

공간전략으로 인해 떠남이 발생한다. 이는 스스로 버림으로써 선택하는 것이다. 방어적 선택이 아니다. 적극적 전략으로서 떠남은 특정 계층이 중심이 되어 실현한다는 점[14]에서 남음 또는 남겨짐의 문제를 낳는다. 더 유리한 조건을 찾아 다른 사람이 떠남으로써 남음/남겨짐은 저절로 발생하는 현상이다. 이때 남았다는 사실은 곧장 남겨졌다는 사실로 미끄러져 들어간다. '스스로 남음'이나 '남겨짐'이나 타인들에 의해 동일하게 해석된다. 결국 남음은 남겨짐이 된다. 떠남의 전략으로 인해, 남음/남겨짐 또한 저절로 하나의 행위가 되어버린다. 이 행위는 주체가 스스로 선택하고 행위해서 벌어진 현상이 아니라 떠남의 전략으로 인해 발생하게 된 '위치변동'이다. 상대적으로 위치가 변해버린 것이다. 상대적으로 위치가 변하되, 아래로 미끄러짐 또는 소외됨으로 위치가 변한 것이 된다. 스스로 선택하지 않았음에도 타인의 선택으로 발생하는 상대적 위치변동은 무력감을 줄 수밖에 없다. 그렇다고 남음/남겨짐

---

14) 재벌가의 자제들은 젊은 나이일수록 외국유학생들이 더욱 많아지고 있고, 현재는 재벌가의 20대 87%가 해외 대학이나 대학원에서 공부를 했다. 가장 많이 유학 가는 나라는 미국이다(한겨레신문, 2011.7.5. "재벌가 20대 87% 외국대학행").

의 존재는 정책적 배려를 받을 가능성도 낮다.

떠난 자들에게 더 많은 성공가능성과 성공이 주어진다는 점에서, 남음/남겨짐은 패배가능성과 패배로 이어지기 쉽다. 실제로 읍면지역 학생들의 낮은 학업성취는 오랫동안 교육문제가 되어왔다. 이 문제가 반복되면서 남음/남겨짐은 패배, 열패감, 상실의 영역으로 인식되어버린다. 이는 남은 자/남겨진 자들에게 심각한 심리적 외상이 된다. 심리적 외상은 물리적 외상과 더불어 나타난다. 도시에 비해 사교육을 받을 기회가 거의 없다든가 지역 내 학교가 너무 멀리 떨어져 있다든가 학급인원수가 너무 적기 때문에 또래들끼리 자극과 성장을 이끌 기회가 적다든가 하는 물리적 문제가 존재한다. 텅 빈 지역, 텅 빈 학교, 텅 빈 공간이 남게 된다. 그럼으로써 텅 빈 곳에서 남은 자/남겨진 자들은 맺을 관계도 줄어들게 된다. 관계 맺을 사람도 줄어들고, 관계 맺을 환경과 자원도 사라지게 된다. 물리적 문제와 심리적 외상이 결부되어 남음/남겨짐은 교육적 소외의 문제를 양산한다.

대학은 서울에서 다녀야 한다는 '인 서울 대학' 현상은 떠남을 부채질하고, 지역을 텅 비게 만들었다. 지역에 있다는 이유만으로, 서울에 있다는 이유만으로 시장가치가 달리 결정되는 곳에서 떠남의 전략은 지역대학을 텅 비게 하고, 지역대학 졸업자들이 갈 곳을 텅 비게 하고, 지역을 텅 비게 만들었다. 물론 대학이 지역을 비게 만들었다기보다, 지역이 비어 있음으로 대학이 텅 비게 된 것이다. 그런데 텅 빈 지역은 텅 빈 대학을 만들고, 텅 빈 대학은 텅 빈 지역을 만드는 연쇄구조가 반복된다. 그렇게 서울과 수도권을 제외하고 전 국토를 텅 비게 만들고 있다. 이런 구조에서 교육행위는 비정상적이다. 인간 삶을 풍요롭게 한다는 교육을 받았으되 차라리 교육받지 않느니만 못하게 하고 있다. 교육받아서 성장했다는 체험보다는 교육받아서 낮은 학벌을 얻었다는 패배의 삶을 살도록 하고 있다. 교육이 아닌 학벌을 줌으로써 교육적 삶을 부정하게 되고, 개인의 삶도 부정하게 되었다.

떠남이 전략이 됨으로써 남음/남겨짐은 지역이라는 활동공간을 상실하게 만들었다. 남음/남겨짐이 아니라 머묾과 뿌리내림이 가능하다면, 지역 또한 관계맺음의 활동이 살아날 수 있다. 지역에도 사람과 역사와 문화와 자연이 존재하고 그곳에서 그곳을 가꾸고 살 수 있다. 하지만 지역이 남겨진 장소가 되자, 이곳은 떠난 이들을 위한 잠시의 여가장소, 소비장소로 전락할 위기를 항상 안고 있다. 현재 남은 이들/남겨진 이들이 변방에서 할 수 있는 경제활동은 독자적인 경제가 아니라 떠난 이들에게 기생하는 방식이다. 문제가 생기면 떠난 이들의 권력을 빌려오는 방식을 되풀이하고 있다.

남음/남겨짐의 효과는 인원수의 문제가 아니다. 떠난 이가 소수여도 남음/남겨짐의 문제는 발생한다. 왜냐하면 떠남의 전략을 통해 떠난 자들이 학벌과 권력을 전취하고, 남은 자/남겨진 자들은 떠난 자들이 취하고 남은 것을 가지게 될 가능성이 높기 때문이다. 이는 결국 권력의 문제이다. 권력의 문제인 이상, 더 큰 중앙이 아닌 모든 소중앙들은 약자이다. 그럼에도 소중앙들은 그 지역의 권력자이고, 또한 그들도 그곳에 머물 수 없는 정거장 같은 곳에서 불안한 삶을 살아간다.

V. 교육적 공간, 교육적 삶을 위하여

몇 가지 제안을 하려고 한다. 우선 거주지와 교육성취결과에 주목하는 방식 대신, 학교공간을 어떻게 교육공간으로 재편하느냐로 시선을 전환해야 한다. 학교는 교육적 삶을 집중적으로 살도록 하기 위해 발명

된 공간이다. 그럼에도 학교공간이 교육적 삶보다 교육요소 중 하나, 즉 학업성취에 모든 걸 걸고 다른 활동을 종속시키고 있다. 또한 학교를 지역사회와 유리하여, 지역사회와 관계가 소멸된 교도시설 같은 곳으로 만들고 있다. 학교 역시 사회적 기관이라면, 학교 또한 지역사회와 연관 맺고 그 연관 속에서 학생들의 인식이 더 넓어지도록 도와주어야 한다.

둘째, 적어도 교육을 이유로 거주지 분화가 더욱 심화되지 않도록 제도화해야 한다. 현재 다양화된 중등학교 형태로 인해, 앞으로는 학교효과가 더 직접적으로 교육결과에 영향을 미칠 것이다. 그래서 거주지는 잘 드러나지 않을 수도 있다. 그럼에도 거주지와 학생성취 사이에 상관관계는 실상 더 높아질 가능성이 있다. 이 관계를 누구나 인지하는 이상, 학교가 다양해졌다고 교육이주를 하지 않을 리는 없다. 그렇다면 국가 차원에서 중앙이 아닌 곳의 거주자들에게 고품질의 교육을 받고 사회적 성공을 경험할 기회를 만들어야 한다.

셋째, 국가경계를 넘은 이주가 많아지고 있다. 대신 이주의 양상이 양극화되어 있다. 그러나 분명한 것은 국제이주로 인해 여러 민족들이 한 국가경계 안에서, 한 지역 안에서 살아가고 있다. 거주환경이 바뀌었듯이 교육내용도 달라져야 한다. 그렇기에 교육도 기존의 민족주의, 애국주의를 강조하던 형태에서 공존의 교육, 평화의 교육에 관심을 기울여야 한다. 결혼이주자, 노동이주자들의 자녀들도 사회구성원으로서 교육받고 성장할 기회를 제공하고, 학생 누구나 시민으로서 보편의 감각을 갖도록 교육해야 한다.

다양한 공간경험, 동시적 공간경험을 사회제도적 자원으로 활용하려는 시각도 필요하다. 과학기술의 발달, 공간이동의 자유로 인해 사람들은 반드시 한곳에만 거주하지 않으며, 동시에 여러 공간에 속하기도 한다. 중앙주의는 이런 다차원적인 공간경험을 서열화함으로써 다양한 가치의 소통을 막는다. 세계화된 환경에서 특정 공간, 특정 국가만을 수용하고 다른 것을 배제하는 배타적 인식도 변해야 한다. 여러 사람들이 어울려 사는 것, 소통을 확대하는 것, 자신의 직접적 이익을 넘어서서 사회적 공감을 확장하는 일은 교육이 하는 일이며, 이것은 또한 민주주의를 만드는 일이기도 하다. 따라서 이 삶을 교육적 삶이라고 할 수 있다.

어쩌면 인간의 거주와 이주는 교육의 속성과도 다르지 않다. 교육은 기지에서 미지를 향한 탐구과정이며, 탐구과정 자체가 인간이 세상에서 거주하는 하나의 방식일 것이다. 이 점에서 교육은 새로운 세계에 대한 공감을 확장해가는 끝없는 이주과정이며, 기지에서 미지로 가는 이주를 거쳐 새로운 탐구결과가 나오며 이 과정 전체가 인간 삶을 규정하는 거주이다. 이것이 교육적 삶이다. 물리적으로 더 나은 지리환경을 만들고 배치하고 그곳에 속하고자 하는 소비욕망보다 우선하여 새로운 세계, 소통 가능한 세계를 향한 교육이 인간의 삶을 규정하는 교육적 삶을 살 수 있어야 한다.

제2장 한국사회의 중앙주의 문화

손종현

한국사회에는 '중앙주의'가 하나의 명백한 사회적 실재(social reality)로 존재한다. 여기서 '중앙주의'란 '중앙과 지방의 분할을 유지하고 강화하는 지배이데올로기'라고 기능적으로 정의한다. 중앙주의는 학력·학벌주의와 함께 그리고 학력·학벌주의에 버금가는 수준으로 한국사회의 성격을 반영하는 사회적 실재로서, 역사적으로 형성되었고 현행하는 사회구조가 되었다.

이 글은 '중앙주의'에 대한 과학적 이해가 오늘의 한국사회를 이해하는 중요한 단서가 될 것이라고 믿고 있다. 이 글은 '중앙주의'에 대한 사회학적 탐구와 분석에 의하여 한국사회의 기층문화의 성격을 과학적으로 이해하는 것을 목적으로 한다.

Ⅰ. 중앙주의의 개념화

우리 사회에 중앙주의는 하나의 사회문화적 패턴으로 존재한다. 중앙은 지리적으로도 존재하고 관념적으로도 실재한다. 중앙은 고학력과 출셋길을 얻기에 결정적으로 중요한 실체이다. 중앙이 실체로서 강화되면서 지역은 끝없이 주변화된다. 그래서 지배층화를 내심의 욕망으로 가진 자들은 존재의 뿌리인 '지역 삶의 터'를 버리고 서울로, 중앙으로 내닫는다. 정실과 인치가 지배하는 사회에서 중앙지향은 오히려 자연스런 것이다. 중앙으로 힘을 좇아 떠나는 것이 당연한 일이 되어 있다. 그만큼 중앙지향은 사회역사적 실재(socio-historical reality)가 되었다.

한국사회에서 중앙은 가치의 기준이고 위신의 기준이다. 중앙은 언제나 모범이다. 중앙은 좋은 것이고, 고급문화가 있고, 그곳에 권세가 있다. 부, 명예, 권력, 지식과 정보가 있는 곳, 그곳이 권력의 중심지다. 이런 점에서 중앙은 권력의 표상이고, 중앙에 있는 것만으로도 권력이 된다. 상대적으로 지역은 오로지 중앙에 들지 못한 뒤처진 사람들이 모여 사는 곳, 항상 별 볼일 없는 사람들이 모여 사는 곳이 되어 있다 (손종현, 2012: 83).

중앙주의는 하나의 지배이데올로기이다. 중앙주의란 중앙에 최고의 가치를 두고 다른 가치를 배제하는 신념체계로서, 중앙과 지방의 체계적 분할을 확대하고 이를 정당화한다(손종현, 2012: 83). 중앙에는 일류가 있고, 인물이 있다. 내가 살고 있는 곳은 언제나 변두리이다. 그래서 언제나 중앙으로 가고자 한다. 이 땅을 버리고 가능하면 좋은 학군으로, 좋은 학교로, 서울로 서울로 떠날 채비를 갖추고 있다. 이와 같이 한국인은 중앙지향의 세계관(삶의 의식, 태도, 행동)을 이데올로기로 가지고 있다. '중앙지향'을 세계관으로 삼아 세계와 사물을 개념화하고 가치화하고 그래서 이를 근거로 행동한다.

이와 같이 중앙주의가 사회문화적 패턴으로서, 가치와 위신의 기준으로서, 지배이데올로기로서 확대 재생산되고 있다. 중앙주의는 중앙지향의 삶의 태도이고 문화적 패턴으로서 역사적으로 형성되었고, 그래서 사회역사적 실재로 구조화되었다.

Ⅱ. 중앙주의의 기원

중앙지향의 사회역사적 실재는 어디에서 기원하는 것인가? 중앙지향은 자연발생적으로 형성된 것이 아니라 '사회적'으로 '역사적'으로 형성된 것이다. 이로 인해 중앙과 변방의 구조적 분할이 체계적으로 일어나고 있다.

첫째, 중앙지향의 교육이주를 낳는 일차적 원인은 자녀교육문제에서 연유한다. 부실한 지역 공교육과 학력·학벌주의의 압박감이 학생과 학부모로 하여금 중앙의 학력·학벌을 필수조건으로 선택하도록 만든다. 지역거점 국립대학의 학벌보다는 중앙의 어지간한 사립대학의 학벌이 더 브랜드(bland) 가치가 있다는 의식이 강화되고 있으며, 차라리 그것이 반무의식화(半無意識化)되는 경향을 보이고 있다.

둘째, 중앙지향은 '자식세대의 삶의 안정을 향한 희망'이라는 한국인의 이른바 '희망재생산의 기제'에서 내발적으로 연유한다. 이 희망재생산의 기제가 한국인다움을 표상하는 한국사회의 기층문화를 유지하고 견인한다. '내 자식의 삶의 안정'이라는 희망재생산의 기층문화와 연동하여, 그것의 원인이 되기도 하고 동시에 결과가 되기도 하면서, 그것을 반영하여 중앙으로의 교육이주가 지속적으로 빈번하게 일어나고 있다. 이 기층문화가 '중앙으로의 이주' 현상에 내재해 있다. 이와 같은 기층문화는 지역해체를 예비하고 있다.

셋째, 중앙지향은 성적·석차로 사람분별을 체제화하는 사회문화에서 연유한다. 성적과 석차를 산출하기 위한 교육시스템과 성적과 석차로 사람분별을 예사롭게 하는 선발시험제도하에서 '높은 성적·석차 - 중앙의 학력·학벌 - 성공적 사회진출'의 가치도식이 일반화된 의식이 되어 있고 사회구조가 되어 있다. 이 가치도식이 실체적으로 기능하는 곳에 가족이 전면에 나서서 교육에 개입하도록 되어 있다.

Ⅲ. 중앙주의 문화의 운동성

1. 인재인물론

아무리 억울한 일이 있어도 세상이 개인을 보호해주지 않는 역사적 조건과 그 속에서 형성된 '내 힘 키우기'가 세상살이 논리가 되어 있는 사회구조에서 인재인물론이 세력을 형성한다. 인재인물은 따로 있고, 인재인물이 되어야 하고, 세상은 인재인물이 보기 좋게 이끌어 간다고 믿는다. 인재인물 양성은 빠를수록 좋으며, 인재인물일수록 사회적 보상을 많이 받는 것은 자명하다고 믿는다. 내 자식만은 인재인물이 되어야 한다고 소망한다. 인재인물이 되어야 억울한 일을 당하지 않고 지배층의 자리에서 잘살 수 있다. 인재인물을 겨냥하여 기회와 권세와 학력자본이 있는 곳을 향하여 언제나 의식과 몸이 따라간다.

2. 사사화(私事化)된 조망방식

자신의 능력은 자신만의 자산이며 사회적으로 환원하지 않는 것으로 치부한다. 민족이니 민중이니 공동체니 하는 것은 언제나 군소리에 불과한 것이라 여긴다. 그러는 사이에 사회구조적으로 고통일 수밖에 없는 삶을 살면서도 그것을 사회적 고통으로 인식하지 못하며, 그래서 그 구조에 대해 아무런 행동을 취하지 못한다. 힘 있는 자와 연줄과 밀실에 의지하여 살면서 사회적 분노감을 상실해가는 사사화(privatism)된 조망 방식이 그의 삶(인지와 행위)의 구조가 되어 있다. 사회적 분노가 사라지고 공분이 쌓일 수 없다. 그런 곳에 사회적 연대는 최소화된다.

3. 성공주의

중앙지향의 사회는 성공주의를 교육통제의 기제로 삼는다. 성공하는 사람 중심의 사회체제, 다시 말해 성공한 사람을 끼고 도는 사회구조하에서 성공주의가 생존의 목표가 되고, 그 전략으로 중앙지향의 교육이 주를 선택한다.

한국인들은 성공한 사람이 되기 위해 '생존전략'으로서 새로운 형태의 존재조건을 형성하고자 하며, 그것이 교육이주로 귀결한다. 중앙을 향해 떠나는 자가 성공하는 사람이 되는 법이다. 이 중앙지향의 교육이주는 한국인들이 존재조건을 새롭게 구하는 방식으로서, 그것은 성공주의를 표상한다. 이처럼 성공이 이주의 동인이다. 성공을 앞에 두고 인정을 나누는 마을은 없고, 사회적 실천도 없다. 성공을 위해 동분서주하는 일상을 산다. 일상마다 전술이 넘쳐난다. 성공주의가 지배하는 그곳에는 사교육이 사회구조가 되도록 예비되어 있다.

4. 중앙학력 자본론

중앙주의는 중앙의 학력(學歷)을 탐하는 욕망으로 나타난다. 그래서 중앙주의는 중앙중심의 학력주의를 성립시키고 또 이를 확장한다. 중앙주의와 학력주의가 상호 규정적으로, 상호 상승적으로 연관한다. 학력주의가 중앙의 학력을 선호하면서, 학력주의가 중앙지향의 가치체계를 유지하고 재생산한다. 중앙주의가 학력주의를 부채질한다. 중앙주의는 학력주의[15]와 결합하여 그 성질이 더욱 악성이 되어 간다(김민남·손종현, 2006).

중앙의 학력·학벌에 높은 값을 매기는 사회구조, 이를테면 중앙주의와 학력주의의 이중적 구조가 이데올로기 지배를 일상화하고 있다. 그리하여 중앙의 학력·학벌이 중앙과 변방을 분할하는 척도로 기능하고 있다. 중앙의 학력과 학벌이 중심부-주변부의 분할의 핵심 기준이다. 취업이 어려울수록, 정규직-비정규직의 구획이 치열할수록 학력·학벌은 지위 선취의 통로가 됨으로써 그것을 선취하기 위한 경쟁은 치열해진다. 학력이 자본이지만 중앙의 학력이 진성의 자본이 된다.

Ⅳ. 중앙주의의 삶의 형태

1. 거침없는 교육이주

중앙주의는 교육이주를 견인한다. 중앙주의가 중앙의 학력을 획득하

---

15) 우리 사회는 '사람분별'의 인간관계가 학력을 매개로 해서 형성되고 따라서 학력을 매개로 정실과 패거리 문화가 기승을 부리는 학력사회(學歷社會)이다. 일류대학 학력(學歷)은 지배층에 이르는 든든한 수단이 된다. 따라서 모두가 일류 학력을 얻기 위해 혈안이고, 사회문화적 가치를 탕진하면서까지 그것을 얻기 위해 전력을 다한다.

는 것을 부추기기 때문이다. 그 교육이주는 '거침없는' 것을 특징으로 한다.16)

한국인은 '잘 삶'의 희망을 현실화하는 중요한 사회경제적 수단으로 교육이주를 전략적으로 선택한다. 처지 혹은 존재조건을 개선하기 위한 전략으로서 '이주와 교육'이 상호 연관 속에서 발생한다. 잘 살아남기 위해 '중앙지향의 교육이주'를 감행한다. 실제로 많은 부모가 주거지를 결정할 때 자식교육을 최우선으로 고려한다. 학부모는 이유 있는 불안을 극복하기 위해 이유 있는 안정을 모색하는 법인데, 그 방편으로 다양한 전략과 전술을 구사하고자 하며 '교육이주'는 그중의 최고의 전략으로 선택된다. 물론 이것을 선택할 수 있는 계층은 따로 정해져 있다.

불안을 안고 사는 한국인은 일상의 삶이 아닌, 전략이 된 비상한 삶을 산다. 이주를 삶의 전략으로 수립하고, 서울(중앙)에 소재하는 대학에 자식을 진학하게 한다. 가족의 모든 자원을 투입하여 학력과 경력과 권세가 있는 중앙으로, 서울 소재 대학으로 진학을 하도록 떠민다. 경북의 어느 지역에서 대구시로, 대구시의 어디 지역에서 수성구(소중앙)로, 수성구에서 서울(중앙)로, 서울에서 강남을 거쳐 서울대(중앙의 중앙)로 이동해 간다. 이런 교육이주를 지배층화의 경로로 인식하고 있다.

교육이주는 중산층의 불안 심리를 반영하고 있다. 중앙과 주변이 명백히 성립해 있는 양극화된 사회구조 속에서, 한국인은 자신이 주변으로 밀려날지도 모른다고 불안해하며 고급문화의 선취매와 독점 욕구에 끄달린다. 그래서 중산층은 가진 것을 다 쏟아 부으며 그것이 사회적 위신을 얻는 유일한 방법이라고 믿고 중심과 중앙에 치달으려고 애쓴다. 이 불안

---

16) 교육이주가 거침없는 이유는 다음과 같다. 첫째, 한국인은 불안한 삶에 대처하는 전략으로 이주를 주요 방편으로 선택하며, 이주를 통해 존재조건의 변화를 꾀한다. 둘째, 그 이주는 자식교육을 앞세운 이동으로서 '잘 삶'의 희망을 실현하는 중요한 사회경제적 수단이다. 셋째, 이렇게 한국인에게는 이주와 교육이 생존과 희망을 가꾸는 삶의 방식이고, 희망을 재생산하는 기제이다. 넷째, 이 기제는 중앙의 학력을 획득하기 위한 거침없는(잦은) 이주를 삶의 선택양식으로 고착시킨다.

심리가 교육이주의 이면에 굳건히 도사리고 있다.

2. 교육특구의 형성: 거주지 분리현상

높은 학력을 획득하기 위해 비상한 삶을 사는 한국인들은 처지를 개선하고자 하는 전략으로 적극적으로 교육이주를 선택한다고 했다. 중앙으로의 이주를 삶의 전략으로 선택한다는 것이다. 이것이 '교육특구'라는 공간을 매개로 해서 증폭되고 있는 것이 사실이다.

중앙주의가 교육특구를 매개로 관철되고 있다. 교육특구는 '소중앙'으로 기능하기에 그렇다. 이 교육특구가 한국인의 삶의 형태로 형성된다. 중앙지향과 그것을 겨냥하는 교육이주를 삶의 형태로 하는 한국인은 발생적으로 '소중앙'으로서의 교육특구를 만들도록 조건화되어 있다. 교육이주는 중앙지향을 특성으로 노출하는데, 이는 거쳐 지나가는 곳으로서의 교육특구를 파생시킨다. 중앙(큰물)으로 가기 위한 전 단계로서 '학군 따라 수성구 간다'는 말이 세력을 얻고, 그것이 실체를 가지게 된다. 중앙의 명문대에 진학하려면 수성구로 들어가야 한다는 인식이 퍼지면서 교육특구로의 이주가 줄을 잇고 있다(한겨레신문 2006.12.27).

교육특구로서의 대구의 '수성구'는 중앙지향 중간기착지의 정거장으로 기능한다. 수성구는 소중앙으로 자리매김한다. 지방의 열패감을 낳고 그 귀결로서 '중앙 해바라기'를 연출한다. 교육특구는 교육의 본연의 관념을 부정하고, 이론 부정과 이론 경시의 교육문화를 긍정한다. 그곳에는 사교육이 공적 교육을 대신하도록 되어 있다. 그런 가운데 지역의 공교육 목적과 공교육 활동은 붕괴의 처지에 놓인다. 지역 내 학교의 교육과정 파행이 지속되고 있다.

중앙지향의 삶의 형태가 운동하여 '교육특구'의 독특한 프로세스를 낳

는다. 잘사는 사람들이 몰리면서 좋은 학군과 학원가가 형성되고, 수능
성적 올리기에 유리한 교육인프라가 형성되면서 이것이 다시 '교육이주'
를 부추기고, 교육이주가 그곳을 '교육특구'로 재탄생하게 하고 있다. 학
군과 학력과 교육이주가 순환적 연관관계에 놓여 있고, 이런 순환고리
과정을 거치면서 거주지 분화가 확대되고, 교육특구가 계층계급을 반영
하는 사회적 공간으로 전화되고 있다. 이리하여 수성구는 사회경제적 지
위와 문화자본을 가지지 못한 사람은 도무지 진입하기 어려운 사회적
공간이 되고 있다(손종현, 2012: 86).

3. 은밀한 분할, 은밀한 네트워킹

도시공간의 거주지 분할이 전개되고 있는 진화과정에서, 한국인은
이제 계층의 분할과 차별화의 욕구를 굳이 숨기지 않는다.

서울 '강남'보다 대구 '수성구'에 먼저 사설학원의 교육실험이 일어
난다. 시험과 고득점기법과 유명강사에 대한 정보가 독점되고 새롭게
생산되고 재생산된다. 새로운 형태의 사교육을 만들어내고, 그 사교육
을 소비하는 소비자 학부모모임이 형성된다. 그러면서 끼리끼리의 네
트워킹을 구축한다. 그 네트워킹을 통해 사회적 힘을 추구하고, 그것에
유리한 종류의 은밀한 모임을 만들어낸다. 소비자 학부모권력이 탄생
하고 있는 것이다.

분할된 지역공간 속에서 은밀한 분할과 은밀한 네트워킹이 항상적으
로 일어나고 있다. 지식, 명예, 권력, 부를 가진 자와 안 가진 자, 끼리끼
리를 은밀하게 분할한다(김종혁·이상원, 2010). 그 관념 이면에는 '공
부 잘하는 아이들끼리 모여 있어야만 학습효과가 올라간다'는 심리학
적 지식(유사한 능력을 가진 동료와의 경쟁을 통한 학습욕구 증대효과)

도 한몫을 하고 있다.

4. 차별적 사교육 소비

교육특구는 차별을 교육의 목적으로 내건 사교육 행태를 구조화하고, 한편 차별적 사교육 소비가 그 지역을 교육특구로 진화시킨다. 그 속에 교육특구 거주자들은 자발적으로 혹은 비자발적으로 가족의 모든 자원을 투입하여 사교육을 구매하고 소비한다. 이 사교육은 차별적 사교육을 말한다. 내용과 방법의 차별화를 지향하여 '남과 다르게, 남보다 일찍, 남보다 많게'를 지향한다(윤선진, 2010). 이 차별적 소비는 앞에서 말한바 있는 '은밀한 분할의 네트워킹'을 통해 지속된다.

학부모의 학력이 높을수록, 사회경제적 지위가 높을수록, 전문직일수록, 사교육 참여율이 높고, 교육특구 이주율이 높고, 중앙지향의 교육이주율이 높다. 사교육이 보편화되고, 특구-비특구 간 거주지 분할이 심화되고, 중앙과 주변의 분할은 심화된다. 이것이 법칙적으로 관철된다(손종현, 2012: 87).

V. 중앙지향의 폐해: 지역해체가 파손하는 가치

1. 중앙과 변방 간의 분극의 심화

자식교육을 명분으로 해서 지역 내 공간이동과 더 큰 중앙으로의 공간이동이 체계적으로 일어나고 있다. 더 큰 중앙으로의 연쇄이동은 지역에 뿌리내리고 사는 삶을 거부한다. 그리하여 이로 인한 중앙집중과 지역해체 현상이 심각하고, 이는 그 자체로 중앙과 지방의 양극화를 부채질한다.

물론 사회경제적 양극화가 그 간극을 키워가고 있지만, 그 사회경제적 양극화가 지속적으로 중앙주의 문화와 병행해서 그 간극을 더 심화시키고 있다. 보다 직접적으로는 '교육특구'로 표상되는 거주지 분리와 그것의 차별화는 '기회의 불평등 구조'를 고착시키고 있다. 강준만(2008: 100)이 말했듯이 중앙지향은 사회를 위계적으로, 피라미드적으로, 엘리트적으로, 분획적으로 조직하는 구조를 재생산하기 쉽다. 이는 지역의 열패로 귀결된다.

2. 지역의 정체성 파손

'지역'은 뿌리내리는 사람들의 삶의 원형을 보여주는 곳이고, 그래서 '지역'에는 삶을 살아가는 이들이 가꾸는 교육이 있어야 하는데, 그런데 그 '지역'에 사람이 없고, 삶의 원형이 없고, 교육이 없다. 지역이 늘 소외되고 있다.

중앙지향은 존재를 구성하는 근거(뿌리·삶의 터전)를 상실한 채 이리저리 떠도는 삶을 살게 한다. 근거를 상실한 사람이 살고 있는 지역에 애착할 이유도 없다. 지역을 떠나고 나라를 떠난다(김민남·손종현, 2006: 159~160). 지역민은 자신의 정체성을 먼 곳(중앙)을 좇는 욕구 속에서 형성한다. 그 구조하에 얼굴과 성격을 가진 지역의 정체성은 사라지고 만다.

3. '지역 삶의 현장' 가치 파손

무엇보다도 중앙지향은 지역 삶의 현장을 탈가치화한다. 중앙으로의 연쇄이주는 뿌리내리고 사는 지역 삶의 현장가치를 훼절시키고, 지역에 애착을 두고 지역공동체를 보듬는 일상적 삶을 거부하도록 만든다. 안면이 통하는 사람끼리 모여 정을 나누며 갈등을 풀어가는, 배움과 나눔이 일어나는 삶의 현장을 파손해버린다.

중앙지향은 지역현장의 삶을 교육현장으로 구성하는 기회를, 문화전통의 교육적 가치를 구성하고 재발견하는 기회를 차단한다. 몸과 마음이 이미 이방인이 되어 사는 곳에 지역 삶의 교육은 없다. 지역 삶의 교육은 '지금, 여기'를 가꾸는 사람들 속에서 추구되는 것이기에 그렇다(김민남·손종현, 2006: 151~152).

요컨대 한국사회는 중앙주의 사회이다. 중앙주의가 사회적 실재로서 존재하며, 이것이 한국인의 삶을 규정하며, 삶을 고통으로 몰고 있는 사회적 힘으로 작용하고 있다.

중앙주의 문화와 그것의 반대급부인 지역해체는 인재인물론, 사사화된 조망방식, 성공주의, 중앙학력 자본론과 연관하여 이를 서로 조건화하고 또 서로 구조화한다. 이 문화는 인간 존재의 사회화를 차단하고 사회적 실천을 무력화시키는 구조물이며, 이는 항상 우리 사회를 보수화로 몰고 가는 기제로 작용한다.

중앙지향은 한국인의 하나의 특징적인 삶의 형태이다. 중앙지향은 지역과 이웃(공동체)에 의존하지 못하고 중앙에 기대야 생존할 수 있다는 절박한 인식이 만들어낸 하나의 행위양식(의식과 태도)이다. 중앙지향이 주형하는 한국인(학부모와 학생)의 삶의 형태는 철저하게 사사화된 형태를 띤다. 거침없는 교육이주, 교육특구 형성과 거주지 분리, 은밀한 분할과 은밀한 네트워킹, 차별적 사교육소비의 삶의 형태를 구조화한다. 이는 뿌리 없음에 대한 자기소외의 표현으로 준비의 삶, 희생의 삶, 냉소의 삶, 지역해체의 삶을 견인한다.

　주지하듯이 '중앙으로의 이주'라는 구조적 요인에 의해 지역이 해체되고 있다. 이 지역해체는 한국사회를 중앙과 주변으로 분할하는 원인이자 동시에 그 결과로 작용하고 있다. 지역해체는 중앙과 지방의 양극화 심화, 지역 삶의 가치와 공동관심사의 상실을 야기하고 있고, 결국 지역공동체성의 파손을 일으키고 있다. 이 중앙주의 문화에 대해 어떻게 대응하고 어떤 대안을 마련하여 해소할 것인가는 우리 모두의 지성과 실천의지에 달려 있다.

참고문헌

교육문화연구회(2000), 『신문의 교육론 비판』, 대구: 경북대학교 출판부.

김경근·강영혜(2005), "한국사회 교육격차 실태 및 원인", 『한국사회학회』 1회 한국교육고용패널 학술대회 논문집, pp.723~747.

김경근·장희진(2005), "자녀교육을 위해 거주지 이동을 선택한 가족의 특성", 『한국교육학연구』 11(2), pp.65~87.

김경민·이양원(2007), "사교육시장 및 교육성과가 아파트가격에 미치는 영향: 2004년 이후 아파트가격 상승기를 중심으로", 『국토연구』 55, pp.239~252.

김계현(1994), "인간과 공간에 관한 교육인간학적 연구", 『교육철학』 12, pp.1~16.

김선정(2009), "한인의 미국 이주 시기 구분과 특징", 『남북문화예술연구』 4, pp.145~180.

김양분 등(2009), 『한국교육현황분석: 지역 간 학교 간 교육격차』, 한국교육개발원.

김왕배(2009), 『도시, 공간, 생활세계』, 파주: 한울.

김종혁·이상원(2010), "교육특구의 특성과 자녀교육을 위한 삶의 형태", 『중등교육』 58(1), pp.39~70.

노대명(2000), "앙리 르페브르의 '공간생산이론'에 대한 고찰", 『공간과 사회』 14, pp.36~62.

마르쿠스 슈뢰르 지음, 정인모·배정희 옮김(2010), 『공간, 장소, 경계』, 서울: 에코리브르.

박경환(2008), "소수자와 소수자 공간: 비판 다문화주의의 공간교육을 위한 제언", 『한국지리환경교육학회지』 16(4), pp.297~310.

박배균(2009), "초국가적 이주와 정착을 바라보는 공간적 관점에 관한 연구: 장소, 영역, 네트워크, 스케일의 4가지 공간적 차원을 중심으로", 『한국지역지리학회지』 15(4), pp.616~634.

보리스 박·니콜라이 부가이 지음, 김광환·이백용 옮김(1998), 『러시아에서의 140년 간』, 서울: 시대정신.

손종현(2012), "중앙지향의 교육이주: 대구 수성구 고등학교의 대학진학 사례를 중심으로”, 『사회과학연구』 20(1), pp.76~110.

손준종(2004), “교육공간으로서 강남 읽기”, 『교육사회학연구』 14(3), pp.107~131.

손준종(2008), “교육적 공간전략으로서 ‘탈’한국: 특징과 영향”, 『한국교육학연구』 14(2), pp.107~130.

손준종(2005), “누가 교육을 위해 한국을 떠나려고 하는가?”, 『교육사회학연구』 15(2), pp.95~120.

심드미트리(2010), “러시아 한인의 교육과 정체성”, 「이주와 교육: 한국인의 삶의 탐구」 프로젝트팀 학술대회, pp.44~85.

웨인 패더슨(2003), 『하와이 한인 이민 1세, 그들의 삶의 애환과 승리(1903~1973)』, 경기도: 들녘.

유경문(1989), 「한국의 인구이동의 결정요인에 관한 연구」, 연세대학교 대학원 박사학위논문.

이경숙 외(2010b), “이주와 교육에 대한 학부모의 인식: 대구경북지역 학부모면담분석”, 『한국교육』 37(2), pp.5~30.

이경숙 외(2010), “자녀교육과 구속적 가족”, 『한국교원교육연구』 27(4), pp.267~292.

이경숙(2009), “러시아 한인의 정착과 마을학교”, 『교육철학』 39, pp.159~190.

이경숙(2009), “만주 조선인 이주와 교육의 역사”, 『간도의 삶과 교육』, 대구: 사람대사람.

이두휴(2008), “기러기아빠의 교육적 희망과 갈등 연구”, 『교육문제연구』 32, pp.21~46.

장세룡(2006), “앙리 르페브르와 공간의 생산”, 『역사와 경계』 58, pp.293~325.

정승일(1993), “주거이동과 주거의식구조에 관한 연구”, 『지리학연구』 21, pp.19~37.

정환영·유지아(1996), “대전시 거주자의 주거이동 유형분석”, 『지역개발연구논총』 4(1), pp.153~174.

존 듀이 지음, 이홍우 옮김(2007), 『민주주의와 교육』, 서울: 교육과학사.

최성욱(2006), “교육공간의 의미와 조건”, 『교육원리연구』 11(2), pp.1~30.

최은영(2004), 「서울의 거주지 분리 심화와 교육환경의 차별화」, 서울대학교 대학원 박사학위논문.

최장집(2001), “지역사회와 분권화”, 『지역사회연구』 9(1), pp.1~8.

최진호(2008), “한국지역 간 인구이동의 선별성과 이동 이유: 수도권을 중심으로”, 『한국인구학』 31(3), pp.159~178.

하름 데 블레이 지음, 황근하 옮김(2009), 『공간의 힘』, 서울: 천지인.

한국교육개발원(2011), 2010년 교육통계분석자료.

한용진(2010), “근대적 교육공간의 성격과 한국의 근대학교”, 『한국교육학연구』 16(1), pp.109~128.

한국교육개발원(2010), 「교육여론조사」, pp.102~104.

권영길(2009), 「대한민국 교육불평등지도 1」, 권영길의원실 발표.

통계청(2011), 「2010년 사회조사」, 통계청.

한겨레신문, 2011.7.5, 재벌가 20대 87% 외국대학행.

한겨레신문, 2011.3.31, 특목고 자사고 급증 …… 학교 간 격차 더 커졌다.

한겨레신문, 2006.12.27.

한국교육과정평가원, 「2010년 수능결과 보도자료」.

MBC스페셜 518회, 「개천에서 용 찾기」, MBC, 2011.4.22. 방영.

OECD(2010), 「Education at Glance 2010: OECD indicators」.

Virginia Yans-McLaughlin(ed)(1990), 『Immigration reconsidered』, Oxford University Press.

02

해외 이주자들의
교육과 삶

KOREA
EDUCATION

우리 민족이 사는 공간에는 늘 교육이 함께 있었고, 교육이 삶을 이끌었다. 해외한인들은 이주 당시 '마을마다 있었'던 학교, '굶어도 자식 교육은 시켰'던 실제를 한인의 민족성 지표로 삼았고, 그 지표는 한인들의 교육열망과 실천을 더욱 확대시키는 역할을 하였다.

2부에서는 한반도를 떠나 이국에서 삶을 영위한 한인들이 어떻게 교육을 삶의 방식으로 삼아왔는지 논의한다. 일제 강점기 간도와 연해주에서 살았던 이들의 이야기에서, 러시아 한인들이 현지에 정착하고 마을학교를 세운 삶의 과정에서, 중국의 조선족이 보여준 교육적 삶의 역사에서 한인들의 교육에 관한 신념과 실천행위는 우리 민족 스스로 부여한 민족성의 지표였음을 확인할 수 있다.

제3장 민족성의 지표가 된 교육:
해외한인의 교육인식과 교육적 삶*

이경숙

Ⅰ. 구술, 이야기의 힘

구술이란 결국 자기 이야기 또는 자기가 인식하는 이야기를 소통하는 행위이다. 이야기를 '짓는다'는 것은 자신의 삶을 극화하여 시간의 계열 속에서, 그리고 관계의 맥락 속에서 자신을 조명한다는 의미이다. 시간과 공간 속에 자신을 집어넣어 어떤 사건은 응축하고, 어떤 사건은 상세화하고 연관 짓는 행위(가브리엘레 루치우스 회네·아르눌프 데퍼만, 박용익 옮김, 2006: 51~53)는 '음미'이다. 음미 없이 자신의 삶을 그려낼 수 없다. 그리고 그 이야기는 누군가와 소통된다. 이야기'한다'는 것은 소통행위이다. 이야기를 만드는 건 혼자서 수백 번 해볼 수 있지만, 이야기하는 건 반드시 그 경험을 듣고 반응해줄 누군가가 존재한다는 의미이다. 소통되기 때문에 소통에 적당한 방식으로 이야기는

---

* 이 글은 제3회 경북대학교 사회과학연구원 NGO센터 학술대회(2010.4.16) 「피해자구술 : 방법과 의의」
  에서 발표한 '이주와 교육에 관한 구술연구'를 일부 수정한 것임.

재구성된다. 남이 들어줄 만한 이야기여야 하기에, 또 청자가 이야기에 개입하기 때문에 순전히 구술자 개인에게만 머물 수 없는, 다시 말해 타자를 전제하는 공공의 이야기로 창작된다. 듀이는 소통이 정지될 때, 개인의 경험마저 의미를 상실한다고 하였다. 이야기를 할 수 없다는 건, 자기 경험을 통째로 부정당하는 자기상실이다.

경남 함안에서 만난 한국전쟁 피해 증언자 한 분.[1] 주변을 가득 둘러싼 청소년들을 보며 천천히 곱씹듯이 말했다.

> 세상, 정말 좋아졌다. 이런 세상은 올 줄 몰랐어. 이렇게 말을 하게 될 줄은 몰랐어. 옛날엔 빨갱이로 몰릴까봐 입도 벙긋하지 못했어. 내 가슴의 멍울은 누구에게도 말 못 해. 그 세월이 얼마인데.

말을 하게 된 세상, 자신의 이야기를 털어놓아도 공포에 휩싸이지 않아도 되는 세상. 증언자는 비로소 말하는 인간으로서 자신을 만났다고 고백하였다. 자신을 이야기함으로써 단순히 생존하는 인간이 아니라, 자신의 울분과 고난을 토해내고 세상의 부당함에 항거하는 목소리를 가진 인간이 되었다.[2]

듀이(1952: 100)는 민주주의 사회의 척도를 사회에 공통관심사가 얼마나 많고 다양한가, 그리고 공통관심사가 세상 구석구석까지 소통되느냐로 규정했다. 세상에 지배자의 관심사만 존재하며 전달된다면 그 사회는 독재사회이다. 이 점에서 한국전쟁 피해 경험을 말해도 되고 듣는 사람도 있다는 사실은 한국전쟁 피해자의 경험과 이해도 곧 사회

---

1) 1995년 '느티나무 배움터'라는 청소년 단체에서 역사프로그램의 일환으로 전쟁피해 마을에 가서 피해자의 증언을 들었다. 증언자는 당시 70대 할머니로 가족 중 한 분이 보도연맹사건으로 돌아가셨다.

2) 프레이리(2002)는 억눌린 사람들이 자신의 말을 하지 못하고 지배자의 어법에만 따라 이야기하는 세상을 '침묵의 세계'라고 명명하였다. 앞서 말한 한국전쟁 피해 증언자는 침묵의 세상에서 자신을 드러내 말해도 되는 해방의 세상이 왔다는 사실이 감격스러웠던 것이다. 프레이리의 표현을 빌자면, 비로소 자신의 이야기로 세상에 스스로 말을 걸고 행위 가능한 세상이 온 것이다.

의 '공통관심사'로 등장하고 소통 가능하게 되었다는 의미에서, 적어도 그만큼 한국사회는 민주화되었다고 할 수 있다. 그래서 구술사 연구자 톰슨(2000: 3, 8~9)은 구술사 연구를 역사의 민주화라고 표현하였다. 구술사 그 자체는 변화의 도구가 아니지만, 역사의 새로운 초점과 탐구의 영역을 개척함으로써 연구를 더욱 확장하고 풍요롭게 하기 때문이다.

꼭 억눌린 경험과 앎이 아니더라도, 구술자가 살았던 당대의 삶을 복원하고 당대와 개인이 조우하는 지점(이희영, 2005: 130), 당사자들의 인식과 실천을 보여주는 것이 구술사이다.[3] 구술사는 구술자와 연구자가 함께하는 이야기 구성에서 시작한다. 구술사가 이야기에서 나온다고 한다면, 이야기의 힘은 도대체 무엇인가. 브루너는 구술자가 자기 이야기를 어떻게 구성하느냐에 따라 자기 삶마저도 변화시킨다고 주장한다. 브루너는 북아메리카 인디언이 자신을 암울하게 묘사하던 1930~1940년대와 문화저항자로 이야기하던 1950년대, 그들의 삶이 달라졌음을 발견하였다(고미영, 2007: 174~175). 이야기란 자신의 무수한 경험 가운데 선별하여 의미화하는 작업인데, 자기 삶을 어떻게 바라보느냐 하는 현재의 관점은 결국 현재 삶의 방식과 미래 삶의 방향과도 연관을 지닐 수밖에 없다.

이 글은 일제 강점기에 간도와 연해주로 이주한 한인들과 후세대들

---

3) 유럽에서 오랜 전통을 가지고 있는 구술사 연구는 우리나라에서는 정신대 피해자, 한국전쟁 피해자, 한센병 환자, 여성노동자 등의 문제를 탐구하기 위해 인류학, 여성학, 사회학 분야 등에서 1990년대 이래 상당한 정도로 진행되고 있다(윤택림·함한희, 2006; 한국구술사연구회, 2005). 교육분야에서 구술사를 도입하려는 시도는 1990년대부터 있었다. 서울대학교 한국교육사고(1999; 2001)의 구술자료집 출간, '식민지 고등교육의 경험과 사회과학의 제도화'라는 주제로 축적한 구술자료(정근식 작성, 2004), '일제강점기 중등교육 이상 경험자들의 교육경험과 교육에 대한 인식'을 주제로 한 구술자료(김현철·정선이 작성, 2008), 일제시기 간도이주한인들의 교육경험 구술자료집(김민남 외, 2009b)이 축적되어 있다. 그러나 구술사는 구술자료 축적을 넘어 역사쓰기 작업이라는 점에서 보면, 교육학 영역에서 구술사 연구는 매우 부족한 상태이다. 한편 구술증언에 해당하는 자료들을 바탕으로 한 교육역사연구들도 등장하였다(김경미, 2005; 정미량, 2009; 송진경·이경숙, 2009b: 235~374). 그러나 대부분 이 연구들은 구술사가 주요 연구방법이 아니라 구술증언을 역사의 빈틈을 메우기 위한 보조자료로 활용한 것들이다.

의 구술을 기초자료로 하여, 이주한인들이 교육을 어떻게 이야기하였는지에 주목하였다. 어떻게 이야기하느냐에는 한인들의 교육인식이 담겨 있고, 그런 교육인식이 한인의 민족성과 삶에 영향을 미쳤을 것이다.

〈표 3-1〉 주요 면담자 목록

구술자	면담일자 및 장소	이주시기	학교 및 생애 경험
권옥선(1926년생) 및 태양촌 노인들	2008.2.4 중국 지린 성 왕청 태양촌	권옥선 2008년 현재 83세, 1936년 집단이주, 낙동강 범람과 가난	권옥선-학교교육경험 없음 태양촌-일본이 지은 소학교가 태양촌 내에 있었음
김영대(1919년생)	2006.10.6 중국 지린 성 환인	1919년 3·1운동 후 환인지역으로 조부와 3대, 3·1운동과 배불리 먹기 위해	서당, 동구구립학교(독립군학교), 중학교 졸업, 환인중학교 교장 퇴임
문금옥(1928년생)	2008.2.2~2.3 중국 헤이룽장 성 목단강시	할아버지를 찾아 아버지가 노투구로 이주	부-대성중학교 졸업 본안-용정중심소학교 졸업, 명신고등여학교 중퇴
박창욱(1928년생)	2008.2.5 중국 지린 성 연변	1880~1890년대 무렵 증조부 솔거이주, 가난 때문	조양천국민우급학교, 지린성립제6고등학교, 연변대학교, 연변대학교 교수
송재덕(1930년생)	2010.12.9~12.10 서울 송파구 자택	1939년 아버지가 만철로 근무지 옮기면서 목단강 인근 녹도역으로 이주	만주국-국민우급학교 졸업 국민고등학교 2학년 때 해방, 해방 후 귀국
김옥저 등 사할린 귀국자들(1930년대 생)	2009.1.22/2.6 경북 고령 대창양로원	부모가 1930년대 후반, 1940년대 초반에 사할린으로 노동이주	일제 강점기에 사할린으로 강제노동, 해방 후 사할린 소련영토 됨, 1900년대 한국으로 돌아옴
송지나(극동대학 한국학과 교수)	2009.3.3 러시아 블라디보스토크	1937년 부-신한촌에서 타슈켄트로 강제이주	부-신한촌 거주, 제8호 10년제학교, 사범학교 졸업, 사할린 근무, 이북파견 근무, 블라디보스토크 거주

Ⅱ. 마을과 마을의 학교

"마을마다 학교가 있었다", "마을이 들어서면 학교부터 세웠다", "어떤 마을에는 2개의 학교도 있었다", "자기 마을에 학교를 설립하기 위해서 두 마을이 갈등을 겪다 결국 두 마을의 중간에다 학교를 설립하였다"(이경숙, 2009에서 재인용).

한인마을에는 학교가 설립되었다. 블라디보스토크의 계동학교처럼 민족주의운동의 일환으로 마을에 학교가 설립되기도 하고(이경숙, 2009), 왕청 태양촌의 소학교처럼 일본이 만주개척을 위해 꾸린 마을에 일본이 보조한 학교가 설립되기도 하였다. 어떤 형태로든 마을에 학교를 세우려는 시도는 계속되었다. 적어도 초등 정도의 교육기관, 최소한의 문해능력을 가르치는 교육기관은 일제 강점기 간도와 연해주에 한인마을마다 세워졌다. 학교설립에 마을이 적극적이었다. 극동대학 송지나 교수는 "잘사나 못사나 자기 자식을 꼭 공부시켜야 한다. 이민해 오면 마을에 꼭 학교가 생긴다. 마을 사람들이 돈을 모아 학교를 세웠다"고 전한다.

"마을에 학교가 있었다", "마을이 들어서면 학교부터 세웠다" 많은 구술자들이 한결같이 하는 말이다. 이는 조선에서도 다르지 않다. 일제 강점기에 각 마을단위의 학교설립 요구와 운동이 전개되었다는 점에 비춰봐도 그렇다(오성철, 2000). 해방 직후에는 초등교육이 의무교육이 되면서, 마을단위에 학교를 설립하는 운동은 훨씬 적극적으로 나타났다. 국가가 재정을 온전히 떠안지 못한 상태에서 마을 주민들이 돈 내고 땅 내고 품을 내놓으면서 마을단위로 학교가 만들어졌다. 또한 조선만이 아니라, 학교가 설립될 당시 서구에서도 마을마다 학교를 세우고자 하는 계획은 제출되고 실현되었다(정동준, 2003). 즉 어디서나 학교

교육이 널리 실시되려면 학생들이 접근하기 쉬운 곳에 학교가 세워져야 한다. 마을에 학교가 있다는 말은 달리 말해 접근성이 높다는 것, 학교교육이 보편적 교육행위가 되었다는 의미이다. 학교가 사람들이 모여 사는 마을에 있어서 누구나 거리상 쉽게 접근할 수 있고, 학교교육이 보편화되었다는 뜻이다.

접근성, 보편성을 상징하는 말이라면 마을단위의 학교는 학교가 보편화된 시기 어느 사회에서나 당연한 일이다. 그런데 왜 해외한인들은 "마을마다 학교가 있었다", "마을이 들어서면 학교부터 세웠다"는 이야기를 누구나 그렇게 자주, 많이, 강조해서 했을까. 여기에는 해외에 거주하는 소수민족으로서 다른 민족과 차별화를 드러내고자 하는 의도가 있다. 그리고 이주한인들이 '마을'을 이해하고 체험한 특정한 심성도 자리 잡고 있다고 해석할 수 있다.

먼저 학교설립 당시 마을마다 학교가 다 있거나 학교부터 세우는 일이 모든 민족에게도 일반적 현상이었다면, 한인들이 굳이 이런 식의 진술을 하지 않았을 것이다. 보편성 가운데서도 한인만의 독특함이 있었을 것이다. 이주자들이 "우리 민족은 마을마다 학교가 있었다"거나 "우리 민족은 마을이 들어서면 학교부터 세웠다"는 이야기를 하는 건, 다른 민족과는 달랐다는 차별화를 나타내는 말이다. 실제로 간도와 연해주 지역 한인의 교육열은 타민족에 비해 두드러졌다(김민남 외, 2009; 이경숙, 2009). 때문에 이런 사실에서 한인들은 마을마다 세워진 학교, 그리고 무엇보다 학교부터 세웠던 적극성을 마을의 학교로 상징화하여 한인의 차별성을 진술하였다. 이 진술은 교육이 민족성의 지표가 되게 하고, 또한 한인이라면 마을에 학교부터 세우는 실천의 동인이 되었다.

그리고 이주한인들의 '마을'과 '마을의 학교'에 대한 경험과 이해가 이런 표현을 사용하게 만들었다. 간도와 연해주에는 지인의 연계를 통한 가족단위 이주가 많았고, 이주자 수도 많았기 때문에 민족단위의 마을을 형성할 수 있었다. 같은 언어와 문화를 가졌고, 생계수단도 대체로 유사했던 소수의 이민족이 이국땅에서 하나의 공동체를 형성하며 사는 방법을 선택하였고, 그 공동체가 마을이었다. 즉 이국땅에 이주해서 소수 이민족이 민족마을을 구성했던 것이다. 한인들의 민족마을 형성에는 지배권력의 영향도 컸다. 1931년 만주사변 이후 일본은 흩어져 사는 한인들은 통제도 어렵고 독립운동의 기반이 될지도 모르기 때문에, 한인들을 집거시키는 '귀둔(歸屯)'정책을 실시한다. 이 정책으로 인해 마을은 삶의 장소이면서 동시에 일본의 통제단위가 되었다. 러시아에서도 한인들은 대체로 자발적으로 마을을 이루고 있었지만, 러시아 정부에 의해 한인 집거촌이 강제로 만들어지기도 했다. 신한촌과 블라고슬라벤이 대표적이다(최덕규, 2004).

통제대상이 된다는 말은 역으로 은밀한 저항행위의 단위가 될 수도 있다는 뜻이었다. 이처럼 마을은 해외에서 생계의 단위이고, 문화의 단위이고, 통제대상의 단위이며, 동시에 은밀한 저항의 단위였고, 독립적인 삶의 공간으로 한인들끼리 서로 기대어 사는 삶의 터전이었다. 즉, 한인들에게 마을은 이질적 해외에서 동질성을 체감하는 정체성의 공간이었다. 그래서 한인들에게 마을은 각별했다.

그런 마을에다가 한인들은 학교를 설립했다. 마을에 학교가 있었다는 이야기는 단순히 학교의 소재가 마을이라는 의미에 그치지 않는다. 마을학교란 참여와 공동체성을 강조하는 화법이다. 학교설립과 유지에 마을 주민들의 적극적 참여가 있었음을 의미한다. 1900년대 초반 간도와 연해주에서 활발했던 민족학교 설립, 러시아에서 혁명 이후 전개된 민족학교 설립, 간도에서 해방 직후 '민반학교'와 야학의 설립은 모두 민간에 의존하였다. 한인 구술자들은 당시 가난한 살림에도 학교설립을 위해 의연금을 내고, 노동을 보탰다는 사실을 강조한다. 일본이 설립하거나 지원한 학교일지라도, 태양촌의 소학교처럼 한인들이 마을 공동노동으로 학교터를 닦고 지붕을 이는 노동을 하고 의연금을 보탰다. 게다가 운동회와 예술제, 민족행사 같은 공동행사를 하거나, 마을 공동의 일을 의논하거나 시행하는 공적 공간으로서 마을의 학교가 사용되었다. 이런 공동경험이 '마을의 학교'라는 인식을 생기게 하였다. 누구 개인의 학교가 아니라, 돈을 더 많이 낸 사람의 학교가 아니라, 마을 주민의 것, 마을 공공의 소유라는 인식이 싹트게 했다. 이처럼 학교설립과 유지, 학교활동에 마을 주민이 직접 참여한 공동체 체험이 "마을에 학교가 있었다", "마을마다 학교를 세웠다"는 표현으로 나타났고, 학교를 마을 공공의 것으로 인식하게 만들었다.

또한 '마을'이 교육을 경험할 수 있는 현실적인 교육경험단위였다. 중등학교 진학률이 매우 저조한 상태에서 누구나 이야기하는 학교경험이란 소학교 수준의 경험이고 소학교는 소학생들이 걸어 다닐 수 있는 거리, 즉 마을 내에 세워졌거나 세우려고 하였다. 마을에 학교를 세움으로써 학교교육의 필요성을 마을을 드나드는 한인들 모두에게 가시화하며 마을 사람들의 삶에 영향을 미치게 된다. 마을에 학교가 없을 때는 가난한 아이들까지 학교 가기는 어렵지만 학교가 있으면 학교교육에 대한 욕구가 실체화되고, 누구든 학교교육을 받기가 한결 수월해진다. 마을에 학교가 생기면서 이전에는 없었던 마을의 집단경험도 생긴다. 학교운동회가 생기고, 학교 다니는 자와 아닌 자, 공부 잘하는 자와 아닌 자가 나눠지면서 마을 주민들에게 학교교육과 관련한 심리가 발생하고 사람관계에 영향을 미친다. 이렇게 하여 학교교육이 마을을 바꾸게 된다.

"마을마다 학교가 있었다"는 인식에는 이런 인식을 유포되고 재생산하는 기제도 작용한다. 그 기제 중 하나가 언론이었다. 블라디보스토크에는 해조신문, 권업신문, 한인신보가, 간도에서는 만선일보가 이 역할을 담당했다. 또 하나의 기제는 독립운동가들의 운동이었다. 독립운동가들은 간도와 연해주를 하나의 운동권역으로 삼아 자주 이동하며 학교설립의 필요성을 역설하고, 필요한 곳에 학교를 설립하였다. 신문과 독립운동가들로 인해 마을단위의 학교설립과 유지 소식, 의연금 모금활동, 학교 활동소식이 지속적으로 유포되었다. 그럼으로써 학교가 없는 마을로 하여금 학교설립 의욕을 갖게 하였다. 그 의욕은 한인마을에서 학교설립과 자녀교육으로 실천되었다.

마을의 학교가 실재하였던 사실, 그 사실을 강조하는 한인들의 화법, 그리고 이를 전하는 매체와 운동 이 모든 것들은 상승작용을 일으켜 실제로 학교가 없는 마을을 자극하여 학교를 세우게 하고, 마을의 학교에 한인들의 참여를 유도함으로써 마을 주민들의 삶을 학교교육과 결부시키는 변화를 이끌었다.

Ⅲ. 교육열망, 교육적 삶, 그리고 민족성

간도와 연해주 한인들은 "조선 사람은 달랐다. 빌어먹어도 자식교육은 했다"라는 말로 교육행위를 설명한다. 학교교육을 조금이라도 받았던 사람들은 이 이야기를 빼놓지 않고 한다. 학교교육을 받지 못했던 사람들이라도 자신은 벽지에 있어서, 몹시 가난해서, 여자여서 교육받지 못해서 한이지, 한인들은 누구나 교육을 중시했다고 이야기한다. 자신은 학교교육을 못 받았어도, 동생만큼은 자식만큼은 제대로 교육시키려고 노력했다고 이야기한다. 이 공통된 이야기는 한인의 삶을 규정하고 인도하는 방향타가 된다. 한인들의 이런 공통적인 교육설명법은 도대체 어디에서 기인했으며, 이런 설명법이 해외한인들의 삶을 어떻게 변화시켰는가.

1. '빌어먹어도' 자식교육 시키는 한인

> "빌어먹어도 자식교육은 시킨다", "굶어 죽어도 자식교육 시켜야 한다 이런 거 있소", "소를 팔아서도 교육한다", "우리 집에 아무리 없어도 책궤는 있다"

어떤 난관에도 자식교육은 반드시 한다는 강인한 의지의 표현이다. 실제로는 경제형편 때문에, 여자이기 때문에, '배만 부르면 된다'는 생각 때문에 교육을 받지 못한 사례들이 더 많다. 그래서 남녀, 경제적 형편, 사는 지역에 따라 취학률은 큰 차이가 있다. 그럼에도 한인들은 어떤 고난에도 자식교육을 포기하지 않았다고 말한다. 이는 난관 속에서도 교육했던 삶이 자신이나 가족, 또는 지인의 체험 속에 들어 있고, 그 고생담이 몸과 머리에 각인되어 한인들 사이에 공유되고 확산되기 때문이다. 이런 이야기 속에는 학교교육을 받지 못한 사람들이 역사에 묻혀버리는 단점이 있다. 그런데도 이런 이야기의 공유와 확산이 한인들로 하여금 아무리 어려워도 자식교육을 시키는 동력이 되었다. 교육받은 자를 모델로 하여 일정한 삶의 방향, 즉 자식교육을 시키는 방향으로 한인의 삶을 이끌어갔던 것이다. 실제 개인들의 삶에 그 체험이 들어 있다.

김영대는 집이 부유하지도 않았는데, 학교가 없던 시골마을이라 어린 시절 부모님이 집에 훈장을 들여 공부시켰다. 권옥선도 이주 당시 먹고 입고 잘 곳도 없고, 가난으로 첫 정착지에서 다른 마을로 야반도주했다. 때문에 학교공부를 꿈도 꿀 수 없었지만, 형편이 조금 펴자 여

동생 2명은 소학교를 졸업하고 남동생은 중등학교까지 다녔다. 박창욱 역시 "어떻게 구차한지 먹을 것이 없어서" 이주 왔고 아버지마저 일찍 돌아가셔서 가정형편이 열악했지만, 어머니는 자식교육을 포기하지 않았다. 이용우(1930년생, 연변 거주)도 이주 3년 만에 아버지가 전염병으로 돌아가시고 매우 빈곤한데도 중학교까지 마쳤다. 이처럼 경제적 난관에도 부모들은 자식 학교교육을 시켰다. 연해주에 있었던 송희현 역시도 가난했지만, 돈 벌러 나가는 대신 학교를 다녔다. 소련체제로 전환 후 무상교육이어서 다행이었지만, 그렇다고 돈을 벌지 않아도 될 만큼 넉넉하지는 않았다. 그래도 당장의 돈벌이보다 자식교육이 더 중요했다.

문금옥은 이런 삶이 한인들에게 일반적인 삶의 방식이었다고 증언한다. 이북출신이 대다수인 용정에서는 가난한 이들이 용정으로 이주해 오면, 대체로 비슷한 행로를 거쳐 아이들을 교육시켰다고 말한다.

> 그때야, 이 용정에는 자식 공부시키느라, 북조선 사람들은 이런 게 있소. 저기 북청, 당청, 길주, 명청 여기 사람들은 야, 북조선 사람들은 굶어 죽어도 자식 공부시켜야 한다는 거 이런 게 있소. 북선 사람들은 옛날에 그래서 용정에 와서 어떻게 사는가 하면야 자식 데리고 와서, 그다음에 용정이라는 데는 물이 영 긴장하오. 잘사는 사람들, 다 물지게 장사한테 물을 사먹지 뭐. 물지게로 물 삐죽삐죽 물 받아주고, 물세 받아가지고 다 아들 데리고 공부시켰어. 대개 딸은 데리고 와 일시키고, 그다음에 아들은 공부시킨단 말이야. 북조선 사람들이. 그렇게 집집마다 다 여기 용정에 와 공부시키고 이렇게 하더란 말이야.

문금옥만이 아니라 박창욱, 송지나, 사할린 귀국 구술자들 누구에게서나 이 이야기는 출신지에 따라 조금씩 변주되어 반복되었다. 구술자들은 한인들의 이 강력한 교육의지를 입증하는 방식으로 현지인들의 삶과 비교했다. 현지인보다 한인들의 교육열의가 높았다는 점을 매우 강조한다.

(해방 직후) 당시 조선족 아이들은 방학 때도 고향에 가서 야학이나 문화활동을 열심히 했지만, 한족 아이들은 하지 않았다. 독보조 역시 조선족들이 열심히 하고, 한족들은 그렇지 않았다(유명철, 연변대학 공학계열 퇴임교수).

그때고 지금이고 우리 조선 사람들이 하여튼 교육열은 대단하거든. 내 묵을 거는 없어도 애들 공부는 시켰다고. 중국 사람들이 이래 돈을 모아가지고도, 중국 사람들 옛날에는 (학교) 안 보내고 돼지몰이 하거든. 돈 벌어야 된다 그러고. 마지막에 죽을 때 재산을 물려줘. 중국 사람들이 자식들한테. 그런데 조선 사람들은 안 그렇다고. 교육을, 공부를 물려줘. 어떡하든 애들 공부를 시키자고. 그래가지고 거진 다 농사를 짓고 생활이 어려워도 다 학교를 보냈다고(조문일, 1932년생, 반석거주).

고려인들이 공부를 많이 시키지. …… 자식공부는 시켜야 된다고 생각했어(송지나, 극동대학교 교수).

이국의 소수민족으로서 내외부에서 정체성 확인을 요구받을 때 자식 교육에 대한 열의와 실천이 타민족과 차별성의 지표이자 자부심의 원천이 되었고, 이것이 한인의 '민족성'이라고 인식하였다. 러시아인들과 중국인들은 당장의 소유물이나 돈, 개인적 여유를 중요하게 생각했지만, 한인들은 자식교육에 강한 애착을 갖고 있었다는 것이다. 여기에는 당장의 소유물이나 여가를 중시하는 즉자적인 생활패턴을 지닌 타민족보다, 다음 세대까지 내다보는 긴 시간개념을 가진 한민족이 더 우수하다는 자부심이 반영되어 있다. 교육이 민족성의 지표로 인식되면, 그 지표는 민족 내부와 외부 모두에게 영향을 미친다. 민족 내부에서는 교육이 민족의 삶을 이끌고, 외부에서는 그 지표에 따라 그 민족을 인식하고 대함으로써 지표를 더욱 강화시킨다.

구술자들은 높은 교육열의 결과로 얻은 것들에 대해서 이렇게 말한다.

조선인의 100분의 80은 문화가 높다(이용우, 1930년생, 연변 거주).
이 중국에 조선족은 좁쌀맨키로 적은데, 하얼빈 성의 교육부문 장원은 조선 민족이다(이영옥, 흑룡강조선민족출판사).

고려인들은 공부를 잘한다. 우즈베키스탄에서도, 러시아에서도 내가 만난 고려인들은 공부를 잘했다. 블라디보스토크 경제대학에서도 공부를 잘하는 학생들은 빨간 졸업장을 받는데, 나를 포함 고려인 2명 모두 빨간 졸업장을 받았다(이엘레이나, 1983년생, 블라디보스토크 거주). 현재 고려인들의 직업을 보면, 블라디보스토크는 무역, 의사, 교수 등 전문직이 많고, 우수리스크와 같은 지역에서는 무역업이 많다(송지나).

타민족보다 교육열의가 높고 성취가 높았다는 것은 통계자료를 통해서도 검증된다. 다만 이 구술 속에 담긴 인식과 그 인식으로 인한 삶의 변화가 중요하다. 한인들에게는 교육받은 자들의 풍부한 모델들이 충분히 비축되어 있었고, 실존하는 모델은 한인들 사이에서 이야기로 확대 재생산되었다. 이 이야기 속에는 비록 해외에서 소수민족으로 살아도, 경제적 어려움에 빠져도, 모든 난관에도 우리 민족은 교육을 중요하게 생각해왔다는 민족에 대한 빳빳한 자부심이 담겨 있다. 이 자부심 넘치는 이야기 속에는 앞으로 한민족으로서 개인들이 어떻게 살아나가야 할지 미래 역사도 담고 있다. 앞서 인디언들이 불성실하고 미래가 없는 개인으로 자신들을 진술할 때와 달리 문화저항자로서 자신을 진술할 때, 그들의 삶의 역사도 달라졌다고 하였다. 그처럼 "우리 민족은 어떤 민족보다 교육열의가 높다. 성취가 높다"는 이 자부심은 교육받은 한인의 삶을 재생산하는 역할을 했다.

2. 자식교육의 이유와 교육적 삶

무엇이 그토록 열심히 교육하게 했는가, 이유를 설명하는 어법은 무엇인가. 구술자들이 설명하는 자식교육의 이유는 다음과 같이 몇 가지로 나눠볼 수 있다. 이 설명에는 한인들이 생각하는 교육개념과 삶에 대한 자세와 실천이 담겨 있다.

첫째, 교육하는 일을 "눈을 밝힌다"는 말로, 뒤집어서는 "무식이 한이 되기 때문에 교육한다"는 말로 교육하는 이유를 밝힌다.

"눈이 발바닥 같으면 못 산다." "눈앞을 닦아야 한다." "눈이 까마귀면 항일은 어떻게 하나."

교육의 의지가 '눈'으로 표현되고 있다. "눈이 밝아야 한다"는 표현법에는 민족적 수난도 세상을 볼 줄 모르는 무지에서 나왔고, 경제적 난관도 글을 읽을 줄 모르는 무지에서 나왔다는 믿음이 담겨 있다. '눈'이란 세상을 살아가고 대처하고 때로 주도할 수 있는 실력이다. '눈을 밝혀주는 일'은 굳이 사회적 출세를 말하지 않는다. 눈을 밝혀 사회적 출세를 할 수도 있지만, 출세가 목적은 아니다. 눈을 밝히는 일은 더 나은 삶을 사는 일이다.

여기에는 '땅과 돈과 같은 소유물'과 '교육'은 소유방식이 다르다는 개념이 내재해 있다. 땅과 돈은 개인이 소유하고 다음 세대에게 상속도 가능하다. 교육은 오직 공부한 개인이 가질 수 있고 누군가가 대신해 줄 수 없는 고유한 것, 즉 상속이 불가능한 대상, 일단 소유하게 되면 누구에게도 양도할 수 없는 개인고유의 것, 때문에 누군가가 절대 빼앗아 갈 수 없이 온전히 개인에게 소속되는 것이라는 생각이 들어 있다. 부모세대가 죽거나 어려움에 처했을 때, 자식에게 땅과 돈 같은 소유물을 물려주는 것보다 스스로 문제를 해결할 수 있는 힘을 갖게 해줘야 한다는 생각이 더 컸다. 그래서 이주자 부모들은 자식들에게 땅과 돈을 물려주는 것보다 자식들의 '눈을 밝혀주는' 교육을 중요하게 생각했다.

둘째, 학교교육은 개인적 성공이나 출세를 위한 실용적 수단이므로 반드시 필요하다는 생각이다. 이때 개인적 성공이나 출세는 최소한 육체노동을 하지 않고 행정가, 전문가, '펜 잡는' 일을 하는 것이었다. 이주 1세대가 이국땅에서 대체로 혹독한 육체노동을 견뎌야 했기 때문에, 그들은 다음 세대에게 육체노동에서 해방되는 길이 학교공부라고 믿었다. 학교공부는 육체노동에서 해방될 수 있는 경로라는 의미로 사용되었다.

> 검은 노동, 검은 일 하지 않으려면 학교공부를 해야 한다(김옥저, 1932년생, 고령 거주, 1990년대 고령이주 이전 사할린 거주).
> 공부해야 출세한다. 공부해서 공장이나 철로 등에 취직하는 게 농사짓는 것보다 훨씬 낫다(이용우, 1930년생, 연변 거주).
> 여기(러시아)서는 교육열이 더 높았다. 아니면 호미 들고 일해야 했으니까. 자식들 공부해서 경제적 기반을 마련해주고 싶으니까(송지나).

육체노동에서 벗어나고 권력을 얻을 수 있는 길이라면, 심지어는 교육내용이 어떻게 변하건 중요하지 않다는 생각까지도 담고 있다. 학교교육은 개인이 현실에 더 잘 적응할 수 있는 실용적 도구라는 인식이 강하였다. 이 점 때문에 학교는 정권의 또 다른 이용물이 될 여지가 언제나 내재해 있었다. 이런 특성을 두고 일본인들은 한인들의 자녀교육문제를 잘 관리하면 일본이 원하는 바를 얻을 수 있다고 보았다.

셋째, 사회적 또는 민족적 이유 때문에 자식교육을 한다는 것이다. 연변대학 퇴임교수 유명철은 "불안한 땅에 사니까 다른 것은 다 가져가도 내 지식은 못 빼앗아 간다"고 말한다. 이는 앞서 말한 양도 불가능한 고유한 개인의 것으로서 교육이라는 인식의 반영이자, 동시에 타국에 사는 이민족으로서의 애환도 담겨 있다. 이민족으로서 한인들은 늘 불안한 삶을 살아야 했다. 거주국가의 정책에 따라 일시에 쫓겨나는 신세가 되기도 하고 부(富)를 빼앗기기도 했다. 불안한 땅에서 유일하게 빼앗기지 않을 수 있는 자산은 자신의 지식이라는 사실을 이주자들은 깨달았다. 한편 연해주 한인들은 중국 조선족과는 다른 이유에서 러시아인들보다 더 열심히 교육할 수밖에 없었다고 이베체슬라브는 이야기한다. "중국 조선족과 달리 러시아 고려인들은 러시아인들과 얼굴이 확실히 다르기 때문에, 표가 나기 때문에, 반드시 성공을 하려는 노력, 열심히 하는 노력이 필요했다. 그렇지 않으면 이민족들 사이에서 인정도 못 받고 고려인들 전체를 욕 먹이게 된다"고 생각했다. 그는 한인 개개인이 민족을 대표한다고 믿고 있었다. 소수민족이라는 사회적 이유가 자식교육의 중요한 개인적 동인이 되었다.

그리고 독립운동가들은 민족독립운동의 차원에서 교육이 필요하다고 보았다. 만주에서 항일운동을 하였던 고철, 그의 아들은 아버지가 항일운동 당시 야학을 운영하였다는 이야기를 전하며 "눈이 까마귀면 항일은 어떻게 하나"라고 말한다.

> 야학에서는 어른들, 문맹자들, 가정이 혼란해서 공부도 못 하고 이랬던 …… 남녀노소를 안 가렸다 해요. 나이 많은 총각도 오고. 인제 밤에 와가지고 글을 가르치면서, 너(희)들(이) 알아야 항일을 하고, 알아야 니 이름자도 써야 안 되나 이거야. 이거 지식 없이 어찌하나 이거야. 어디서 공문이 와도 이걸 읽어야 하지. 아무것도 눈 까마귀면 항일을 어찌하나 이거야. 조선민족은 눈을 떠야 한다. 문맹이 되서는 안 된다 이거야. 그래서 야학에서는 그걸 가르치고 이랬다 그래요(고경주).

독립운동가들의 이 생각은 간도와 연해주에 수많은 민족학교를 설립하는 원동력이었다. 학교교육을 통해 전개된 실력양성운동은 독립운동가들이 다수의 민중들과 공동의 민족적 감각을 공유하고 민족독립운동을 일으키는 방식이었다.

사회적으로 교육할 이유가 많았던 시공간에 이주자들은 살았던 것이다. 개인으로서도 이국땅 소수 이민족으로서 살기 위해서는 교육이 필요했고, 식민지 조선이라는 역사상황 때문에도 다음 세대에게 교육할 절실한 이유가 있었다. 심지어는 만주국 국가 차원에서도, 소련 국가 차원에서도 새로운 국가 이데올로기를 전달하기 위해 학교를 세우고 교육을 강제하였다. 사회 곳곳에 교육할 이유가 많고 또 절실한 시대였고, 그런 시대의 소수 이민족이었기 때문에 한인들에게 교육은 자연스러운 행위가 되었다.

넷째, 교육받은 모범적 인물이 한인들 사이에 실존하기 때문에 자식교육을 할 이유가 직접 체감되었다. 신창용(76세, 연길 거주)은 "공부해야 큰사람 된다"고 말한다. 큰사람이란 출세한 사람이 아니라 사회에 모범이 되는 사람을 의미한다. 송지나 교수는 이렇게 말한다.

> 어른들 말로 공부하면 사람새끼 됐다고 하고, 돈 많이 벌어도 사람새끼 됐다는 말 안 한다. …… 그 당시에는 공부한 사람 중에 모델이 되는 인물도 있었어. 바로 최재형 같은 사람. 최재형 같은 모범인물이 있어. 그런 사람을 보면서 경제적 부와 함께 사람은 배우는 것이 중요하다는 생각을 했다.

송지나는 러시아에서 교육받은 모범인물은 최재형이었다고 한다. 최재형은 이북출신으로 몹시 가난했지만 러시아학교에서 교육을 받았고, 부도 축적하고, 도헌(都憲)도 되었다. 또한 한인들을 위해 학교를 설립하고, 독립운동에도 적극 가담하였다가 결국 일제에 의해 피살된 인물이다.

모범이 존재한다는 사실은 매우 중요하다. 모범의 존재이유는 타인들이 존경하고 모방하는 데 있다. 최재형은 교육받은 사람으로서 단지 경제적 부자가 아니라 민족적 문제, 사회적 문제에도 적극 참여하고 지도하는 사회문화적 지도자로서 한인들에게 모범이었다. 이민족으로서 여러 역경에도 저렇게 사는 게 좋은 삶이라는 걸 보여준 인물이 존재함으로써 한인 개개인들은 한인으로서 삶의 방향을 설계할 수 있었다. 즉 모범적 인물은 개인의 역사를 민족의 역사와 궤를 같이 만드는 역할을 하였던 셈이다.

요컨대 '누구에게도 양도 불가능한 개인고유의 것으로서 교육' 개념이 개인적 이유(출세), 민족적·사회적 이유(이주, 식민지)와 합쳐져서 교육의 절실한 필요가 발생하였다. 여기에 교육적 삶을 산 모범사례들이 교육의 필요성을 더욱 강화시켰던 것이다.

우리나라에서 모든 사람들이 교육의 대상이 된 시기는 짧다. 그럼에도 교육이 전 민족적인 과업으로 위상이 단박에 뛰어오른 데는 역사적 계기가 있지 않고는 불가능하다. 조선의 과거제도와 유교사상에서 기원을 찾기도 하지만, 과거제도와 유교사상이 교육열망과 실천의 이유라면 중국과 인근 국가에서도 우리와 같은 현상이 나타나야 한다. 하지만 해외한인들의 교육열의와 실천은 타민족들과 구별되었고, 그것이 한인에게 자부심의 원천이 되었다.

근대교육에 대한 열의, 그 교육이 한 개인의 생애를 성공시킬 것이고, 민족을 구원할 것이라는 집단적 확신과 실천. 그 출처는? 여기에는 식민지 상황이 크게 영향을 미쳤다. 식민지라는 역사상황이 지식인들로 하여금 엘리트에게만 교육기회를 부여하는 한가로운 교육을 거부하게 했다. 지식인들은 민족에 대한 각성을 할 수 있는 자라면 누구든 그들에게 교육이 제공되어야 한다는 믿음을 갖고, 아이들을 '청년세대'라 호명하며 교육기회를 제공하고 민족적 책무를 다하기를 요구했다. '교육'은 윗세대가 아랫세대를 호명하는 방식이었다. 교육할 사회적 이유가 절박했던 것이다. 한편으로 식민지에서의 경험, 일제가 중등과 고등교육을 제한한 상태에서 학교교육을 받은 자에게 개인출세의 길을 보장했던 역사는 개인들에게 학교를 소망하게 만들었다. 해외에서도 소수 이민족으로서 개인이 절대 빼앗길 수 없는 고유한 자산이 교육이며 교육을 통해 육체노동에서 벗어나 성공한다는 것을 개인들은 직접 체험하였다. 개인적으로도 부모세대가 자녀를 교육해야 할 이유가 절실했던 것이다. 그러나 사회적 이유와 개인적 이유가 반드시 분리되거나 대립하는 것은 아니었다. 개인적 필요에서 학교를 다녔으나, 학교를 통해 민족이라는 역사적이고 추상적인 세계를 체험하게 되었다. 무장투쟁이나 의거는 모든 개인이 직접 체험하기 어렵다. 그러나 누구나 쉽게 경험 가능했던 학교교육이라는 이 집단적 개인경험이 개인적 필요를 충족시켜주면서도, 민족적·사회적 문제에도 접근하고 행위하도록 만들어주었다. 개인적으로도 사회적으로도 교육할 절박한 이유가 있었던 때, 한인들의 삶에서 교육은 다른 무엇과도 대체 불가능한 지위로 올라서게 되었다. 그럼으로써 개인들은 교육이 매개되어 인생의 계획이 세워지는, 다시 말해 교육에 의해 통제받는 삶을 살게 되었다. 그리고 교육으로 인해 민족문제, 사회문제와 개인들이 대면하고 사회적 행위를 할 수 있었다.

Ⅳ. 교육체험 구술사, 남은 과제

마을마다 학교가 있었고, 조선인들의 교육열이 높았다는 자부심 가득한 이야기가 해외한인들 사이에서 재생산되면서, 한인들은 자식교육을 시키지 않으면 안 된다는 인식이 삶의 방향을 안내하고 그 방향에 따라 삶을 살게 되었다. 이 이야기는 해외한인들의 교육행위가 다른 민족과는 다른 민족성의 지표가 되었고, 한인 삶을 이끌었다는 의미로 한인들의 교육에 대한 인식과 교육적 삶을 보여준다.

해외한인들의 구술을 자료로 한 이 글은 구술연구가 당대 교육을 체험한 교육주체들의 인식을 조명하는 방법이며, 그 인식이 그들 삶에 영향을 끼쳤다는 사실을 증명하는 방법이라고 보았다. 그럼에도 교육체험과 관련된 구술연구는 해결해야 할 과제들이 남아 있다. 구술자가 겪은 경험의 고유성에 기대는 구술연구는 구술자의 해석을 어떻게 역사로 번역하느냐의 문제가 있다. 구술사는 주관적이라는 약점에서 벗어날 수 없다는 비판을 받아왔다. 그러나 톰슨(2000: 173)은 오히려 모든 역사자료는 주관적일 수밖에 없고, 그중 구술자료만이 유일하게 내면을 파고 들어가서 진리에 가장 가깝게 다가갈 수 있는 방법임을 간파했다. 역사자료는 과거의 것이고 역사가만 현재에서 과거로 가 닿는 방법이, 역사자료(구술자의 구술)와 역사가가 함께 같은 목표점을 향해 움직여 만나는 방법(구술사)보다 더 온전하다고 말할 근거는 없다. 그럼에도 간도와 연해주 지역 교육체험 구술연구에는 여러 난관들이 남아 있다. 누구에게서 이야기를 듣느냐, 누구를 배제하느냐는 역사서술의 방향을 다르게 결정짓게 된다. 학교교육을 받은 사람과 받지 못한 사람, 고등교육을 받은 사람과 그렇지 않은 사람, 남자와 여자, 도시인과 농촌인 누구에게서 이야기를 듣느냐는 당대에 대한 해석에 차이를 발생하게 만든다.

그리고 이야기하는 사람이 가진 시각에 의해 이야기는 구성된다. 구술에는 이야기하는 사람의 시선과 리듬이 담겨 있다. 어떤 부분은 접혀진 채로, 어떤 부분은 미세하게 구성되어 소통의 장에 나오게 된다. 그래서 연구자들은 이야기하는 사람의 시각을 의식해야 하고, 이야기 속에서 솔기 안으로 접혀 들어간 부분과 밖으로 드러낸 부분, 즉 이야기 내용의 선택과 배제를 가려볼 수 있어야 한다.

간도와 연해주 교육연구는 아직 역사발굴의 단계에 있다 보니, 역사 속에서 전개된 교육계의 갈등에 주목하지 못하고 있다. 흔히 각기 고유한 독립교육기관으로서 서당과 학교가 있었고, 시대적 유효성을 다한 서당이 자연 소멸되고 학교가 전면에 등장하였다고 이해한다. 그러나 구술증언 속에는 학교설립 세력과 서당운영 세력 간의 갈등을 확인할 수 있었다. 또한 민족학교의 변천과정에서 학교와 교사의 성격을 어떻게 이해할 것인가의 문제도 구술자에 따라 달리 해석하였다.

그럼에도 이런 사건들은 좀처럼 주목받지 못했다. 결과의 입장에 서서 당시를 갈등 없이 시간순서에 따라 진술할 때가 많다. 그렇다면 결국 역사에는 강자들의 목소리만 남게 된다. 낮은 목소리를 다시 발굴하려면 당대 갈등에 주목해야 한다. 어쩌면 역사는 숨겨둔 솔기 속에 진짜 모습이 들어 있을지 모른다. 구술은 바로 이 이야기를 끄집어내는 데서 시작해야 할 것이다. 그럼으로써 역사의 다양한 목소리를 들을 수 있을 것이다.

제4장 러시아 한인의 정착과 마을학교*

이경숙

I. "죽어 떠나는 살아 있는 갈"

"마을마다 학교가 있었다. 어떤 마을에는 두 개의 학교도 있었다."
"서로 자기 마을에 학교를 세우려 다툼이 벌어졌다." 이는 1900년대
전후, 러시아로 건너간 한인들의 학교 이야기이다. 이국에서 한인마을
과 학교는 어떤 관계가 있었을까. 그 관계를 '마을학교'에서 찾고자 한
다. 마을학교는 기성세대가 갖는 자식교육의 열망을 마을이라는 삶의
기본단위에서 공동으로 해결하려는 노력을 말한다.

이주는 몸만 옮겨가는 단순한 공간이동이 아니다. 삶을 나누던 이웃
이 사라지고 노동방식과 오랫동안 익숙한 정신세계마저 바꾸고 그곳에
서 자식을 키워야 하는, 새로운 세계로 입문하는 힘겨운 과정이다. 김
윤배(2007) 시인은 가시떨기나무의 유랑길도 "죽어 떠나는 살아 있는

* 이 연구는 한국교육철학회의 『교육철학』 제39집에 게재된 논문 「러시아 한인의 정착과 마을」을 일부
  수정한 것임.
  이 글은 2008년 정부(교육과학기술부)의 재원으로 한국학술진흥재단의 지원을 받아 수행된 연구임
  (KRF-2008-321-B00147).

길"이라고 했다. 하물며 사람이 제 이웃을 다 버리고, 세간살이 놔두고 말도 일도 정치체계도 다른 곳으로 떠나는데 말해 무엇하랴. 1860년대 이후 조선을 떠나 러시아로 간 한인들의 이주는 경제적으로든 정치적으로든 더 이상은 이곳에서 살 수 없기에, 살아남으려는 자들의 살기 위한 떠남이었다. 떠난 이후 정착은 더 큰 과제였다. 더구나 경제적 가난 때문에 떠났기에 러시아에서 곧바로 경제적 안위가 보장될 리 없으며, 모국이 식민지라 이국인으로서 권리보장마저 쉽지 않고, 소수민족이라는 사회적 처지가 더욱 삶을 어렵게 했다. 그럼에도 140여 년 만에 러시아 한인[1]들이 러시아 170개 민족 가운데 산업, 과학기술, 교육 분야에서 지식인층을 형성하고 농업분야에서도 선도적인 역할을 할 만큼 안정된 지위를 획득(조선일보, 2003.10.13)하는 데는 무엇이 작용하였을까.

러시아 한인이주자들이 정착하는 중요한 힘 가운데 하나가 교육이었다. 러시아로의 이주는 한인들이 정치경제적 위기상황 속에서 선택한 역사적 삶의 방식이었고, 한인이주자들은 러시아에서의 정착을 위해 구조적 난관을 뚫을 전략을 구사해야 했다. 성실과 교육은 이주자들이 오늘과 미래를 살아나가기 위한 정착전략이었다. 특히 한인들이 스스로 세운 '마을학교'는 이주자들 공동의 의식과 문화를 갖게 함으로써 한인마을을 결속시키고 확장시켰다.

지금까지 선행연구들은 러시아 한인학교들을 민족의식 함양을 위한 민족주의자들의 학교설립운동 차원에서 설명해왔다.[2] 분명 많은 한인

---

1) 본 연구에서는 러시아로 이주한 이들을 러시아 한인이라 표기한다.

2) 이명화(1989), 이상근(1995), 정태수(1991), 천경화(1998) 등이 진행해왔다. 선행연구들은 1920년대 초반까지 설립된 한인학교를 민족주의학교로 규정하고 있다. 이명화와 이상근은 러시아 한인들의 민족주의 교육운동을 일제침략에 대한 저항운동으로, "조국에 대한 민족적 자각과 각성을 촉구하는 교육을 통한 구국운동"으로 규정한다. 민족주의 교육운동의 시기는 을사늑약 이후 민족주의자들이 러시아로 건너가 교육운동을 펼친 1907년이 출발이었고, 1922년 민족독립운동의 단절과 함께 소멸되어갔다고

학교의 설립은 민족주의운동의 과정에서 이뤄졌다. 그럼에도 각 마을마다 의연물품과 의연금을 내서 세운 학교는 민족주의학교라고만 규정하기에는 한계도 있다. 민족주의교육이라는 개념 속에는 학교의 설립과 유지, 영향력을 민족주의 독립운동가들의 특별한 정치적 행위로 읽히기 쉬워서 마을 사람들의 자발성, 학교로 인한 마을의 변화를 놓칠 가능성이 높기 때문이다. 민족주의 교육운동이 마을의 자발성과 변화를 추동해내기도 하지만, 이를 민족주의 독립운동가들이 추동한 것으로만 해석한다면 마을 사람들의 자발성과 교육으로 인한 변화가 지나치게 소극적으로 해석되는 측면이 있다. 그래서 마을 주민들의 자발성, 학교로 인해 마을에 생성된 문화를 고려하여 러시아 한인학교들을 '마을학교'라는 시각에서 조명하고자 한다. 한인학교들에 마을학교의 성격을 부여하고자 하는 것이다. 여기서 말하는 마을학교란 민족주의학교와 대립되는 개념은 아니다. 마을학교는 선행연구들이 민족주의학교라는 시각으로 러시아 한인학교들을 조명함으로써 발생하는 약점을 보완하기 위해 새로이 제기하는 개념이다. 민족주의운동이라는 기존 시각과 마을학교라는 본 연구의 시각이 동시에 의미를 지닐 때, 1900년대 전후 러시아 한인들의 학교설립운동이 더욱 온전한 모습으로 그려질 것이라 생각한다.[3]

정리한다. 한편 천경화와 정태수는 '민족교육'이라 표현한다. 천경화는 민족교육이 민족의식 고취를 목적으로 '배일주의·병식교련·전술교육·항일교육의 내용'을 가르쳤다고 진술한다. 정태수 또한 1905년 이후 정치적 이유를 갖고 한인들이 설립하려 한 교육을 '민족교육'이라 한다.

3) 연구시기는 러시아 이주가 시작된 1860년대부터 1920년대 초반까지로 한다. 이 시기가 한인들의 자발적인 학교설립을 가장 잘 보여주는 시기이기 때문이다. 연구방법으로 문헌조사와 면담조사를 병행하였다. 당대 한인 언론자료들, 일제가 작성한 공문서, 러시아 측이 작성한 공문서를 분석하였고, 그리고 사할린에서 영주귀국한 분들과 연해주(러시아 블라디보스토크, 우수리스크, 하바롭스크)에서 만난 고려인들을 면담하였다.

Ⅱ. 러시아 이주자의 정착전략–성실과 교육

경제적 가난과 일본제국주의의 정치탄압으로 러시아로 이주한 한인들에게 정착은 쉬운 일이 아니었다. 배출지역으로서 조선은 훨씬 열악하였지만, 흡인지역으로서 러시아 역시 한인들에게 순탄한 곳은 아니었다. 우선 러시아는 러시아의 국가정책이나 총독에 따라 한인이주자들을 대하는 방식이 달랐다. 이주 초창기에는 국토개발이란 의미에서 한인이주에 우호적이었다가, 꼬르프와 운테르베르게르 연해주 총독시절에는 한인을 국경을 위협하는 요소로 인식하여 귀화한인의 권리심사 강화, 어장과 사금장에서 한인노동자 사용금지, 관유지(官有地) 임대 금지정책을 실시하였다. 한인들에게 러시아는 정책적 안정감을 제공하지 않았다. 게다가 생계터전이자 같은 문화를 가진 이들끼리 삶을 나누는 위안의 공간인 거주공간에서도 러시아의 강제이주명령으로 속절없이 쫓겨날 수밖에 없었다. 1911년 블라디보스토크 제2강구역 한인촌과 개척리 한인촌 이주는 그 사례이다. 무엇보다 식민지 모국을 두었기에 독립국가 출신자들에 비해 국민의 권리를 제대로 인정받을 수 없는 불안이 컸다(Sucheng Chan, 1990: 35). 러시아는 한인을 친일의혹의 시선으로, 일본은 반일의혹의 시선으로 쳐다보고 강력히 대처하였다.

돌아갈 곳 없는 식민지 한인들은 낯선 이국땅 러시아에 정착해야 했다. 그러나 낯선 공간에서의 삶은 무엇 하나 쉬운 게 없는 비상한 삶이다. 일일이 의심하고 재보고 행위 해야 한다. 비상한 삶에서는 관습적인 행위방식이 아니라, 비상한 삶의 방식을 취할 수밖에 없다. 다른 일상적인 삶을 포기하고, 목적하는 바를 향해 직진하는 전략적 삶의 방식을 취하는 것이다. 전략이란 당면한 구조적인 난관을 주체적으로 해결하는 방식이다.

한인들은 새로운 나라에 정착해야 한다는 난관을 뚫기 위해 한인들의 생활토대에 결정적인 문제인 토지문제와 국적취득문제를 해결해야 했다. 그래서 블라디보스토크 개척리와 제2강구역 한인촌, 그리고 아무르 주 루키야노프 한인촌에 강제이주명령이 내려졌을 때, 토지임대시기 연장과 토지임대료 삭감을 한인마을 대표들이 행정청에 청원하여 해결하려고 하였다. 이런 해결방식은 집단적이면서, 행정청원까지도 감행할 만큼 러시아 내에서 한인들의 권리를 집단적으로 주장하는 방식이었다. 정착을 위해서는 또 러시아 정교를 믿거나 러시아 국적을 취득해야 했다. 이는 적극적으로 러시아 사회로 편입되는 방식을 취하는 것이다. 이처럼 정착을 위해서 여러 가지 제도적·문화적 시도가 있었다.

무엇보다 가진 것도 기댈 곳도 없는 한인들이 이국에서 직면한 신산한 삶에 맞서는 적극적인 전략은 '성실'과 '자식교육'이었다. 두 가지 전략은 하나로 얽혀 표현된다. '자식의 앞날'을 위해 '부모들이 더욱 열심히' 산다는 것이다.

> "가족교육 때문에, 일 열심히 했기 때문에 정착할 수 있었다. 그렇지 않으면 이민족들 사이에서 인정도 못 받고 고려사람 전체를 욕 먹인다", "한인들은 더 열심히 노력한다. 아이들이 있어서 더 열심히 살았다", "러시아인들은 자신을 위해서, 한인들은 자식을 위해서 산다는 것, 맞는 말이다."[4]

성실과 자식 교육이야 어느 민족인들 중요하지 않으랴만 한인들은 특히 두드러졌다. 황무지를 잘 개간하고, 개간한 다음 친지를 초대해

---

4) 구술자: 이베체슬라브(1953년생, 블라디보스토크 고려인 문화자치주 회장), 구술일시: 2009.2.24, 구술장소: 러시아 연해주 블라디보스토크 자택; 구술자: 윤스타니슬라브(1937년생, 우수리스크 노인단 회장), 구술일시: 2009.2.28, 구술장소: 러시아 연해주 우수리스크 노인회단 건물.

인근을 한인촌으로 만들어버리는 특성이 있기에 한인이주를 방치했다가는 10년 안에 한인천지가 될 거라며 한인의 이주를 반대하였던 운테르베르게르의 경고처럼(현규환, 1976: 790), 한인들은 아무리 척박한 땅이라도 개간하고 그곳에 이웃을 불러 모아 한인촌을 구성하였다. 한인들은 러시아인들보다 토지생산성도 높았고, 중국인들보다 정착성도 강했다.5) 그리하여 1878년 한인들은 3개 관구에 20개의 한인촌을 개척하였다(보리스 박 등 지음, 김광환·이용백 옮김, 2004: 50). 한인부락의 형성은 살아갈 든든한 힘을 얻는 행위이다. 위협당하고 궁지에 몰리는 처지일수록 공동으로 생계를 책임지고, 공동의 위기대처법을 나누고, 공동의 의식과 문화를 나누는 부락형성은 중요했다.

한인이주에 찬성했든 반대했든 러시아인들도 한인들의 정착성에는 성실성이 크게 작용했다고 믿고 있었다. 저명한 극동연구가 M. I. 베뉴코프는 "(한인들을) 생업에 대한 지식이 뛰어나고 근면하고 술을 마시지 않는" 농부로, V. 바긴은 "일반적으로 근면하고 청결하며 검소하고 순종적"인 인물로 서술하였다(보리스 박 등 지음, 김광환·이용백 옮김, 2004: 54~55). 연흑룡 주 총독 역시 아무르 강 유역의 한인들은 근면, 성실, 온순하다고 내무상에게 보고한다(최덕규, 2004: 244~245).

한인들의 성실성은 비단 당대의 기록이나 러시아인들의 시선에서만 존재하는 것은 아니다. 현재 러시아인으로 살고 있는 '고려인'들 역시 한인의 힘을 성실에서 찾고 있다. 사할린 영주귀국자들은 러시아인들이 거들떠보지 않았던 바다나 밭뙈기를 한인들이 일구어냈다고 증언한다.6) 그리고 이주 2·3세대인 1930년대 생인 한인들 역시, 유럽인과

---

5) 아무르 주 한 러시아인 농장주가 동일한 조건으로 러시아인과 한인들에게 농지를 임대해주었는데, 러시아인들은 35푸드를 수확하였는데 한인들은 최고 150푸드를 수확할 만큼 한인들의 토지생산성이 높았다(박영철, 1938: 48). 그리고 금광노동자들은 대체로 이동이 잦지만, 한인 노동자들은 2~3년 동안 금광에서 일한 다음 그 돈으로 국유임대지나 지역산림청의 토지, 도시의 마을소유 토지에 터전을 마련해서 정착하였다(이항준, 2007: 289).

인종적으로 확연히 구분되는 이민족으로 타국에서 살기 위해서는 더 열심히 노력할 수밖에 없었고, 러시아인들도 한인들의 부지런함은 대부분 인정한다고 전한다.[7] 극동대학 한국학과 송지나 교수 역시도 한인들의 생활력은 텃밭을 일구는 농민들의 부지런함에 있다고 분석한다.[8] 그 성실함이 오늘날까지 계승되었다고 '고려인'들은 확신한다.

이주자들의 정착에는 또한 2세대의 출현이 중요하다. 2세대가 빨리 생길수록 이주국가에서 이주민들의 사회경제적 지위도 높아질 가능성이 높다(Sucheng Chan, 1990: 66). 이주 초기 남성노동자가 90%였던 하와이(정대화 역, 2003)와는 달리, 조선과 인접한 러시아 이주는 초창기부터 가족 단위의 이주가 훨씬 쉽고 많았다. 1863년 포시에트 지역에 13가구, 1864년에 60가구, 1867년에 185가구, 1869년에 766가구가 이주하였다(이채문, 2007: 178). 그래서 비교적 이주 초기부터 남녀비율이 안정되었다. 1878년 남우수리지방의 남녀비율은 121:100이었고(보리스 박 등 지음, 김광환·이용백 옮김, 2004: 33, 50), 1910년 연추지방 남녀비율은 103:100, 성년자와 미성년자 비율은 106:100으로 거의 비슷했다.[9] 남자들의 도시라 불렸던 블라디보스토크에서도 1912년 신한촌의 남녀비율은 130:100, 아동의 남녀비율은 112:100이었다(권업신문, 1912.12.29).

---

6) 구술자: 장계분(사할린 영주귀국), 장계분의 딸(러시아 국적), 김옥저(1932년생), 박범규(1936년생) 외, 구술일시: 2009.1.22일, 2009.2.6, 구술장소: 경상북도 고령 대창양로원.

7) 구술자: 한복순(러시아 하바롭스크 거주 한인), 구술일시: 2009.2.25~27, 구술장소: 러시아 하바롭스크 자택 등; 구술자: 윤스타니슬라브(러시아 연해주 우수리스크, 우수리스크 노인단 회장), 구술일시: 2009.2.2, 구술장소: 우수리스크 노인단 회관.

8) 구술자: 송지나(러시아 연해주 블라디보스토크, 극동대학교 한국학과 교수), 구술일시: 2009.3.5, 구술장소: 블라디보스토크 극동대학교 내.

9)「煙秋地方事情報告ノ件」, 公第四一五號, 明治四十四年十一月十三日, 在浦潮斯德 總領事 男爵 大鳥 富士太郎 印, 外務大臣 子爵 内田康哉 殿.

<표 4-1> 러시아 한인 인구구성

단위: 명

	1910년 연추지방			1912년 블라디보스토크 신한촌			
	남	여	총계	남		여	총계
전체인구	3,267 (103)	3,178 (100)	6,446	1,579 (130)		1,210 (100)	2,789
성년자	1,611 (99.9)	1,613 (100)	3,224	노인	199 (116)	171 (100)	370
				장정	883 (149)	593 (100)	1,476
미성년자	1,657 (106)	1,566 (100)	3,222	497 (112)		444 (100)	941
문자해독자	812	57	869	학생			146

* 1910년 자료: 「煙秋地方事情報告 ノ件」 참조(블라디보스토크 일본영사관 조사)
* 1912년 자료: 권업신문 1912.12.29 참조

새로운 정착지에서 안정적 가족구성이 이뤄졌고, 더구나 모국이 정치경제적으로 열악하다면, 이주 2세대가 모국으로 돌아갈 가능성이 낮아진다. 그렇기 때문에 이주 1세대는 2세대가 이국에서 생계를 유지할 방법을 적극 모색해야 한다. 한인부모들은 사실상 자기 삶을 포기하고, 자식에게 모든 것을 걸 만큼 2세대에게 강한 책임의식과 연대의식을 갖고 있었다.[10] 자식은 부모책임이며, 부모는 자식에게 직접 재산을 물려주는 것보다 지식을 교육시키는 일이 중요하다고 판단하였다. 재산을 물려주는 건 유용하다. 그러나 부모 부재 시에도 스스로 살아갈 도구를 갖게 하는 방법은 부모가 갖추지 못했던 능력을 소유케 해주는 일이었다.

　부형이 되어 그 자녀를 양육함에 두 가지 도리가 있나니 그 하나는 배

---

10) "부모들, 자기 삶이 없습니다. 특별히 고려인들이 더 심했어요": 백규성(1951년생, 러시아 연해주 하바롭스크, 민주평화통일자문회의 극동협의회 협의회장), 구술일시: 2009.2.25, 구술장소: 러시아 하바롭스크 민주평화통일자문회의 건물.

부르게 먹이고 덥게 입히는 것이요, 그 하나는 덕성을 기르며 지식을 넓힘이다. …… 부형된 자의 제일 큰 의무는 그 자녀에게 덕성을 함양하매 지식을 배양함이니 이것이 가장 큰 사랑이다. 옛말에 황금 한 상자를 아들에게 주는 것이 글 한 책 가르쳐줌만 같지 못하다(권업신문 1918.9.7).

이런 의식이 특별한 사람들의 특별한 의식이 아니라, 한인들의 일반적인 의식으로 자리 잡고 있었다. 1912년 블라디보스토크 남산에 사는 한 아낙마저도 "이십 전(前) 사람은 매양 부모에게 달린 것이라. 부모가 잘 가르치면 큰사람 되며, 유식한 사람 되고, 부모가 못 가르치면 작은 사람 되며, 무식한 사람 된다"고 하였다(권업신문, 1912.10.20). 자식교육에 대한 책임은 1905년 전후하여 독립운동세력들이 러시아로 이주해오면서 민족주의교육과 결합하여 더욱 중요하게 인식되었다.

이국 러시아에서 한인들의 학교교육 열의는 러시아인들보다 높았다. 1890년 운테르베르게르의 보고서에 따르면, 당시 남우수리스크의 교육상황을 열악했다. 러시아 사람들은 자식교육에 관심이 없었다. 반면 한인들의 교육상황은 나았는데, 부모들이 자식의 러시아어 교육을 위해 신경을 쓰고 돈을 쓰는 것을 아까워하지 않았다(А.И.ПЕТРОВ, 2000: 220~221). 1903년 포시에트 지역의 농민대표 역시 자녀교육을 위해 돈을 아끼지 않는 한인들의 학교교육 사랑을 두고서, 한인들의 학교사랑의 태도 덕분에 지역행정은 학교를 존중하는 태도만 유지하면 되지 다른 어떤 배려도 할 필요가 없다고 할 정도였다(Alexanfer I. Petrov, 1992: 185). 1910년대에도 이런 태도에는 변함이 없었다. 연흑룡지방 한인들은 자녀들을 기꺼이 러시아학교에 보냈으며, 마을마다 학교설립과 교사봉급을 위한 기부금도 아끼지 않았다. 그래서 1917년 2월 러시아혁명 전까지 연흑룡지방의 한인촌에는 한인학교가 들어서지 않은 곳이 없었다. 1920년대 초반 극동지역 도시에서는 주민 1,000명당 러시아 학생이 152명인데 반해, 한인학생은 156명이었다. 국가예산지원이 어려운 시골에서 한인들의 교육열은 '기현상'이라 할 만큼 돋보였는데, 이는 한인들이 스스로 자금을 확보하여 학교를 운영하였기 때문이다. 이러한 현상은 러시아인 마을에서는 없는 일이었다(보리스 박 등 지음, 김광환·이용백 옮김, 2004: 105~106, 235).

러시아 한인들은 러시아 사회에서 성실함과 자식교육 두 가지로 정착의 문제를 해결하는 큰 힘을 얻었다. 이는 1898년 연흑룡 주 총독이 한인들을 "근면 성실할 뿐 아니라 학문과 문화를 숭상하고 있으며 자치적으로 학교를 설립하고 운영한다"는 보고에서도 드러난다(최덕규, 2004: 244~245). 한인들은 더욱 성실하여 더 많은 자식교육을 시킬 수 있고, 더 많은 자식교육을 위해 더 성실해지면서, 한인들 사이에서 성실과 자식교육은 서로 상승작용을 일으켰다. 성실과 자식교육은 구조 속에 의지할 바가 없었던 한인들이 선택한 전략이다. 이주지에서의 삶이라는 구조적 난관 때문에, 한인들의 이런 태도는 더욱 돋보이게 된다.

Ⅲ. 마을학교의 개념과 설립―마을마다 학교가 있었다

러시아 한인교육에 거는 기대는 국가에 따라 달랐다. 국가의 입장에 따라 한인학교에 요구하는 내용은 달랐지만, 한인의 교육을 원천적으로 금지하지는 않았다. 1860년 영토의 주인이 된 러시아는 한인들을 러시아화하는 수단으로, 러시아땅에 세력을 확장하여 한인들에게 개입하던 일본은 불량선인들을 검열하고 한인들을 식민화하는 수단으로 인식하고 그에 걸맞은 학교교육은 조장하고, 그에 반하는 학교교육은 억제하였다. 그러나 러시아와 일제의 정치적 개입에도 불구하고, 한인들은 지속적으로 마을단위의 학교세우기와 자식교육이라는 운동성을 포기하지 않았다. 비록 개별학교들은 짧은 시기 명멸하였다 하더라도, 마을이 계속해서 공동으로 학교를 설립하고 유지하고자 하였다.

1. 마을학교의 개념

마을학교는 자식교육을 위해 마을 주민들이 설립과 유지에 적극 가담한 모든 교육기관을 인식하는 하나의 관점이다.[11] 마을학교라는 명명에는 선행연구와는 몇 가지 다른 시각이 있다. 우선 1905년 이전의 한인교육은 전무하거나 극도로 열악하다고만 볼 것인가 하는 문제이다. 둘째, 학교교육에 대한 열의를 민족주의 운동가나 운동단체들의 노력에만 주목할 것인가, 마을 주민들의 자발성에도 관심을 두고 명명할 것인가 하는 문제이다. 셋째, 학교설립과 자식교육 시키기를 민족주의 독립운동의 일환으로 이해할 것인가, 시기와 공간에 따라 민족주의가 결합되긴 했어도 근본적으로 교육활동이라는 측면에서 이해할 것인가 하는 문제이다.

첫째, 1905년 이전의 교육에 대한 해석문제이다. 민족주의 교육론에서는 대체로 1905년 이전에는 민족교육이 부재했음은 물론,[12] 한인들

---

11) 이때 교육기관은 교회학교, 야학, 사립학교, 러시아(지원)학교 등을 모두 포함한다. 그중 러시아(지원)학교는 마을학교의 범주로 해석할 수 있느냐의 문제가 있는데, 러시아(지원)학교 가운데는 러시아의 지원은 소액이고 한인들의 기부금이 훨씬 많은 학교의 사례들이 있었다. 예컨대 1866년 지신허의 러시아학교도 그러했으며(А.И.ПЕТРОВ, 2000: 206), 아지미의 러시아종교학교도 그러했다. 아지미학교의 경우 학교설립 당시 러시아당국의 보조액은 2,500루블인데 반해, 한인들의 기부금이 13,500루블이었다(박영철, 1938: 46). 본 연구에서는 한인들이 적극 가담한 형태의 교육기관들이 마을학교의 성격을 지녔음을 말하고자 함이지, 마을학교가 학교들을 분류하는 여러 범주 중 하나는 아니다. 그렇기 때문에 본 연구는 마을학교를 엄밀히 구분하는 데 한계가 있다. 이는 후속과제로 남기고자 한다.

12) 천경화는 1904년까지를 민족교육 부재시기, 1905~1910년까지는 민족교육실시 준비단계, 1911~1920년까지는 민족교육 발흥 및 활성화 단계로 구분한다(천경화, 1998).

의 교육 자체가 거의 없었다고 본다. 분명 뒤바보(독립신문, 1920.4.30)의 글처럼 "우리 韓制의 精神的 敎育"이 1905년 이후 번성하였다. 학교 수의 증가가 그 증거이다. 그럼에도 1905년 이전의 교육에 대해서 다른 해석의 여지가 있다. 1905년 이전 교육을 이해하기 위해서는 당시 러시아 이주민들의 숫자가 매우 적었음을 먼저 지적해야 한다. 1863년 한인 열세 가족이 러시아로 이주해왔고, 한인이주자가 1880년대에 겨우 1만 여 명, 1890년대 초반 1만 6천 여 명, 1900년대 초반에 3만 여 명이었다.[13] 민족주의운동이 활발하였던 때와 비교해서 1905년 이전에는 한인인구가 희소했고 산발적인 가족이주여서, 당연히 독자적인 학교설립이 불가능하거나 극히 미미했다. 또한 초창기 이민의 이유가 대부분 경제적 빈곤이었기 때문에 학교설립에는 더욱 어려움이 있었을 것이다.

이 상황에서도 다른 민족과 비교해서 당시 러시아 한인들의 교육열의를 짐작할 만한 자료들이 있다. 1866년 지신허에서 러시아어 교육을 위한 지원요청, 1858년부터 1876년까지 한인아이들의 교육을 위해 러시아가 사용한 3,770루블 가운데는 한인 개인들이 지원한 돈도 포함되어 있었던 사실, 1895년 국가지원금으로는 부족하여 많은 학부모들의 지원으로 학교를 설립한 사실이 그 증거이다. 그리고 1892년 연해주지역 학교에 230명가량의 한인학생들이 있었는데, 이는 한인 73명당 1명이 학생이었던 셈이다. 당시 러시아인들은 123명 중 학생이 1명이었던 것과는 비교된다(А.И.ПЕТРОВ, 2000: 216). 1880년대 말 1890년 초, 러시아 신문에서는 러시아 시골에서는 러시아학교를 설립하지 못하는데, 한인촌 2곳(부절로브까, 그로우노브까)에서는 학교가 3개나 있다고

---

13) 1882년 10,137명, 1892년 16,564명, 1897년에 26,159명, 1902년에 32,410명, 1908년 45,397명, 1910년 54,819명, 1914년 64,309명, 1923년 109,000명(정태수, 1991: 254).

보도한다.[14) 뒤바보의 기술처럼, 1905년 이전 한인들의 자녀교육이 '고 상'하지 못했다 해도, 장래를 위한 실용적인 이유로 러시아인들보다 교 육에 큰 관심을 기울였음을 확인할 수 있다.

둘째, 학교교육에 대한 열의를 민족주의 운동가나 운동단체들의 노력 뿐만 아니라 마을 주민들의 자발성에 초점을 두고 이해하는 문제이다. 러시아 독립운동가와 국민회, 권업회 등은 교육에 상당한 노력을 기울 였다. 이상설, 김학만 등 독립운동가들은 학교세우기에 주도적으로 나 섰다. 재블라디보스토크 공립협회, 국민회, 권업회도 마찬가지였다(국사 편찬위원회, 1995: 43~47, 77). 재블라디보스토크 공립협회와 국민회는 규약에서 교육발전 또는 학교설립을 단체목적과 임무로 명시하고 있다. '권업회' 역시 학교와 독서용 도서관을 건립하도록 규약에 적시하고 있 으며, 실제로 학교를 세우고 각 지회는 교육비를 지출하였다.[15)

한인학교설립에는 교육의 중요성을 일찍 각성한 독립운동가와 독립 운동단체들의 주도적 노력이 있었다. 하지만 그들의 주도적 노력과 함 께 묻히지 말아야 할 역사도 있다. 바로 마을 주민들의 적극적인 노력이 다. 마을 주민들의 적극적 노력을 민족주의자들의 추동이라는 시선에서 가 아니라 마을 주민들의 시선에서 읽어야 한다. 겨우 대여섯 집 되는 마을에서부터 수백 호가 되는 마을에까지 학교가 만들어졌다. 독립운동 가와 단체들이 다 뻗쳐 갈 수 없는 곳에도, 스스로 돈을 내고 학교를 세웠다. 가난한 부인이 재봉일로 번 돈을 기부하고, 금광노동자들이 의 연금을 내고, 마을 주민들이 공동으로 학비를 조성하고, 뜻있는 자들이

---

14) 그러나 나이 든 사람은 여전히 여자교육에는 매우 폐쇄적이었다. 오랜 남존여비사상도 이유이지만, 아이를 낳아 기르는 여자가 러시아말을 사용하면, 아이가 한국말을 잃어버릴까 하는 걱정 때문이었다 (А.И.ПЕТРОВ, 2000: 217~220).

15) 권업회 정기총회 보고내용을 보면, 보흥학교, 신덕학교, 양성학교, 입산학교, 대진학교, 화동학교 비용 이 권업회 재정에서 지출된 것을 확인할 수 있다(권업신문, 1914.2.8).

의연물품을 보내 학교를 세우고 유지하게 해주었다. 이 점은 민족주의 운동으로만 러시아 한인학교를 바라볼 때 놓치기 쉬운 점이다.[16]

셋째, 학교설립과 자식교육 시키기를 민족주의 독립운동의 일환으로 이해할 것인가, 시기와 공간에 따라 민족주의가 결합되긴 했어도, 근본적으로 교육활동이라는 측면에서 이해할 것인가 하는 문제이다. 민족주의 시각에서 세워진 학교도 있었지만, 한인들의 노고와 지원이 보태진 다른 여러 형태의 학교들도 있었다. 1922년 10월 220개의 한인학교 중 40개 학교가 러시아 정부의 지원을 받았다. 교회의 지원을 받는 학교도 있었다.[17] 그리고 러시아학교에 다니는 '재산가, 세력가' 한인 자제들도 있다는 점을 무시할 수 없다. 재산가와 세력가의 자제는 러시아학교에 다니고, 한문과 한국어를 가르치는 한인학교는 유지도 어려운데다 가난한 집안 아이들이 다니는 '아주 나쁜 학교'로 인식하는 경향(권업신문, 1912.7.21)은 모든 한인교육이 민족주의교육으로 합류되지는 않았음을 반증한다. 민족주의학교에만 시선을 돌릴 경우, 러시아학교에 다니는 아이들, 한인들이 사실상 운영하지만 러시아 정부와 교회가 일부 지원한 학교는 논의에서 제외된다. 그리고 한인들이 세운 학교라고 해도 학교폐지의 중요 이유가 교사수급이었던 상황(권업신문, 1913.9.7)에서 민족주의적 시각으로 교육을 담당할 수 있는 사람들이 얼마나 있었을까 하는 의문도 있다. 그러므로 한인의 교육을 민족주의 시각으로는 다 담을 수 없는 자식교육이라는 측면이 있었음을 염두에 둘 필요가 있다.

---

16) 학교설립과 유지를 위한 마을 사람들의 의연활동에 대해서는 이 장의 "2. 의연금으로 보는 마을학교 설립과 유지" 부분에서 보다 상세히 다루도록 하겠다.

17) 1910년 연흑룡지방 한인선교단협회 관할에 있는 20개 교구소속학교(총학생수 남학생 816명, 여학생 46명)와 교육성 관할하에 있는 3개의 러시아 한인초급학교가 있었다. 1913년 블라디보스토크 정교 감독관구에 23개의 교구소속 학교가 있었고, 그중 3곳은 2년제, 20곳은 1년제이다(보리스 박 등 지음, 김광환·이용백 옮김, 2004: 104~105).

위와 같은 이유로, 본 연구에서는 러시아 한인학교를 '마을학교'라는 관점으로 이해하려고 한다. 이국이라는 공간과 근대교육이 발생하던 시간 속에서 러시아학교도 마다치 않고, 주머니를 털어 학교 세우는 일에도 적극적이었던 한인들. 마을학교는 기성세대가 갖는 자식교육의 열망을 각 부모들이 사적으로 해결하는 것이 아니라, 마을이라는 삶의 기본단위에서 공동으로 해결하려는 노력을 말한다. 국가가 개입된 공적 교육은 아니지만, 삶의 공동단위에서 공공의 성격을 띠고 해결하려는 노력이다. 그 공공성을 위해서는 공동의 설립과 유지라는 장치와 함께 공공의 내용인 민족주의적 요소 또는 실용적 삶의 요소가 내용으로 결합되었다고 보아야 할 것이다.

러시아 한인들에게 마을학교는 첫째, 세대 간(부모세대와 자식세대)의 소통통로이다. 둘째, 모국 조선과 이주지 러시아와의 소통통로이다. 셋째, 마을 사람들이 공통된 관심사를 창출하는 곳이다. 마을학교의 설립은 뜻있는 이의 기부, 마을 사람들 다수의 기부와 노동, 마을 사람들의 공동납세 등을 통해 이루어졌다. 마을학교는 낯선 이국에 와서 노동하며 생계를 유지해야 했던 이주민들에게는 자식교육을 통해 러시아에 뿌리를 내리는 행위로, 이국땅에 정착할 수 있었던 힘이다.

〈표 4-2〉 민족주의학교와 마을학교의 비교[18]

	민족주의학교	마을학교
시기	1905년 이후~1921년	러시아 이주~1920년 초반
설립·운영주체	민족주의 운동가, 민족주의 운동단체 (국민회, 권업회 등)	후원자, 마을 주민, 마을자치단체, 러시아의 보조금
설립목표	민족의식 함양, 실력자 양성 교육을 통한 독립운동	러시아어 교육, 실력자 양성 민족적 의식
주요교육내용	조선어, 조선역사 등 근대적인 학과목들	러시아어, 조선어 등
주요특징	조선어로 수업하는 학교 권업회, 국민회 등 단체주도	세대 간, 국내외 간, 주민 간 소통공간

2. 의연금으로 보는 마을학교 설립과 유지

식민지가 모국인 나라의 이주민들은 독립국가 출신 이주민들보다 더욱 가난하기 쉽다. 이유는 조국의 독립을 위해 활동하고 각종 의연금을 내기 때문에 돈을 모으기가 어렵기 때문이다(Sucheng Chan, 1990: 52~53). 러시아 한인들에게도 정치적 의연금이 있었지만, 더 잦고 대중적인 의연금은 자녀의 학교설립, 가난한 학생에게 보내는 의연금이었다. 각종 명목의 의연금이 당대를 가난하게 할 수 있지만 그 의연금이 2세대 교육을 위해 주로 사용되었다면, 오히려 이주자들이 세대를 거쳐 사회에 진입하는 데는 다른 민족보다 더 유리할 수 있다.

학교나 학생을 위해 기꺼이 내놓은 의연금 또는 의연물품으로 보았을 때, 러시아 한인들이 세운 학교가 마을학교의 성격이 짙다는 사실을 확인할 수 있다. 우선 '마을마다 학교가 있었다'는 인식처럼, 학교설립은 마을단위로 이루어졌음을 확인할 수 있다. 하나의 부락공동체인 마을이 자식교육의 열망을 담당하는 주체가 되는 것이다. 더구나 근대교육기관인 학교는 특정한 지식이나 기능을 가진 여러 교과내용과 교사가 필요했고, 이는 개인이 해결하기 어려움이 있다. 그래서 개인 대신에 마을이 공동의 주체가 되어 학교를 설립하였다. 학교의 필요성을 적극 주창하기 시작한 이들은 민족주의 운동가들이 많았다 해도, 마을 사람들 역시 학교설립과 유지에 적극적이었다. 다음은 실제로 러시아에서 1913년 11월 말부터 1914년 3월까지 약 4~5개월 동안 학교가 없던 마을에 세워진 한인학교들이다. 고작 5집이 있는 마을에서도 학교를

---

18) 마을학교와 민족주의학교가 학교를 분류하는 대립개념은 아니다. 마을학교는 얼마든지 민족주의학교의 성격을 띨 수도 있으며 그렇지 않을 수도 있다. 다만 기존 연구들이 러시아 한인학교들을 민족주의 학교에 관해 연구해 왔기 때문에, 이 도표에서는 두 학교를 비교해 보여주고자 한다.

세우고 학생유치를 위해 노력하며, 노동자들도 야학을 설립한다.

<마을단위의 학교설립>[19]

- 우루샤 지방, 동포 3백여 명 사는 곳, 금년 가을 학교설립(1913.11.26)
- 흑하 부근 나지물 농평, 한인 30여 호 거류, 금년 가을 학교창설, 학생 20여 명 모집(1913.11.26)
- 아력고깨 하곡포, 한인 50~60호 거류, 김병연, 집과 현금 기부, 학교창립(1913.12.7)
- 추풍지방 어류 외, 동포 5집, 청년교육 학교설립, 학생 20여 명 모집(1914.1.4)
- 이만 아부류 농작지, 작년에 이사한 동포들 80여 명 협의, 학교창설(1914.1.4)
- 니콜라엑스크 혜제띠바흐 금광 동포 수백 명 거류, 노동야학 설립(1914.1.11)
- 나델스떤스크 농평, 한인 50여 호 거류, 학교설립, 학생 수십 명 모집(1914.2.1)
- 향상지방 봉소촌, 1913년 10월(음력) 권업야학교 창설, 관소촌과 중소촌에도 각각 야학설립(1914.2.15)
- 수청 금정, 한인 20호 거류지, 진명학교 설립(1914.2.15)
- 추풍 한산 재피거우, 일신학교 1913년 9월 창립(1914.2.15)
- 신한촌 야학강습소 설립(1914.3.1)
- 나결스크, 거류동포 40여 호, 학교창립, 1914.2.27일 개학, 학생 수십 명(1914.3.8)

이런 학교들은 마을 재력가가 집을 내거나 돈을 내서 세워지는 경우도 있지만, 마을 전체가 개입하는 방식으로 이뤄지는 경우들도 많다. 마을단위의 풍속[20]이나 많은 개인들이 낸 의연금이 보태져 세워지는 것이다. 가령 1908년 낙열평에 세워진 학교는 56명의 개인, 10개 마을 풍속, 그리고 3개 마을이 낸 공동의연금으로 학교를 설립한다. 개인의 연자가 선홍의숙 36명, 화동학교 126명, 신한동학교 71명, 공성학교 65

---

19) 날짜는 모두 권업신문 기사 게재날짜이다.
20) 지금으로 보면 마을회와 유사하다.

명이었다. 동건뜰 야학은 마을 주민들이 날마다 번 돈 중 일부를 모아
서 설립한 배움터이다. 대부분 의연금은 마을 주민들이 냈다. 의연금의
규모가 큰 경우도 있으나, 많은 사람들은 1원에서 10전까지 적은 금액
을 의연하였다. 총액대비 개인의연금 액수는 적을지라도, 1원에서 10전
까지 적은 액수 의연자가 수로는 훨씬 많다. 낙열평 보통학교 의연자
개인 56명 중 35명, 선흥의숙 의연자 36명 중 27명, 화동학교 의연자
126명 중 94명, 공성학교 의연자 65명 중 32명이 1원 이하 의연자들이
었다(<표 4-3> 참조).

<표 4-3> 학교설립 의연상황

낙열평 보통학교 설립 (해조신문 1908.4.11)	1. 개인-56명 2. 각동리 風俗-10개(상개척/안산동 개척 등) 풍속 3. 차거우 상촌/삼항동, 密*洞	의연금: 최고액 15원~10전까지 15원-1개 단체(차거우 목동풍속), 10원-4명+2개 풍속, 5원-개인 6명, 3개 풍속, 3원-개인 1명+2개 풍속+차거우 상촌, 2원 50전-2명, 2원-개인 8명+2개 풍속+말*동, 1원-개인 32명, 삼항동, 50전-1명, 40전-1명, 10전-1명	* 1원~10전: 35명+삼항동
향림동 선흥의숙 (해조신문 1908.4.30)	권장규	校舍 1座 田6日耕	총 36명 총 54원+OO원 교사 1좌, 밭일 * 1원: 27명
	오영권	OO원, 田1일 耕	
	김학만	6원	
	박창흥 포함 33명	5원-2명, 4원-2명, 3원-1명, 1원외(?)십전-1명, 1원 27명 총 48원	

화동학교 (권업신문 1913.2.2)	오두현 100원, 강진석 50원, 오우서 50원, 강륜룡 50원, 방윤택 30원 등 총 126명(명단 있음)	* 최고 100원~최저 10전: 다수는 10원~10전 사이 100원-1명, 50원-3명, 30원-2명, 25원-1명, 20원-4명, 15원-1명, 10원-6명, 5원-2명, 3원-6명, 2원-6명, 1원-48명, 6?전-1명, 50전-38명, 40전-1명, 30전-1명, 20전-1명, 50전~30전 사이-2명	* 총 126명 의연 50원 이상 4명, 10원~100원 18명, 2원~100원 32명, 1원부터 20전까지 94명 대다수가 1원부터 20전 사이
소왕령 (니콜스크 우수리스크) 돈건뜰 야학과 학교 (권업신문 1913.3.23)	동건뜰-한인 50여 호, 아동들 작지게 노동/신학선의 주선으로 청년실업회 조직	날마다 버는 돈 중에서 몇 돈씩 모아 야학 시작-낮에 벌고 밤에 공부한 지 여러 달	* 아이들의 노동으로 야학설립, 학교설립과 의연
	야학 확장	완전한 학교 조직 교사고빙, 주·야학 겸하여 공부	
	최기예, 오봉화	당지에 갔다가 그 학교를 위해 각기 물품 몇 마씩 연조	
신한동학교 (수청 구허동) (권업신문)	* 학교 건축을 위해 의연하신 분들-이학만, 최춘길, 염상렬, 이왈룡 등 총 71명	* 최고 20원~최저 1원까지 * 20원-1명, 10원-12명, 7원-3명, 6원-3명, 5원-19명, 3원-7명, 2원-20명, 1원-6명	* 총 71명 * 최고 20원~최저 1원까지
블라고빠센스크 공성학교 (권업신문 1913.10.5)	송팔백, 김수예, 김성백, 김연세, 정용관, 김차준, 김진하 등 총 65명	* 최고 100원~최저 25전 * 1원~25전: 32명	* 1원~25전 32명
	* 1913년 가을부터 1914년 봄까지 매달 의연하실 분 14명(위와 중복)	2원-1명, 1원-12명, 50전-1명	

학교설립은 차라리 쉬운 일이다. 더욱 어려운 일은 학교의 유지이다. 그래서 학교들은 경제적 어려움, 교사 초빙의 어려움, 학생 부족으로 몇 달 또는 몇 년 만에 문을 닫는 경우가 많다. 이럴 경우에도 학교유지를 위해 마을 사람들은 노력한다. 니콜라옙스크의 보흥학교가 재정곤란을 겪자 이 지방의 부인들 40여 명이 94원 79전에 달하는 의연금을 모집하였다. 그중 "한익삼 부인 김 씨는 자기의 생애가 간핍함을 불구하고 재봉침으로 노동하여" 의연하였다(권업신문, 1912.6.23). 유정커우의 흥수학교는 학교유

지를 위해 인근 노동자 67명이 의연금을 걷었고(권업신문, 1912.7.28), 명동학교, 신풍학교, 고리깨따 정교학교 등도 모두 마을 주민의 도움으로 한동안 유지할 수 있었다(권업신문, 1912.7.28, 1913.7.13, 8.31). 이처럼 개별 의연금을 통해 학교유지를 돕는 사례들은 많다. 1912년 가을 수청에 세워진 일신학교는 이듬해 유지의연금을 모집하였는데, 94명의 의연자 중 1원에서 20전 사이의 의연자가 76명이었다(권업신문, 1913.10.5, 1913.10.26). 수청에 세워진 진명학교(1913.4. 설립) 역시 1913년 말 어려움에 처하자 각 마을마다 의연금을 모집하였다(권업신문, 1914.2.15). 6개 마을 개인의 연자 130명을 모집하여 학교를 유지하였다. 130명의 개인기부자 가운데 1원에서 10전까지 기부자가 124명이었다.

<표 4-4> 학교유지를 위한 의연상황

일신학교 (수청 금항동)	교장 강용세(근 60세 노인)의 노력	1912년 가을에 설립	권업신문 1913.10.5
	황성보, 임치준 등 총 94명의 의연자	* 3원 5명, 2원 12명, 1원 60전 1명 * 1원~20전: 76명	권업신문, 1913.10.26
진명학교 (수청 금정동)	유지 제씨	진명학교 설립 학생이 15~16명	권업신문, 1913.4.6
	홍순오, 박치일, 임계층, 허경이 등 개인 총 16명('이사회'가 아니라 '이사호'(1914.1.18일자 의연자 명단)가 아닐지), 풍속 1개	홍순오 등 5원 2명, 1원 10명(이사회 포함), 50전 4명, 풍속 20원	* 풍속 20원, 개인 16명 5원~50전 * 시토우금정동 진명학교 고백 * 권업신문, 1913.4.6

진명학교 (수청 금정동)	* 6개 마을별로 의연자 명단 작성: 총 개인 130명+쌍룡재 풍속		* 개인기부자—3원 2명, 2원 4명, 1원~10전 사이 기부자: 124명
	〈마을별〉 황도 주민 50명 본동 주민 9명 명합동 주민 14명 우굴로 주민 12명 해삼 신한촌 주민 6명 해삼 동령 주민 39명	* 총 130명 개인+1개 풍속 * 총 124원 50전 최고 쌍룡재 풍속 8원, 개인 최고 3원~최저 10전 * 1원~10전: 124명	* 1913.4.6 의연자와 중복: 본동 사람들—홍순오, 최희규, 함영섭, 이사호 * 권업신문, 1914.1.18

개인단위의 의연금을 내는 방식도 있지만, 보다 적극적으로 마을단위로 학교를 유지하기 위한 노력도 한다. 가령 블라디보스토크의 계동학교는 1909년 러시아에서 인허가 없는 학교를 폐쇄할 것이라는 소식에 마을 전체가 공동의 대처방식을 마련한다.[21] 권업회가 유지 경영하던 한민학교도 마을공동기금으로 운영되었다. 마을공동기금에는 마을 주민들과 학부형들이 내는 돈 이외에도 신한촌 방문객들에게도 교육비를 걷었다.[22]

의연금을 걷는 명분도 여러 가지이며, 의연의 종류도 다양하다. 건원절, 단오절과 추석 운동회, 시험 우등생 상품수여 등을 이유로 의연금이나 의연물품이 걷어졌다. 그리고 의연금 이외에도 의연물품도 다양했다. 종이, 공책, 교과서, 책상 등 학교공부에 필요한 모든 것이 의연대상이었다. 의연방식도 의연금 납부, 의연금 마련을 위한 연극상영, 약 판매 등 여러 가지였다(권업신문, 1912.11.3, 1913.3.9). 필요하면 돈과 물품을 내고, 때로 품을 팔아 마을마다 학교를 만들었다.

이런 점에서 학교를 만들기 위한 노력을 마을 사람들의 학교교육에

---

21) 「當地韓人ノ 近況報告ノ 件(浦潮在留 韓國人ノ 情勢)」 문서번호: 公第一九五號, 발송일: 1909.8.17, 발송자: 在浦潮領事館事務代理, 수신자: 外務大臣.

22) 학비징수제도로 방문객들이 다른 마을에 묵게 되는 폐해가 발생하자, 신한촌민회는 6년 만에 폐지하고 다른 대안을 마련한다(권업신문 1913.10.12, 10.19).

대한 열망이라는 시선에서 읽을 충분한 근거가 있다. 식민지 모국을 둔 이국인으로서 기부자들의 기부금은 민족주의적 활동에 가담하는 것으로 해석될 여지가 있다. 그러나 이는 추정한 해석이고, 그들은 명백히 학교설립을 위해 기부를 하였으므로 기부금 납부의 1차적 의미는 교육을 위한 활동에 가담한 것이라 보아야 한다. 앞서 보았듯이 한인들은 민족주의적 성격이 아닌 러시아(지원)학교와 종교학교에도 학교설립과 유지를 위해 기부하였다는 점에서도, 기부금의 가장 일차적 성격은 교육에 대한 열의로 해석된다.

Ⅳ. 마을학교, 세대 간·국내외 간·이주민 간 공통의 소통공간

마을이 학교를 세웠다. 마을이 먼저 세워진 곳에서야 다르겠지만, 마을과 학교가 함께 세워지는 곳에서는 마을 한가운데 학교를 세웠다. 개척리에서 신한촌으로 옮겨야 했던 블라디보스토크 한인들은 마을을 옮기면서 학교(한민학교)를 마을중앙에다 지을 계획이었고,[23] 마을 중심거리에 세웠다. 마을 가운데 있는 학교는 마을 주민들이 학교를 대하는 상징적인 의미가 담겨 있다. '우리 다음 세대가 이곳에서 자라고 있다', '아이들이 이곳에서 세상을 살아갈 실력을 쌓아가고 있다', '학교가 우리 마을의 중심이다'라는 상징적 의미이다. 학교가 가운데 있고, 학교를 중심으로 마을의 중요한 행사가 열리고, 사람들은 학교 일들을 가정에서, 마을에서 이야기로 만들었다. 물론 마을마다 세워진 학

---

23) 「五月三十一日木藤通譯官ト新舊開拓里視察情況」, 문서번호 憲機第一一五七號, 발송자 鳥居 通譯官 報告.

교들이 꼭 지리적으로 중심에 있을 필요는 없다. 어디에 있건 마을에 학교가 있다는 사실, 마을에 일상을 함께 사는 교사들이 있다는 사실, 그 사실이 마을 사람들을 윗세대와 자라나는 세대를, 그리고 가보지 못한 조선과 살고 있는 러시아를 공통의 관심으로 묶는 지리학이 된다. 즉 마을학교는 마을 내부를 결속시키면서, 동시에 러시아와 조선으로까지, 현 세대와 다음 세대까지 사람들의 시야를 확장시키는 사회문화적 역량을 길러내는 곳이었다.

1. 이주 독립운동가와 노동자들, 청년세대·자식 키우기

식민지 모국을 둔 한인이주자들. 그들은 러시아에서 살아갈 방도를 찾아야 했다. 이 점에서 지식인과 노동자, 정치적 망명자, 경제적 망명자 모두가 동의하는 한 가지가 있었다. 그것은 교육이었다. 교육을 위해 학교를 설립하고 그들에게 모국에 대해서, 러시아에 대해서 가르쳐야 한다는 것이었다. 모국의 독립운동을 하던 지식인들과 운동가들은 교육을 통한 구국운동을 희망했고, 경제적 망명자, 노동자들은 러시아어를 배우고 러시아에서 삶을 살아갈 자식을 위해 교육을 희망했다. 전자는 교육받아야 할 세대를 주로 '청년세대', '청년자제'라고 불렀고,[24] 후자는 '자식'이라 불렀다. '청년세대'는 세대 간이라는 긴 시간개념과 사회적 관계 속에서 포착되는 개념이다. '자식'은 부모와 연관관계에 의해 포착된 가족범주의 개념이다. 동일인을 지칭하는 명칭이 다르다는 것은 독립운동가들과 부모들이 '청년세대'이자 '자식'인 그들에게 기대하는 바가 각자

---

24) 계동학교(황성신문, 1907.5.29), 신영학교(해조신문, 1908.5.8), 화동학교(1913.2.2) 취지서에서는 '청년자제', 망남학교 취지서에서는 '청년학사'(해조신문, 1908.5.6), 모현의숙(해조신문, 1908.5.24)과 명동학교(1908.3.7) 취지서에는 '청년교육'이라고 명시하고 있다.

다르다는 의미였다.

더 나은 삶이란 최소한 압박에서 자유로워야 가능한데, 제국주의 침략으로 정신과 신체의 자유, 정치와 경제의 자유를 잃어버린 상태에서는 삶이 황폐해질 수밖에 없다고 독립운동가들은 믿었다. 그들의 신념은 1905년 정치망명 이후 학교 세우기 전략으로 나타났다. 그들이 학교를 세우면서 밝힌 취지서에는 그들의 사회인식, 교육에 대한 희망이 담겨 있다. 그들은 대체로 20세기를 경쟁의 시대, 우승열패의 시대로 규정한다. 이런 시대에 교육은 국권을 다시 회복할 방도이다.[25] 그렇기 때문에 독립운동가들은 젊은이들을 청년세대라 부르고, 그들에게 교육을 하느냐 못 하느냐에 따라 조국의 운명이 달려 있다고 강조했다.

정치적 압박으로부터의 해방과 함께, 또한 더 나은 삶을 사는 데는 하루 벌어 하루 먹는, 내일을 예측할 수 없는 경제적 압박으로부터도 자유로워야 한다. 자식 학교공부는 불안하기만 한 자식들에게 내일을 선물하는 행위이다. 러시아어와 지식을 갖추고 있으면, 자식의 내일은 부모들의 오늘처럼 불안하지 않을 수 있기에,[26] 부모들은 힘겨운 오늘의 노동을 성실로 견디고 아이들에게 내일을 선물한다. 이것이 부모들이 더 오랜 시간을 사는 법이다. 그리고 가진 것 없는 부모가 낯선 땅에 뿌리내리고 사는 방법이다. 적어도 교육받은 이는 스스로 문제를 해결하고 살 수 있고, 때로 같은 민족에게 도움도 줄 수 있는 고마운 인물이 된다.[27]

---

25) 계동학교, 명동학교, 금당서숙, 망남학교, 신영학교, 모현의숙, 화동학교의 취지서 참조(황성신문, 1907.5.29, 해조신문 1908.3.7, 3.10, 5.6, 5.8, 5.24, 권업신문, 1913.2.2).

26) 러시아 중학교를 졸업하면 '비사리'(서기), '뽀리까즈시크'(상점고용인), '뽀드랴치크'(청부업), 통역사 등의 일에 종사한다. 이들은 막노동꾼들보다는 벌이가 낫다(뒤바보, 독립신문, 1920.3.13, 3.18).

27) 러시아말을 잘 못하는 한인이 어업허가장 받는 데 어려움을 겪자 나서서 해결해주는 대한학교 학생 김기울도 교육받은 이이며, 배표를 잃고도 10여 세 소년이 당황하지 않고 해결하는 것도 교육 덕분이었다(해조신문, 1908.4.7, 4.22).

청년이든 자식이든 그들은 교육받아야 할 이유가 분명한 동일인물이었다. 마을에 학교를 세우고 공동으로 교육함으로써 부모의 노력과 독립운동가들의 노력이 별개가 아니라 하나로 뭉쳐갔다(해조신문, 1908. 4.11). 학교는 청년세대인 자식을 매개로 독립운동가와 지식인들이 마을 주민들과 직접 만날 수 있는 방법이다. 교사들은 마을 출신이거나 적어도 마을에서 함께 살았다.[28] 그들은 각기 다르지만, 공동의 목적을 통해 이국땅에서 살아갈, 살아남을 방도를 갖게 되었다. 지식인과 노동자를 가리지 않았던 교육열의는 러시아 한인들에게는 미래를 설계하여 살아남는 생존의 방법이었다. 그래서 러시아의 다른 민족들에게 교육은 한인의 민족성으로 읽혀졌다.

2. 마을에 학교가 들어서면 세대와 공간을 잇는다

마을에 학교가 서고, 학교에 자식을 보내는 일은 사회참여행위이다. 성년식이 아이를 비로소 사회적 인간으로 참여시키는 의례인 것처럼, 마을학교를 설립하고 자식을 학교에 보내는 일은 부모가 후세대의 삶을 염려하는 두 세대에 걸친 장기적 사회참여행위이다. 학교를 둘러싼 새로운 담론, 즉 조선과 세상에 대한 지속적인 관심이 부모와 자식들에게 자기 밥만 걱정하는 일을 넘어서도록 요청하였고, 마을분위기가 그런 환경을 유지해주었다. 학교가 설립된 마을에서는 무절제하고 무분

---

28) 망남학교를 창설한 윤와실녜는 지역출신자로서 그 지역에 학교를 세웠으며(해조신문 1908.5.8), 최재형 역시 자신이 거주하는 곳에서 학교를 세우고 교장을 지냈다. 이외에도 학교설립에는 지역출신들이 많았으며(해조신문 1908), 지역출신이 아닌 경우라 해도 지역에 머물렀다. 원산에 가서 교재를 구해오는 등 열심이었던 동령학교 교사 홍건표와 김오는 북간도에서 블라디보스토크로 와서 교사생활을 하였으며, 삼일여학교 교사 이의순도 부친 이동휘와 함께 간도에서 블라디보스토크에 와서 신한촌에서 머물며 교사생활을 하였다. 이의순은 마을에서 부인회활동을 하고, 1920년 삼일기념회식에서는 학생들과 함께 직접 연극에 참여하기도 하였다. 현규환(같은 책, 876쪽)에 따르면 도시와 촌락에 적지 않은 교사들이 있었다고 한다.

별한 분위기를 쇄신하여 '잡기가 엄금'되었고 어려운 상황에서도 마을에는 교재를 파는 서점과 인쇄소가 생기고, 서로 학문과 실업을 권유하게 만들었다(해조신문 1908.4.11, 권업신문 1913.6.8, 9.14, 11.2, 12.7, 12.14, 1914.7.19). 즉 마을에 '조국'과 '실력'이라는 새로운 담론이 생기고, 그를 위한 환경이 조성되었던 것이다. 비록 직접 조국해방과 삶의 변화에 나서지 않았다 해도, 마을의 새로운 분위기를 만드는 일에 일조하는 것이 사회참여행위이다.

가. 아이를 보는 눈이 변한다

학교가 생기면 부모들이 아이를 바라보는 시선이 변한다. 이전에는 농사 잘 짓는 아이, 효도하는 아이가 뛰어난 아이였으나 학교를 다니면서 공부 잘하는 아이가 부모세대에게 회자된다. 신문들도 매달 월말시험 우등생의 이름을 발표하고 그들에게 상장과 상품을 주어 격려한다(해조신문, 1908.3.4, 4.3, 4.7).

수백 년, 수천 년 이상 내려온 아동에 대한 인식변화는 매우 큰 것이다. 아동을 조국독립과 국가발전과 연관 짓고, 그들이 배우는 지식의 양과 질을 통해 국가발전을 가늠 지으려고 했다. 특히 정치망명자들은 아동들에게서 국권회복의 미래를 찾으려고 했다.

> "경쟁거렬한 세계에 처하여 후생자손으로 하여금 배워 장성케 아니하면 타인의 압속을 면치 못하고 노예로 일생을 지낼 것"(명동학교 취지서), "교육은 인을 조성하는 기관이요, 국을 공고하는 기초라"(신영학교 취지서), "청년자제를 교육시켜 조국사상을 배양하면 그 가운데서 이순신, 강감찬 같은 영웅도 날 터"(화동학교 취지서)

즉 아동이 제 살길만 찾아가면 되는 존재가 아니라, 국가의 장래를 책임지는 후세대라는 인식으로 전환하는 변혁이다.

또한 아이들의 현재는 안정적인 장래 경제생활의 척도로 인식된다. 가진 것 없는 이주자의 자식이 스스로 러시아 언어로 소통하고 실력을 쌓는 길이 가장 빠르게 성공할 수 있는 길이었다. 때문에 아이를 바라보는 인식의 변화는 정치적 망명자와 경제적 망명자 모두가 동의하는 바이다.

아이를 바라보는 인식의 변화는 아이의 행위도 변하게 만든다. "비록 총명하나 교육이 없으면 귀머거리 소경을 면치 못한다"(해조신문, 1908.5.24)는 인식이 확대되는 시기에, 학교공부는 매우 가치 있는 일이다. 이로 인해 아이들은 '학생'으로서 독립적 시기를 보장받게 되었다. 이처럼 자식세대와 부모세대 모두에게 교육은 미래를 향한 공동의 전략이라는 점에서 세대 간 공통의 관심사가 된다.

나. 마을 공동의 행사들, 경계를 가로질러

학교가 들어서고 학교가 주최가 된 마을 공동행사들이 많아졌다. 또는 마을이 주최가 된 행사에 학교가 가담했다. 한인마을에서 마을 공동행사는 교육활동, 정치행사, 친목행사를 구분하지 않는다. 경계가 없다.

러시아학교를 다니는 한인학생들도 방학 때는 한인학교에서 강습받았다.[29] 학교 연합운동회 때는 부모와 자식, 인근마을 주민까지 참여한다. 1913년 단오절 운동회 때는 300여 가구가 모여 사는 신한촌 마을에 남녀학생 백여 명, 임원 수십 명, 구경꾼 수백 명이 참가하였다(권업신문, 1913.6.15). 학생들은 한데 어울려서 운동경기를 하고, 마을을 행진하며 존재를 현현한다. 운동회에 직접 참가하지 못했더라도 마을 사람

---

29) 이포 토성 명동학교, 블라디보스토크 한민학교, 하바롭스크 하인동 학교에서도 각기 하기강습소를 열어 러시아학교에 다니는 한인아동들에게 교육하였다(권업신문, 1913.7.13, 8.24, 1914.7.26).

들은 빈부, 지위, 지식유무를 떠나 운동회의 분위기에 젖게 된다. 그렇게 운동회는 세대를 아우르며, 마을 주민들 사이에 가로놓인 경계를 넘는다.

학교는 정치적 행위에도 적극적으로 가담한다. 1908년 장인환, 전명운을 위한 의연금 모금운동에 러시아 정교학교인 대한학교와 개척리 거류민회가 운영하는 계동학교 학생들이 집단으로 참여하고, 두 학교 학생들은 매주 일요일에 모여서 토론회를 열었다(해조신문, 1908.3.24, 5.1, 5.2). 해마다 한일합방일에는 마을 전체가 규탄식을 치르는데, 여기에서도 학교는 중요한 역할을 했다.[30] 삼일운동과 삼일운동기념식에서도 주요단체로 참가했다.[31] 이런 정치적 행사에 학교들이 참여하고, 마을 주민들이 함께하였다.

마을학교는 마을에 사는 사람들 사이에 존재하는 빈부, 의식의 차이를 뛰어넘어 공동행사에 사람들을 초대하고, 그 행사에 참여함으로써 마을 사람들은 결속하게 된다. 또한 그들의 몸은 러시아에 있으나, 그들의 의식은 학교교육을 매개로 모국 조선을 불러들였다. 즉 이주한인들의 삶의 공간은 발 디딘 러시아만이 아니라, 조선에까지 확장되었다. 이렇게 마을 주민들은 공동의 행사를 하면서, 의식적으로 러시아와 조선을 넘나들며 아이들과 부모들은 공동으로 성장해갔다. 그 성장의 가운데 마을학교가 있었던 것이다. 마을학교는 정신적으로, 경제적으로 정착의 토양이 되어주었다.

---

30) 「時局二 對スル在外不良鮮人ノ情況速報(第五四)」, 九月二日 朝憲機 第 五三三.
31) 「韓國獨立宣言紀念會二關スル件」, 大正9年 3月5日, 機密 第在16號, 浦潮斯德 總領事 菊池義郎.

3. 마을학교를 바라보는 외부시선과 방향

초기 러시아 한인교육은 민족주의 운동가들이 '자식'을 '내 자식'에만 한정되지 않도록 정신적 개입을 줄곧 함으로써 교육열의 방향을 넓혀놓았다. 그러나 마을 주민들의 더 나은 생존을 위한 교육열의는 자칫 지배권력에 순기능을 하는 사람의 양산으로 이어질 우려도 있다.

대여섯 호가 있는 작은 마을이라도 학교를 세우고 아이들 교육을 위해 돈과 수고를 아끼지 않는 모습은 러시아인들에게도 일본인에게도 경이로운 사건이었다. 동시에 그들의 정치전략상 '반가운' 일일 수도 있었다. 1921년 시베리아조선인교육연구회를 발족할 때, 블라디보스토크 일본영사관은 당시 독립투쟁은 약화되고 교육운동에만 전력하는 블라디보스토크 한인들의 상황을 이렇게 전한다.

> (블라디보스토크 일반 조선인의) 교육에 대한 열망은 대단히 향상되어 금후 조선인에게 취할 대책이란 오로지 교육을 보급시켜 세계의 대세에 순응함으로써 진력하는 방법 이외는 없다 하여 학교의 신설과 학교 내용을 충실히 하는 데 오로지 힘을 쏟고 있는 것이 반가운 현상이라 할 수 있다.[32]

블라디보스토크 일본영사관에서 한인들의 교육현상을 반가워한 까닭은 교육열의가 높은 만큼 교육을 통한 정치적 침략이 쉽다는 판단 때문이었다. 그래서 일본은 한민학교를 불태우고 조선학교에 자금을 지원하고 조선총독부 발행 교과서를 무료로 배포하려 하였던 것이다. 학교만, 교육내용만 장악하면, 당대와 후세대까지도 장악할 수 있다는 계획이었다. 실제로 블라디보스토크 아무르만을 내려다보는 병기고 주

---

32)「浦潮 在住鮮人 民心ニ 關スル 件」, 문서번호 제351호, 발송자 朝鮮總督府事務官, 수신자 浦潮派遣軍政務部長, 수신일 1921.12.21.

변 한인촌인 신흥촌에서는 안용술이라는 촌장이 1921년 신흥촌 아이들과 노동자들을 대상으로 일본어와 일본 수신 교과를 가르치는 학교를 열기도 한다. 또 일본영사관에서는 백산학교 등 여러 한인학교 등을 지원하는 방책에 대해 의논하기도 한다.[33] 1920년 신한촌 참변 후 일본제국의 힘이 강력해지면서, 한인학교는 일본의 주도적인 지원활동에 그대로 노출되었다.

이 점은 마을학교가 자발성에 기초한 놀라운 힘을 보여주면서도, 교육열이 왜곡될 가능성도 보여주는 대목이다. 교육열은 그 자체로 긍정성을 갖고 있으나, 어떤 방향을 만나느냐에 따라 달라질 수 있다는 것이다.

V. 결론

마을학교는 우리 사회의 사회문화적 역량이었다. 정치적 간섭이 없었던 것은 아니지만 상대적으로 자유로웠던 이국땅에서, 미래를 설계하고 건축하는 방법으로서 교육은 기성세대에게도 청년세대에게도 건설적이었다. 특히나 식민지 모국을 둔 러시아 한인들에게 마을학교는 마을 주민들의 자발성과 참여와 함께 민족의식과 결합되어 나타나면서 사회역사적 공공성의 성격까지 띨 수 있었다.

마을학교 개념은 학교교육이 국가경쟁력을 위한 도구가 되고 내 자식 안위를 위한 도구가 되어버린 오늘날 시사하는 바가 있다. 개별 인간의 삶은 괄호 쳐버리고 국가경쟁력의 도구로서 살기를 요구하는 국

---

33) 「浦潮地方 鮮人小學校 維持費補助 請願ニ 關スル件」, 大正10年 8月15日.

가적 분위기에서 좀 더 삶을 사는 인간에게로 가까워지는 방법으로, 그리고 내 자식의 안위만을 걱정하는 부모들에게서 좀 더 사회공공적인 것에 가까워지는 방법으로 마을학교의 역사를 되새겨볼 만하다. 마을학교에는 마을 주민들의 자발성과 참여, 그리고 기꺼이 당대 사회역사적 무게를 담지하려는 의지가 담겨 있었기 때문이다. 둘의 만남이 마을 사람들을 결속시키고 확장시켰고, 이것이 이국에서도 잘살아가는 한인들의 사회문화적 역량이었다.

제5장 중국 조선족의 이주와 교육*

박태수

인구이동은 인간본능의 생존수요와 사회·정치·경제·문화발전의 제약을 받는다. 그리고 교육은 인간양성 활동으로서 인구문제와 복잡한 관계를 갖고 있다. 조선 민족은 예로부터 문화를 숭상하고 어떤 환경에서도 자녀교육을 중시하는 높은 교육열의 우량한 전통을 갖고 있는 민족이다.

I. 중국 조선족의 이동

중국 조선족은 과경(過境) 민족이다. 최초로 중국 동북에 천입(遷入) 이주한 역사는 400여 년 전, 명나라 말 청나라 초까지 거슬러 올라간다. 그때부터 중국 조선족의 이동은 인구 100만 좌우로 크게 세 차례 이동이 있었다.

---

* 이 글은 「이주와 교육: 한국인의 삶의 형태 탐구」(2011.4.23) 심포지엄에서 발표된 '중국 조선족의 이주와 교육'을 일부 수정한 것임.

첫 번째 이동은 명나라 말 청나라 초부터 1945년 광복까지이다. 이때 조선족은 한반도에서 이주하여, 중국에 200여만 조선족 인구를 형성하였다. 첫 번째 이동은 <표 5-1>과 같이 다섯 시기로 나눌 수 있고, 매 시기마다 역사적·교육적 특징이 있다.

〈표 5-1〉 중국 조선족의 이동

1	명말청초(明末淸初)	약탈과 도망으로 인한 천입시기	포로병·도망병 13,000여 명, 하북 요녕 박씨마을 1982, 1985년 국적을 고침 약 3,000명
2	1670~1870	봉금령을 무릅쓰고 잠입(潛入)한 시기	초기: 早耕暮歸(조경목귀), 春来秋歸(춘래추귀) 말기: 몇몇 곳의 자연 부락 형성
3	1870~1910	묵인 회유정책하에서의 천입(迁入)시기	청나라 묵인 우대 간(垦)민 연변 조선족 간민호 16101호, 82,999명 동북 조선족 인구 약 23,691호 141,949명
4	1910~1931	자유 이주시기	1. 망국노 2. 반일지사 3. 소자산가들의 이주 동북3성 1910~1926년 29,9380명 천입 만주(9.18)사변 전: 630,982명 도달
5	1931~1945	강제 이주시기	1. 1932~1937 '집단부락' 건립시기 2. 1937~1945 집단이민(강제이민 시기) 3. 1932~1945 14년간 모두 216만에 도달

두 번째 이동은 1945년 광복부터 1949년 중화인민공화국 창건시기까지이다. 광복이 되자 고향을 그리던 백성들과 장기간 중국에서 항일민족해방운동을 진행하던 정치·군사 인물들은 자기 조국을 건설하러 갔다. 이 시기 조선반도(남북)로 돌아간 인구는 100여 만 명이다. 그리하여 1953년 중국 제1차 전국 인구조사 결과를 보면, 당시 중국 조선족 인구는 112만여 명으로 감소되었다.

세 번째 큰 이동은 1949년 중화인민공화국이 성립되면서부터 지금까지 계속되고 있는 중국 조선족 이동이다. 특히 개혁개방 이래 나타난 중국 조선족의 인구문제(인구감소와 인구이동)는 중국 조선족 사회의 경제·문화·교육 발전에 큰 영향을 주고 있다. 세 번째 큰 이동은 다시 두 단계로 나눌 수 있다.

첫 단계는 1949년 새 중국이 성립된 때부터 1978년 개혁개방 전까지이다. 이 시기 중국 공민이 된 중국 조선족은 공민천이(公民遷移) 자유권리를 이용하여 끊임없이 국내이동을 진행하여 왔다. 주요하게는 원 거주지에서 땅이 넓고 인구가 적으며 양식이 잘 나는 헤이룽장 성 및 지린 성 기타 지구와 랴오닝 성, 내몽고 지역으로 천이하였다. 이 시기 인구이동은 각 지구 인구구성에 영향을 주었다. 이리하여 동북3성의 조선족 인구에서 조선족 총인구 비율도 변하였다. 헤이룽장 성 조선족 총인구는 1953년 20.7%에서 1982년 24.5%로 증가하였고, 연변의 조선족 인구는 1953년 49.2%에서 1982년에는 42.8%로 내려갔다. 1953년부터 1982년까지 통계에 따르면, 이 기간 전국 조선족 인구는 1953년 1,120,405명에서 1982년 1,760,504명으로 증가되었다. 그 가운데 헤이룽장 성은 원래 231,510명에서 431,644명으로 증가했고, 지린 성도 756,026명에서 1,104,074명으로 증가하였다.

두 번째 단계는 개혁개방 이후 중국 조선족의 이동이다. 이 이동은 크게 두 부류로 나눌 수 있다. 하나는 국내이동이다. 국내이동의 특징은 동북3성 내에서 이동, 특히 동남 연해지역으로 이동, 농촌에서 도시로 이동, 청장년 위주의 이동, 생활의 질을 높이기 위한 이동 등 4가지 특점을 갖고 있다.

중국 제3차(1982), 제4차(1990), 제5차(2000) 인구조사 통계자료에 따르면, 조선족 인구 이동변화를 알 수 있다.

〈표 5-2〉 조선족 인구분포 변화

단위: 명, (%)

	1982년 (제3차)	1990년 (제4차)	2000년 (제5차)	1982~1990 증가율	1990~2000 증가율
베이징	3,909	7,710	20,369	97.24	164.19
톈진	828	1,820	11,041	119.81	505.65
허베이 성	1,759	6,713	11,783	281.64	75.53
산시 성	527	1,066	1,813	102.28	58.80
내몽골자치구	17,564	22,173	21,859	26.34	-1.42
랴오닝 성	198,397	230,717	241,052	16.29	4.48
지린 성	1103,402	1,183,567	1,145,688	7.27	-3.21
헤이룽장 성	431,140	454,091	388,458	5.32	-14.45
상하이 시	461	782	5,120	41.05	554.73
장쑤 성	302	963	5,048	218.87	725.75
저장 성	107	254	1,767	137.38	595.67
안후이 성	219	667	2,660	204.57	298.80
푸젠 성	51	137	1,785	168.63	1202.92
장시 성	131	170	1,703	29.78	901.76
산둥 성	930	3,362	27,795	261.51	726.74
허난 성	505	1,200	4,312	137.62	259.33
후베이 성	667	2,072	2,949	209.72	42.33
후난 성	222	423	2,693	94.59	523.38
광둥 성	147	611	10,463	451.03	1612.44
광서장족자치구	79	246	2,008	211.39	716.26
하이난 성		199	786		294.97
충칭 시			1,044		
쓰촨 성	366	643	3,137	75.68	387.87
구이저우 성	105	230	1,192	119.05	418.26
윈난 성	93	271	1,693	191.40	524.72
서장자치구	21	11	51	-90.91	363.64
산시 성	653	1,139	1,620	74.43.	42.23
간쑤 성	417	561	1,565	34.53	178.97
칭하이 성	242	308	453	27.27	47.08
닝샤후이족자치구	186	325	472	74.73	45.23
신강위구르자치구	438	968	1,463	121.00	51.14

* 자료: 전국 제 3, 4, 5차 인구조사 통계표에 근거하여 다시 작성

〈그림 5-1〉 중국 내 조선족 분포도

　그러나 1990년대부터 21세기에 들어 본격화된 조선족 이동의 수치는 위의 <표 5-2>를 훨씬 초과하고 있다. 이는 중국 조선족의 이주 판도가 크게 변하고 있는 것이다. 동북3성과 내몽골(130만 명) 집거구에서 지금 베이징, 톈진(17만 명) 등 수도지역, 칭다오, 웨이하이 등 산동지역(18만여 명), 상하이, 난징 등 화동지역(8만 5천여 명), 선전, 광저우 등 화남지역(6만여 명)과 같이 상대적으로 집중된 5개 집거구로 이동하였다.

　최근 서부대개발이 시작되어, 서안과 성도를 중심으로 서부지역에도 2만여 명의 조선족들이 이동하여 살고 있다. 모두 합치면 50만 명이 남방 연해도시들에 이동하여 장기 거주하고 있다.

　중국 조선족들의 이동은 국내뿐만 아니라 국외에까지 미치고 있다. 출국 붐으로 대규모 조선족 해외진출이 본격화되었다. 현재 조선족은 한국에 40만 명, 일본에 5만 명, 미국에 3만 명, 러시아에 3만 명, 그외 3만~4만이 유럽, 중동 동남아와 남미주에 이동하였다(『생활안내』

2011.3.28 11호). 중국 관내 이동인구와 국외로 이동한 인구를 합하면
절반 이상(100만여 명)의 조선족이 동북3성을 떠난 셈이다.

II. 중국 조선족의 교육

개혁개방 이래 중국 조선족 사회변화의 선명한 특징 중하나가 인구의
대량적 유동이다. 여기에서 우리 민족이 그 누구보다 앞서 시장경제에
뛰어들어 전통사회에서 현대사회로 변화 발전하는 모습을 볼 수 있다.
반면 이 유동은 조선족 농촌의 황폐화, 조선족 인구의 마이너스 성장
태세, 단친가정의 증가, 이혼율의 급증, 농촌소학교의 급속한 소실, 교
육질의 하강 등 많은 문제를 초래하고 있다. 그중 교육이 입은 충격이
제일 크다. 농촌 조선족 인구의 국내외 이동은 학생내원이 없으므로
농촌소학교들은 급속히 소실되어 거의 없다시피 되었다.

〈표 5-3〉 2005년도 중국 조선족 중소학교 기본정황

(괄호)는 2010년도 수치 표함

	학교유형	학교 수	학생 수	교원 수
연변	소학교	67 (31)	23,651	3,080
	중학교※	45 (37)	37,798	3,706
	민족연합학교	85 (17)	5,118	1,353
	합계	197 (85)	67,014 (31,202)	8,139 (5,436)
헤이룽장 성	소학교	68	5,480	1,174
	초급중학교	8	1,626	319
	9년제 중학교	14	1,878	484
	6년제 보통중학교	16	12,191	1,176

헤이룽장 성	소학교	68	5,480	1,174
	초급중학교	8	1,626	319
	9년제 중학교	14	1,878	484
	6년제 보통중학교	16	12,191	1,176
	고급중학교	2	841	89
	합계	108	22,016	3,242
랴오닝 성	소학교	63	8,682	1,155
	중학교	26	14,587	1,824
	중소연속학교	3	1,020	241
	합계	92	24,289	3,142
지린 성 분산 거주지역	소학교	40	2,782	1,874
	중학교	14	9,375	1,142
	고급중학교		4,779	517
	합계	54	16,936	3,533
내몽골	소학교	5	248	87
	중학교	1	310	57
	합계	6	558	144
기타지역	소학교	4	341	89

* 연변 조선족 중학교 총 37개, 그중 6년제 보통중학교 3개, 고중 10개, 초중 17개, 9년제 중소연속학교 7개
* 자료: 동북조선민족교육과학연구소 편저, 『중국 조선족 학교 현황지』, 연변교육출판사, 2005.

부모들이 외지로, 외국으로 일하러 나감에 따라 가정교육이 원만히 이루어지지 않고 있다. 조선족 학교마다 부모와 떨어져 생활하는 학생이 50~60%가 된다. 연변 조선족 중·소학교 학생 가정현황은 아래와 같다.

가정유형 (부모유형)	연변 조선족 학생현황 (8개 현, 시)		연길 시 (연변 주 수부도시)	
	학생 수 (N=2, 505)	비례 (%)	학생 수 (N=999)	비례 (%)
동시거주(부모와 함께 생활)	1,179	47.1	453	45.3
이혼	197	7.9	93	9.3
사망(부모 중 한 분 또는 두 분)	41	1.6	15	1.5
부친 출국	313	12.4	112	11.2
모친 출국	369	14.7	153	15.3
양친 출국(부·모친 모두 출국)	287	11.5	141	14.1
부친 장기간 내지근무 (중국 내 기타 지역에서 근무)	61	2.4	20	2.0
모친 장기간 내지근무	42	1.6	9	0.9
기타	16	0.6	3	0.3

　　교육질의 하강은 인구이동 중에서 교원 특히 많은 골간(骨干) 교원들의 유실과 직접 관계된다. 농촌 교원들은 현성(縣城)으로, 현성 교원들은 성시로, 또 성시에서 외국으로 나가면서 학교를 떠났다. 이렇듯 민족교육 환경이 악화되고 질이 하강되니, 적지 않은 조선족 학생들은 한족(漢族)학교를 선택한다. 2001년도 통계에 의하면, 연변만 보더라도 전국 조선족 중·소학교 학생 총수의 약 80.2%가 한족학교에 다닌다. 옌지 시는 11.7%가 한족학교에 다닌다. 옌지 시 리화소학교(한족학교)에 다니는 조선족 학생은 258명으로, 이 학교 학생 총수의 29.8%를 차지했다. 최근 몇 년은 조금 호전된 셈이다. 국내로 이주한 경우, 학생들은 대부분 한족학교에 다님에 따라 사실상 민족교육으로부터 벗어나 있는 상황이다. 민족언어문화교육의 소실과 민족정체성의 약화 등이 크게 우려된다.

　　중국 조선족 민족교육은 인구이동으로 인해 많은 애로를 겪어왔지만, 언제 어디서나 우리 민족의 높은 교육열과 향학(向學)열의 우수한 전통을 발휘하면서 난관을 극복해왔고 또 극복해갈 것이다.

교육은 우리 민족 존재의 기반이자 삶의 표현형태이다. 민족주체의식을 고양하고 민족과 민족문화의 정체성을 확립하며 민족 삶의 질을 높이는 데 교육은 그 무엇보다 중요한 사업이다. 때문에 모두 알다시피 중국 조선족은 이주 초기 조그마한 마을이라도 이루어지면 훈장을 청해 먼저 서당을 꾸리고 아이들을 가르치는 일을 잊지 않았다. 재래식 교육으로부터 근대 사립학교의 설립, 기초교육으로부터 직업교육, 대학교육에 이르기까지 각급 학교의 설립, 이러한 교육열의 보귀한 자산이 있음으로 하여 해방 후 중국 조선족은 중국에서 그 어느 민족보다 앞서 소학교와 초중교육(1958년)을 보급하고, 9년제 의무교육(1952년)을 실시하였다. 또한 중국 내 어느 민족보다도 평균교육 보급 정도가 높은 민족이다.

새 세기 들어서 10여 년, 인구이동으로 하여 새로 형성된 관내 조선족 집거구역에는 자녀교육을 위한 민영학교들이 세워졌다. 현재 관내에는 베이징 시 3개(베이징한국어학교, 베이징 시 장백조선족학교, 베이징 3강조선족소학), 허베이 성 1개(진황도시 황영집단 자녀학교), 톈진 시 1개(톈진 시 새별조선족 소학교), 산둥 성 1개(칭다오 시 정양조선족학교) 등 5개의 민영 사립학교가 있다. 이 사립학교들에서는 많은 심혈을 기울여 경영하고 간고분투하면서 조선족 이동인구 자녀들의 민족교육에 중요한 공헌을 하고 있다. 특히 2000년 8월 칭다오 시 이창구에 설립된 조선족학교는 2005년에 '칭다오 벽산소학교'로 변경하였다가, 2009년 7월 다시 '칭다오 정양조선족학교'로 교명(校名)을 변경하고 '바른 교육(正), 밝은 교육'을 실천하는 교육 이념하에 조선족 민족교육의 본보기로 되고 있다. 나서 자란 고향과 멀리 떨어진 땅에 새로운 삶의 터전을 마련하고 새로운 도약을 꿈꾸는 조선족들에게 자식들의 교육을 맡길 수 있는 조선족학교가 있다는 것은 정말 자랑스러운 일이 아닐 수 없다.

월경개척과 함께 학교를 세운 역사는 민족 운명의식과 삶의 형태의 재현이다. 그러나 정책과 경제상의 원인으로 학교기숙사 건설, 교원모집, 교재 등 여러 면의 문제와 곤란에 봉착하고 있으며, 대부분 학교는 운영이 곤란하고 일부는 무너질 지경에 이르렀다. 이런 현실에 비춰 김강(헤이룽장 성 해림조선족중학교)은 동북지역과 연해 대도시에 조선족 명문중학과 조선족 소학교 분교를 세우자고 발기했다. 또한 분교뿐만 아니라 공식적인 공립학교 설립운동을 벌이고 있다. 이에 필자도 4년 전 연변대학교를 통해 '관내 조선족 집거구에 조선족 학교를 건립할 데 관한 제안'을 제출한 적도 있다. 이러한 건의들은 당의 민족교육 정책의 우세, 널리 흩어져 있는 우리 민족의 현실, 민족교육을 살려야 할 당당한 이유, 우리의 지방정부의 노력, 현지 정부의 협력, 우리 민족의 전 사회적인 호응이 가세되면 기필코 꼭 실현될 것이다.

참고문헌

고미영(2007), "가능성을 불러오는 이야기의 힘", 『국어국문학』 146, pp.151~180.

국사편찬위원회 엮음(1995), 『한국독립운동사 34』, 국사편찬위원회.

권명아(2009), 『식민지 이후를 사유하다』, 서울: 책세상.

김경미(2005), "식민지교육 경험 세대의 기억", 『한국교육사학』 27(1), pp.1~28.

김민남 외(2009a), 『간도의 삶과 교육』, 대구: 사람대사람.

김민남 외(2009b), 『구술로 듣는 간도 조선인의 삶과 교육』, 대구: 사람대사람.

김왕배·이수철(2009), "구술사의 방법론적 의의와 과제: 재만조선족의 구술 사례를 중심으로", 『식민지시기 재만조선인의 삶과 기억』, 서울: 선인, pp.13~40.

김윤배(2007), 『혹독한 기다림 위에 있다』, 문학과지성사.

남신동(2006), "구술사와 기억의 역사사회학 1, 2", 『교육비평』 26, 27.

박영철(1938.10), "海蔘威에 단여와서", 『삼천리』 10(10), pp.44~48.

보리스 박·니콜라이 부가이 지음, 김광환·이백용 옮김(2004), 『러시아에서의 140년간: 재러한인 이주사』, 서울: 시대정신.

브리엘레 루치우스-회네·아르놀프 데퍼만 지음, 박용익 옮김(2006), 『이야기 분석』, 서울: 역락.

서울대학교 사범대학 교육연구소 한국교육사고(1999), 『서울대학교 사범대학 50년 구술사 자료집』, 서울: 서울대학교.

서울대학교 한국교육사고(2001), 『김석형 구술자료집 나는 조선노동당원이오!』, 서울: 선인.

송진경(2009), "왕청현 태양촌의 경상도 사람들", 『간도의 삶과 교육』, 대구: 사람대사람, pp.334~346.

오성철(2000), 『식민지 초등교육의 형성』, 서울: 교육과학사.

윤택림·함한희(2006), 『새로운 역사쓰기를 위한 구술사 연구방법론』, 서울: 아르케.

이경숙(2009), "러시아 한인의 정착과 마을학교", 『교육철학』 39, pp.159~190.

이명화(1989), "노령지방에서의 한인민족주의 교육운동", 한국독립운동사연구회,

『한국독립운동사연구』 3.

이상근(1995), "노령지역에 이주한 한인에 대한 교육", 『사학지』 28, pp.449~496.

이채문(2000), "한인의 러시아 극동지역 이주", 『슬라브학보』 15(1), pp.349~384.

이채문(2007), 『동토의 디아스포라』, 대구: 경북대학교 출판부.

이항준(2007), "러시아 연흑룡총독 운떼르베르게르의 조선이주민 인식과 정책
(1905~1910)", 『역사와 현실』 64, pp.265~297.

이희영(2005), "사회학 방법론으로서의 생애사 재구성", 『한국사회학』 39(3), pp.120~148.

정대화 역(2003), 『하와이한인이민1세, 그들 삶의 애환과 승리(1903~1973)』, 경
기도: 들녘.

정동준(2003), 『프랑스 대혁명기의 공교육 개혁』, 국학자료원.

정미량(2009), "일제 강점기 재만조선인의 교육과 그 체험", 『식민지시기 재만조
선인의 삶과 기억』, 서울: 선인, pp.227~255.

정태수(1991), "망국직후의 신한촌과 한민학교 연구", 『한국교육사학』 13, pp.253~309.

제발트 지음, 이재영 옮김(2008), 『이민자들』, 경기도: 창비.

천경화(1998), "노령지역에서의 한국인 민족교육운동", 『논문집』 19, pp.7~41.

최덕규(2004), 『러시아 국립극동역사문서보관소 한인관련 자료 해제집』, 고려학
술문화재단.

프레이리 지음, 남경태 옮김(2002), 『페다고지』, 서울: 그린비.

한국구술사연구회(2005), 『구술사, 방법과 사례』, 서울: 선인.

현규환(1976), 『한국유이민사(상)』, 서울: 삼화인쇄출판사.

『권업신문』, 『독립신문』, 『해조신문』, 『조선일보』 각 해당날짜.

Alexanfer I. Petrov(1992), "Koreans in Russia, 1861~1917: Some Problems of
New Conditions", 『환태평양연구』 5, pp.179~193.

J. Dewey(1952), *Democracy and education*, New York: The macmillan company.

P. Tompson(2000), *The voice of the past: oral history*, Oxford: Oxford university
press.

Sucheng Chan(1990), "European and asian immigration into the United States in comparative
perspecticve, 1820s to 1920s, edited Virgina Yans-McLaughlin", *Immigration
reconsidered: History, Sociology, and Politics*, Oxford university press.

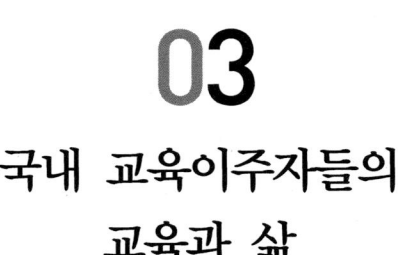

03

국내 교육이주자들의
교육과 삶

제3부에서는 교육을 삶의 중요한 가치로 바라보고 전략적으로 추구해온 한국인의 의식과 삶이 현재 어떤 모습으로 나타나고 있는지를 다룬다. 특히 현재 한국 내에서 이루어지는 교육 관련 이주에 관한 의식과 삶의 형태에 주목한다. 현재 한국교육 인식은 개인과 가족 중심의 실용적인 교육 추구 경향이 두드러진다. 유력한 학력과 학벌의 획득을 위해 가족의 모든 역량과 전략을 집중한다. 교육을 통한 사회진출이 정형화된 가운데, 학력과 학벌을 추구하는 교육인식과 삶의 방식은 중앙을 향한 교육이주를 열망하게 만들었다. 중앙주의는 우리 사회에서 한국인의 삶의 형태를 특징짓는 유력한 문화적 패턴이 되고 있다.

제6장 교육와 이주에 대한 인식*

이경숙 · 김종혁 · 김민남 · 김부태 · 윤선진 · 이상원

Ⅰ. 교육을 위해 이주하다

삶의 형태를 결정짓는 요소는 다양하겠지만, 현재 한국인들에게는 그가 어떤 공간에 거주하며, 어떻게 자식교육을 하는가가 매우 중요하다. 이는 국무총리 취임식에서 한국인의 삶을 결정짓는 것은 아파트 평수와 자식성적이라고 말한 사례에서도 드러난다(한겨레신문, 2009.9.30).

어느 공간에서 사느냐, 즉 인간에게 '거주'한다는 행위는 어떤 의미인가. 하이데거(윤병렬, 2005: 18)는 '거주함'이야말로 인간적인 존재방식이라고 규정한다. 그에 의하면 거주는 단순한 체류가 아니라 삶을 영위하면서 다양하게 관계 맺는 태도 또는 관계 맺기를 수행하는 행위이다. 달리 말해 몸은 머물되 주변세계와 아무런 관계 맺기 활동이 없다면 '거주함'이 아니다. 이는 거주지에 있으되 거주지로부터 소외된

---

* 이 글은 한국교육개발원 『한국교육』(2010) 37(2)에 게재된 논문 「교육과 이주에 대한 학부모의 인식: 대구경북 학부모 면담 분석」을 일부 수정한 것임.
이 글은 2008년 정부(교육과학기술부)의 재원으로 한국연구재단의 지원을 받아 수행된 연구임(KRF-2008-32-B00147).

상태이다. 블레이저(2009)는 인간이 거주하는 공간은 인간에게 매우 불평등하게 작용하며, 인간의 의식, 사회복지 혜택, 네트워크 활동에까지 강력히 영향을 미친다고 보았다. 그래서 인간의 거주는 거주하는 공간의 문제와 불가분의 관계를 맺게 된다. 임창호 등(2002: 95)은 '거주함'의 장소인 주택이 현대사회에서 거주자에게 심리적 안정과 다른 시설에 대한 접근성을 부여하는 한편, 거주자의 사회적 지위를 표출하고 사회적 관계를 구성하는 기본단위라고 규정한다.

이처럼 거주는 사회적 관계를 포함하고 있기 때문에 이주는 물리적 이동뿐 아니라 사회·문화·경제적 집단의 재배치를 유도하는 과정이 된다. 이 점에서 이주는 이주자의 사회적 관계의 지향과 실제가 달라지는, 즉 삶의 뿌리를 옮기는 행위이다. 여기서 '이주'라 함은 지리적 이주와 잠재적·의식적 이주 모두를 포함한다. 지리적 이주는 실제로 거주지를 옮기는 행위를 일컫는다. 그리고 현재 여러 가지 여건상 거주지를 옮기지는 못하지만 여건이 허락하면 옮기고 싶다는 의식을 '잠재적 이주' 또는 '의식적 이주'로 보고자 한다. 실제로 지리상 거주지를 옮기는 행위에 그치지 않고, '잠재적 이주'까지도 이주의 범주로 해석하는 까닭은 앞서 말했듯이 인간의 거주함은 단순히 물리적 체류만을 의미하지 않기 때문이다. 잠재적 이주를 포착함으로써 현실에서는 불가능한 마음속의 사회·문화·경제적 욕구를 발견해낼 수 있고, 여건이 허락할 때 어떤 방향으로 행위할지 예측할 수 있다.

우리 사회에서 이주의 중요한 이유 중에는 부동산가치, 지역의 사회문화적 배경도 있지만, 이른바 '명문학군'도 빼놓을 수 없다. 자식교육을 위해서 이사를 하거나 위장 전입하는 행위를 '교육이주'라 명명하겠다. 교육이주는 이미 1980년대부터 진행된 사회현상이다. 그래서 매년 강남학군 등 전국의 특정 학군에 위장전입 문제가 불거지고, 그곳의

부동산가치가 높아지고 있다. 이 경험적 사실이 실제임을 입증하는 연구물들이 많다.[1)

'교육특구'라 불리는 차별적인 교육공간의 최정점에 서울 강남이 있고, 지역마다 서울 강남과 유사한 교육특구가 탄생하였다. 대구경북지역에서 교육특구는 '수성구'이다(김종혁·이상원, 2010). 서울 강남을 교육특구의 핵심중앙이라 한다면, 대구 수성구는 대구경북지역에 있는 작은 중앙, 소중앙이라 하겠다. 대구에서는 중학교 3학년 때 수성구로 이사하거나 위장 전입한 학생이 2007년에 1,869명이었다(매일신문, 2008.7.3).

선행연구들은 거주지 분리로 인한 교육불평등이 한국사회에 구조화되고 있으며, 이와 함께 이른바 양질의 교육환경을 갖춘 거주지로 이동현상이 증대하고 있음을 실증하였다. 이처럼 실증분석이 충분한 데 비해, 학부모들의 교육공간에 대한 인식과 대응방식, 그들의 교육적 삶의 형태연구는 희소하다. 그래서 이 글은 대구경북 학부모들을 사례로 교육이주의 일반적 의식을 관찰해보고자 한다.

---

1) 학생들이 거주하는 지역이 학생의 학력차가 유관하다는 선행연구들도 이미 많이 발표되었다('대한민국 교육불평등지도', http://www.ghil.net). 최근 2005년부터 2009년 대학수학능력시험 성적을 분석한 결과, 김성식(2009)과 김양분·이규재(2009), 김양분·신혜숙(2009) 모두 도시지역과 읍면지역의 학력차가 존재한다고 밝히고 있다. 광역시와 중소도시 사이에는 유의미한 차이를 발견하지 못했다고 해도, 김성식의 연구에서 밝혔듯이 학원 수가 많은 지역이 대학수학능력시험 성적이 높다는 점은 주목할 만한 사항이다. 학원밀집지역은 대도시의 특정 지역, 가령 서울 강남구 대치동, 대구 수성구 범어동이기 때문이다.

II. 학부모를 면담하다

1. 대구경북 학부모를 만나다

대구경북지역 학부모 74명을 집중 면담 조사하였다. 면담대상자는 대구 수성구 25명, 대구 북구와 남구 등 대구 비수성구지역 27명, 대구 인근 중소도시인 경산시와 영천시, 경주시 지역 12명, 경상북도 의성군 다인면과 점곡면 10명이다. 지역선정은 지역 간 학력격차를 분석할 때, 대도시와 중소도시, 읍면단위로 구분해왔던 선행연구들(김성식, 2009; 김양분·이규재, 2009; 김양분·신혜숙, 2009)을 참조하였다. 대도시인 대구는 대구 내 '교육특구' 또는 '대구의 강남'이라 일컬어지는 수성구와 수성구 이외의 지역(비수성구)으로 나누었다.

수성구는 대구경북지역의 중앙이다. 수성구에는 대구 직업인구 중 고위직 및 전문가의 50%가 거주하며, 수성구 이외 7개구에 50%가 흩어져 산다. 대구 내 박사학위자들도 수성구에 53%가 거주하며, 나머지 각 구에 평균 7%가 살고 있다. 입시학원은 수성구에 36%가 밀집해 있고, 비수성구의 각 구는 평균 9.1%가 있으며, 서울대 합격자 수는 수성구 76.1%, 비수성구 전체 23.9%이다.[2] 대구 인근의 중소도시(경산, 영천 등)는 도농복합도시로서 20여 년 전부터 공업단지와 대단위 아파트 단지들이 대구 접경지역에 들어서면서 인구유입이 일어나고 있다. 지역 내 신흥명문학교들이 생겨나고 있지만, 적지 않은 학부모들이 자녀교육을 위해 대구로 위장 전입하고 있다. 의성의 조사지역은 가구의 72%가 농업에 종사하는 농업지역이고, 면담대상자들 역시 농업에

---

[2] 국가통계포탈 http://kosis.kr: 대구의 행정구역은 수성구를 포함해서 8개의 구·군으로 이루어져 있다. 대구 전체 인구 중 수성구 인구는 2005년 현재 17.2%이다. 35~49세 중 박사학위 해당자수.

종사하거나 다른 직업이 있어도 대부분 농사를 짓고 있었다. 다인지역
에는 의성 다인읍내에 초등학교와 중학교, 종합고등학교 각 1개와 초
등학교 대상 보습학원 2개, 그리고 의성 점곡지역에는 초등학교만 있
고 중등학교와 학원은 없다.

 면담대상자는 초·중등학교 학부모로 한정했다. 그리고 교육과 이주
에 관한 자기 삶의 형태를 진솔하게 표현할 수 있는 사람이어야 하기
에, 연구자들의 지인에게서 면담대상자를 소개받는 형태로 선정하였
다. 가령 의성지역에서 면담대상자 선정은 다인정보종합중·고등학교
교사의 소개로 다인정보종합고등학교 학부모 3명, 다인정보종합고등
학교 직원이자 학부모인 3명을 소개받아 면담을 실시하였다. 대구 수
성구 거주 학부모이자 초등학교 교사인 지인에게서 아는 학부모들을
소개받기도 하고, 현재 대구 달서구에 거주하는 중등학교 학부모에게
서 아는 부모들을 연달아 소개받았다. 일종의 눈덩이식 표집방식(Earl
R. Babbie, 2007: 257)을 취했다.

<표 6-1> 면담대상자

	대구 수성구	대구 비수성구	대구인근중소도시	경북의성지역
지역의 성격	대구 내 '교육특구'로 인식-타 구에서 자녀교육을 위해 이사 및 위장전입 대상	수성구를 제외한 대구전역(남구, 동구, 중구, 서구, 북구, 달서구, 달성군)	대구 인근 도시로 경산, 영천 등-대구지역으로 위장전입문제 발생	경북 의성 다인면 점곡면-농업지역, 다인에는 종합고등학교가 있으나 점곡에는 중·고등학교 없음
인원	25명	27명	12명	10명
직업 (* 부를 중심)	교사, 자영업, 회사원 등	교사, 운수업, 회사원 등	회사원, 금융업, 운수업, 자영업 등	농업, 자영업, 목사, 학교행정보조, 학교급식보조 등
학력 (* 부를 중심)	대학원졸 4명/대졸 18명/고졸 1명/중졸 이하 0명/미기재 2명	대학원졸 4명/대졸 14명/고졸 7명/중졸 이하 0명/미기재 2명	대학원졸 0명/대졸 4명/고졸 4명/중졸 이하 1명/미기재 3명	대학원졸 1명/대졸 0명/고졸 5명/중졸 이하 1명/미기재 3명

2. 교육이주를 질문하다

1차 면담시기는 2009년 7월부터 8월까지였다. 대구지역 조사는 2009년 7월부터 8월 두 달간 진행되었고, 경북 의성과 영천지역은 2009년 8월에 집중적으로 실시되었다. 74명에 대한 집중면담 실시 이후, 면담내용 분류 및 분석작업을 거치고, 2009년 하반기부터 2010년 4월까지 필요한 내용에 대해 수성구 거주자들을 중심으로 추가면담을 실시하였다. 추가면담의 중요내용은 1차 면담에서 불분명했던 부분, 교육이주에 대한 구체적인 인식과 행위에 관한 내용이었다.

1차 면담은 반구조화된 방식으로 심층면접을 실시하였다. 교육과 이주에 대한 질문을 미리 구성해서 면담을 진행했다. 주요 면담내용은 교육에 대한 기대, 교육과 이주에 대한 인식에 관한 것으로, 두 내용에 따라 세부질문들을 작성하였다(<표 6-2> 참조). 그렇다고 반드시 질문의 순서를 따라 면담한 것은 아니었다. 면담대상자들의 면담내용에 따라 질문의 순서를 조정하기도 하고, 묻지 않은 질문에 대답이 나오면 그 대답을 기록하는 방식을 취했다. 그중 '이사할 때 고려할 요소'는 선다형 설문으로 제시하여 답변하게 하고, 나머지 질문들은 면담대상자들이 자연스럽게 답변하도록 하였다.

면담은 대체로 연구자와 면담대상자 일대일로 진행되었다. 일부는 팀으로 면담을 실시하기도 하였다. 팀 면담은 3개 팀에 의해 이뤄졌다. 한 팀은 의성군 다인정보종합고등학교 직원들 3인, 한 팀은 현직교사이자 자녀교육 때문에 동구에서 수성구로 이사한 학부모와 그 지인들 2인, 또 한 팀은 영천지역 학부모와 그 지인 1인이었다. 면담시간은 1인당 평균 1시간 30분 이상이 걸렸다. 면담내용은 연구자가 면담내용을 녹취 또는 기록하는 방식을 취했다.

면담내용 분류		면담내용 분석	
1. 교육에 대한 기대	2. 교육과 이주	1. 선다형 질문(2개)	2. 개방형 질문
- 학교교육이 해야 할 일 - 현재 학교교육에 대한 만족 여부	- 중앙과 지역 - 거주지 만족 여부 - 이사할 때 고려 요소 - 아이교육을 위해 이사하고 싶은 지역 - 교육을 위한 이사, 이별 감내 여부 - 교육을 위한 위장전입 생각	각 구역별 빈도계산 →빈도의 의미 발견 * 선다형질문: 이사할 때 고려 요소	전체 면담대상자들의 대답 내용을 유형화→빈도화→각 유형별 구체적 사례 적사→각 대답유형의 논리 발견 * 선다형질문 이외의 모든 질문

면담내용을 분석하는 방법은 다음과 같았다.[3] 첫째, 모든 문항에 대해서 지역별(대구 수성구, 대구 비수성구, 대구 인근 중소도시, 경북의성)로 면담대상자들이 보여준 답변의 공통점과 차이점에 주목하였다. 지역별 면담대상자의 수도 다르고, 면담대상자 전체 숫자가 많지 않은 한계점은 있지만, 지역별로 어떤 구별될 만한 반응을 보일 것이라 기대했기 때문이다. 둘째, 선다형 설문으로 작성한 질문은 답변의 빈도를 계산하여 그 경향성과 의미를 찾으려 했다. 셋째, 개방형 질문은 우선 전체의 답변내용을 보고 답변을 몇 가지 유형으로 나누었다. 예컨대 자녀교육을 위한 위장전입에 대해 어떻게 생각하느냐는 개방적인 질문에 학부모는 자유롭게 대답하였다. 전체의 답변을 위장전입 '할 수 있다'와 '해서는 안 된다'는 두 개의 유형으로 나누고, 그 유형을 빈도화하였다. 그리고 면담

---

3) 추가 면담한 내용은 이미 분류화하고 빈도화되어 있는 면담내용을 보완하여 의미를 보다 충분히 해석하는 자료로 사용하였다. 그럼에도 본 연구의 면담조사방법에는 한계가 있다. 이 연구는 기본적으로는 면담분석이지만, 필요한 경우 면담질문에 대한 응답경향성을 양적으로 분석하였다. 이 양적 분석은 면담의 보조적인 방법으로 사용한 것으로, 엄격한 통계학적 절차를 거치지 않았다. 통계학적 의미를 갖기에는 면담대상자의 숫자가 대구경북 전체를 대변할 만큼 충분히 많지 않다. 그리고 응답자들의 거주 지역을 중요하게 고려하였지만, 다른 여러 존재조건(학력, 성, 사회계층, 자녀의 학력 등)을 명확하게 구분하지 않았다. 이런 점에서 응답자의 사회경제적 특성에 대한 정밀한 분석과 논의를 시도하지 않은 한계가 있다.

내용을 단순히 빈도화하면 심층면담이 갖는 장점이 사라질 수 있기 때문에 대답의 논리가 무엇인지를 밝히는 데 천착하였다. 그럼으로써 면담대상자들이 교육과 이주에 대해 갖고 있는 의식을 드러내고자 하였다.

Ⅲ. 교육에 기대하다

학부모들은 교육을 통해 무엇을 얻고자 하는가. 교육에서 기대하는 바는 교육이주를 통해서 궁극적으로 무엇을 얻고자 하는지를 설명해줄 것이다. 학부모들은 학교교육에서 '인성교육', '학습지도', '취미활동', '적성계발', '아이들의 행복', '수능시험에 적합한 교육', '교사의 헌신', '기본교육과정 충실' 등을 기대하고 있었다. 그중에서 학부모들은 아이들의 '인성교육'(36명)과 '학습지도'(20명)를 학교에서 주요하게 기대하고 있었다(<표 6-3>).[4] 그중 '인성교육'이라고 답한 학부모들은 그이유를 이렇게 밝힌다.

> "인성교육이 아무래도 우선시되어야 한다. 학업은 자녀 스스로 해야하는 부분이 가장 크다고 생각한다." "공부도 중요하지만 인성교육도중요하다고 생각한다. 학교 속에서도 너무 학업 쪽만 신경을 쓸 것이아니라 인성교육이나 취미활동 같은 것을 해서 아이들이 더 밝게 자라

---

4)   〈표 6-3〉 학교교육이 해야 할 가장 중요한 일

유형＼지역	수성구	비수성구	대구 인근	의성군	총합
인성교육	15	11	6	4	36
학습지도	6	7	5	2	20
적성취업교육	1	0	1	1	3
기타(무응답)	3	9(2)	0	3	15(2)
총합	25	27	12	10	74

주기를 바란다." "모든 사회의 기본은 인성교육일 것이다. 사회생활 관계 등을 원만하게 하기 위한 것이 진급 같은 것에서도 앞설 듯하다."

학부모들은 아이들의 성적도 중요하지만, 아이들의 장래를 보았을 때 장기적으로는 공동체 속에서 함께 살아가는 법을 익히는 인성교육이 필요불가결하다고 생각하였다.

지역적으로 볼 때, 학업성취의 욕구가 가장 강한 수성구 학부모 중 다수가 학교교육이 해야 할 가장 중요한 일이 인성교육이라는 대답을 했다. 이때 말하는 인성교육에는 학교를 통해 맺어진 인적 관계와 성품이라는 의미를 포함하고 있다. 사회생활 속에서 '진급'할 때 인성교육이 잘 되어 있다면 유리하다는 학부모의 발언, 학교에서 잘 지낸 동문 관계가 결국은 사회생활에서 매우 중요하다는 발언 등은 그들이 생각하는 인성교육이 궁극에 도달하는 지점을 보여준다. 즉 인성교육을 한 인간으로서의 가치 또는 사회적 존재로서의 가치로 인식하기보다 아이의 미래 성공을 위한 자원으로 인식하는 경향이 있었다.

한편 인성교육이라는 답변에는 '지식교육은 학생 개인이 해결할 문제'이기 때문에, 학교는 인성교육을 해결해야 한다는 논리도 있다. 이는 아이의 성적은 어차피 학교 이외에서 결정되기 때문에 학교는 인성교육을 잘하면 된다는 뜻으로, 학교의 지식교육을 의도적으로 폄하하고 있다. 이 대답에는 인성교육이 학교교육의 필요조건이라는 의식이 들어 있다. 필요조건이라는 점에서 1차적, 우선적이기는 하지만 학교교육에서 가장 핵심적 활동이라고 보지는 않는다. 수성구의 한 학부모는 "아이가 성격이 좋고 친구들과 잘 놀아서 친구들과 떼어놓지 않으면 공부를 하지 않을 것 같아서 아이를 중학교 때 1년 동안 해외연수시켰다"고 한다. 성격 좋은 것, 인성교육을 하는 것은 우선적으로 필요할 수는 있어도 공부를 방해할 정도가 되어서는 안 된다는 생각이다. 인성교육이란 갖추면 좋은 자원 정도이지만, 입시교육은 반드시 갖춰야 하는 핵심적인 요소로 인식되고 있음을 확인할 수 있다.

인성교육 다음으로 학부모들이 학교에서 기대하는 바는 지식교육이었다. 이유는 다음과 같다.

> "사교육 없이도 해나갈 수 있는 실력 있는 교육을 제공하는 것", "배울 건 학원에서 이미 다 배우고 온다는 전제하에서 학교수업이 진행된다. 학교에서만 해도 따라갈 수 있다는 확신이 필요한데, 그러기 위해서는 학교에서 지식교육을 잘해야 한다." "성적이 좋아야 좋은 대학에 진학이 가능하다. 국내 실정이 그렇기 때문에 학교에서 성적 향상을 담당하는 건 중요하다고 생각한다."

학부모들이 말하는 지식교육의 구체적 내용은 입시 위주의 교육이다. 현재 서열중심적인 교육체제 속에서 '지식'의 의미는 '시험에 적합한'이라는 의미로 축소되어 있는 것이다. 인성교육과는 달리 지식교육, 즉 입시교육은 교육을 움직이는 절대적인 힘을 가지고 있다고 학부모들은 말한다. 야간자습을 하고 이사를 하는 특별한 행위는 인성교육 때문이 아니라 입시교육 때문이다.

> 아이들의 인성교육 때문에 이사하고 전학하는 부모가 몇이나 되겠어요. 수성구로 이사 가고 싶어 하는 엄마들이 아이들의 인성 때문에 가는가요? 아니에요. 모든 학교에서 교과내용을 중심으로 야간자율학습을 좀 더 강화하고 아이들의 학습을 위해 노력을 해줬으면 해요. 학교에서 있는 시간이 많은데, 지금은 어차피 입시 위주 교육이니까 학교에서는 교과내용을 충실히 해달라는 거죠. 지금 그게 안 되니까 자꾸 사교육을 많이 하는 거죠. 입시니까 거기에 충실해야죠. 인성, 전인교육 한들 지금 해당이 되겠습니까. 우리가 입시가 해결되지 않은 이상은 엄마들은 그런 쪽으로 취급할 수 없어요.
> -비수성구 거주자, 고등학교 2학년 자녀-

학습지도가 중요하다는 답변에는 학교교육의 현실적이고 핵심적인 목적이 지식교육이라는 판단과 함께, 학교가 지식교육을 사교육에 맡기고 방기한다는 비판도 담고 있었다. 이 외에 학부모들은 학교교육에 취업교육, 아이의 꿈을 찾아주는 교육, 공부를 싫어하는 아이에게 적합한 진로탐색 등을 기대하였다.

학교에 대한 기대에 비교해 봤을 때, 학부모들은 과연 현재 학교교육에 만족하고 있는가? 학부모들은 만족(32명)하거나 보통(11명)인 경우가 불만족(26명)하는 경우보다 많았다. 현 학교교육에 대한 만족과 불만족의 가장 중요한 이유로는 '인성교육', '성적 위주의 교육', '학교의 학급편성방식', '학부모의 학교 참여 기회', '교사의 통솔능력과 수업능력', '교사의 연령과 열정', '학생의 경쟁심 유발 정도', '입시에 적합한 교육실시' 등을 제시하였다. 이 중 학교의 입시교육 및 체계적 교육(21명), 교사의 능력과 관심(14명)을 특히 많이 거론하였다.

학교의 입시교육 및 체계적 교육이 만족 여부의 기준이 된다는 학부모들은 여러 가지 근거를 들었다. '교과내용에 불충실', '문제집 활용이나 교육방송 활용도' 또는 '야간자율학습의 강제' 또는 '야간자율학습의 방기', '아이들의 경쟁심 강화 필요', '지나친 입시경쟁의식', '수준별 수업', '예체능계열 무시', '잦은 자습시간', '점수만이 목표가 된 교육' 등이 그 근거이다.

외국어고등학교 학생 자녀를 둔 학부모, 아이 성적이 높은 학부모일수록 학교의 입시교육에 관심이 높았다. 이들 부모들은 아이들 간에 경쟁을 강화시켜주거나 공부 잘하는 아이들에게 특별한 대접을 요구하였다.

> 기대한 것만큼은 만족하지 않는다. 진학할 때는 대부분 전교 3%에 드는 아이들인데 대학진학 성적이 많이 낮은 것을 보고 불만스러웠다.

서울경기지역 외고와 비교해서 성적이 평균치도 안 돼서 불만이고, 서울경기 사립 외고보다 방법이나 열의가 떨어지는 것 같다.
-비수성구 거주자, 외국어고등학교 학생 자녀-

처음에 학교에서 학생을 유치할 당시에는 학교에서 아이를 이끌어줄 것처럼 해서 자녀를 데리고 갔는데 점점 성적이 하락했다. 신경 써서 이끌어줄 줄 알았는데 그렇지 않았다. 처음에는 특설반이 편성되었는데, 현재는 (아이가) 평반으로 온 상황이라 실망이 된다.
-대구 인근 거주자, 고등학생 자녀-

공부 잘하는 아이들에 대한 집중적인 관심은 그렇지 않은 아이들을 소외하게 되고, 이는 학부모들의 또 다른 불만의 이유가 된다. 예술계통 대학진학을 희망하는 인문계고등학생 자녀를 둔 한 부모는 "아들은 공부를 싫어한다. 학교에서 죄인 취급당하는 게 슬프다"라고 성적에 따른 학생차별문제를 제기하였다.

학교 만족의 중요한 이유 중 또 하나는 교사였다. 교사의 수업능력, 통솔능력, 아이들에 대한 관심을 기준으로 하여, 학부모들은 교사들에 대한 만족 여부를 표현하였다. 특히 의성군 학부모들 다수가 교사문제를 거론하였다. 이는 의존할 사교육이 없는 상황에서 학부모들이 학교 교사에게 주로 의존하게 되기 때문이다. 의존도가 높은 만큼 만족도도 높고, 실망감도 높다. "교사가 삼촌이나 아버지 같아서 완전히 신뢰한다"는 학부모가 있는가 하면, "아이의 숙제검사, 준비물검사가 부족하고, 고령화 선생님들의 준비 없는 수업과 관심부족은 농촌이라서 일어난 현상"이라고 비판하는 학부모가 있다.

앞서 다수 학부모들이 학교에서 인성교육을 기대한다고 하였으나 인성교육이 학교만족도의 기준이 된다고 답한 학부모(4명)는 거의 없었다. 인성교육이 중요하다고 했던 학부모(36명) 가운데서도 인성교육이 학교만족도의 기준이 된 이들은 적었다(3명). 훨씬 더 많은 학부모들이 내 자식이 다니는 학교의 만족도 기준은 입시교육 및 체계적 교육이었다. 이는 학부모들이 추상적 수준 또는 표명적 수준에서는 학교에서 인성교육을 기대하지만, 내 자식이 다니는 학교에 대한 만족도라는 구체적이고 실질적 수준에서는 현재의 입시교육을 기준으로 삼는다는 표시이다. 이처럼 학교교육에 대한 추상적·표명적 이해수준과 내 자녀가 다니는 학교에 대한 구체적·실질적 만족 근거가 다른 것은 의식상 괴리 때문이다.

Ⅳ. 교육이주를 인식하다

우리 사회는 모든 권력과 편의성이 집중된 중앙과 그로부터 소외된 변방이 실체로서도 의식으로서도 존재한다는 점에서 중앙주의가 만연해 있다는 비판을 받아왔다(교육문화연구회, 2002). 교육특구는 더 많은 학부모와 학생들을 흡인하는 중앙의 구체적 실체이며 의식이다. 교육특구는 높은 사회경제적 지위와 교육열을 지닌 학부모들, '명문고등학교'들, 고급전문사교육기관이 결속된 지배층화 욕망의 표현이다. 교육특구로의 이주욕구와 그에 반대하는 논리를 학부모들에게서 발견하고자 한다.

1. 거주지와 이주의 지향

가. 거주지 만족 기준: 하드웨어와 소프트웨어

학부모들은 아이교육과 관련하여 현재의 거주지에 대해 만족하는가? 다수의 학부모들이 만족하고 있지만 지역별 차이는 크다. 수성구 학부모들은 대부분(21명)이 만족하고 있었다. 반면 다른 지역 거주자들은 다수가 현 거주지를 자녀교육장소로 불만스러워하였다. 특히 농촌 지역 학부모들은 자녀교육장소로 현 거주지에 대한 불만이 높았다(<표 6-4>).5)

현 거주지가 만족스럽다는 수성구 학부모들은 '학군이 좋아서', '학원이 많아서', '교육열의가 높아서', '고른 수준의 학생들과 함께 공부할 수 있어서'와 같은 이유로 수성구 학군을 만족스러워한다. 이는 대구지역에서는 수성구가 다른 지역보다 이른바 '명문고등학교'와 값비싼 사교육기관이 밀집한 교육특구라고 하는 사실과 일치한다.

수성구의 한 학부모는 현재 주택가격이 비싸긴 해도, 수성구에서 아이가 학교를 다녀 입시에 성공한다면 평생 먹고살 취직자리를 획득하는 데 유리하기 때문에 장기적으로 이득이 크고, 또한 자녀 대학진학 후에 다른 구로 이사해도 수성구의 집을 비싸게 팔 수 있기 때문에 경제적으로 이득이 된다는 점에서 만족스러워했다. 아이교육과 주택투자

---

5)   〈표 6-4〉 아이교육 장소로서 거주지 만족도

지역 만족 여부	수성구	비수성구	대구 인근	의성군	총합
만족	21	14	5	2	42
보통	4	4	6	1	15
불만족	0	9	1	7	17
총합	25	27	12	10	74

차원 양자 모두에서 이익이라는 셈법이다.

학부모들은 수성구가 만족스러운 이유는 '명문고등학교', '명문학원'과 같은 하드웨어의 측면보다 더 중요한 것이 있다고 주장했다. 바로 공부 잘하는 아이가 많은 수성구 자체가 아이들에게 공부의 이유와 경쟁심을 불어넣어 준다고 하는 소프트웨어의 측면이다. 비수성구에서 수성구로 이주한 부모들은 이렇게 대답한다.

> 최소한 수성구에서는 아이들이 적극적이고 자발적이다. 나태하고 이러지 않고 긴장감이 있고 노력하려고 한다. 성적에 관심이 많아졌다. 자기는 안 하면서도 다른 아이는 뭐하고 있다, 외국 갔다 왔다, 이런 말도 하고 무작정 놀지는 않는다. 놀아줄 친구들도 그렇게 많지 않고. …… 여기 아이들은 공부를 왜 해야 하는지에 대한 고민, 해야 되나 말아야 되나 고민은 안 한다. 당연히 해야 한다고 여기고 있어서 우리 아이도 영향을 받는 것 같다. 이제는 어떻게 해서든 공부를 해야 한다고 생각한다.
> -수성구 이주자 1, 자녀가 중학교 1학년 때 수성구로 이주

부모가 강제하지 않아도 또래문화 속에서 자극을 받아 자녀 스스로 공부할 이유를 발견하고 공부한다면, 최적의 교육환경이라고 보는 것이다.

수성구 외 다른 지역 학부모들이 현 거주지를 만족하는 이유는 수성구 학부모들과 차별성이 있다. 수성구와는 다른 현재적 수준을 인정 수용하는 것이다. "수성학군이 더 낫긴 해도 중·고등학생의 경우에는 학생만 열심히 한다면 좋은 대학진학이 가능해서"가 만족의 이유이다. 또는 중등학생 대상 학원이 없는 의성지역 학부모는 "현재 아이가 다니는 고등학교에서 밤늦게까지 야간자율학습을 시키기 때문에 학원이 없어도 상관없기 때문에"라고 대답하였다. 즉 입시교육의 측면에서 전반적으로 수성구가 나을지라도, 현재 거주지에서 아이의 의지와 노력

이 있거나 입시교육을 해결할 방도가 있다면 현 거주지도 만족스러운 환경이 된다.

한편 수성구 학부모들에게서 발견할 수 없는 이유가 만족의 이유가 되기도 한다. 가령 "아이들이 맑고 순수해서" 좋다는 대답이다. 그러나 수성구 학부모들 중에서는 아이의 순수성을 거론하는 학부모를 만날 수 없었다. 수성구 학부모들이 공부와 경쟁의 시선에서 아이를 본다면, 비록 소수라 할지라도 다른 지역 학부모들 중 일부는 공부와 경쟁이 아닌 '아이다움'과 '놀이'라는 시선으로 아이를 보고 있음을 확인할 수 있었다.

현 거주지가 불만스러운 이유에 대해서, 비수성구 학부모들은 주변에 학원이 없어서, 아파트 옆에 실업학교가 있어서, 학군이 마음에 들지 않아서, 아무래도 좋은 학군보다 학업 성취결과가 좋지 않을 것이어서, 공부하기에 적합하지 않아서라고 대답하였다. 대구 인근 지역 학부모들 역시 학원의 부족, 열등한 교육의 체계와 질, 느슨한 학업분위기가 불만의 이유였다. 의성군 학부모들은 고등학교가 없어서, 학원이 없어서, 방과 후 프로그램의 선택 폭이 좁아서 등과 같은 이유로 불만을 표시했다. 현 거주지가 불만스러운 이유는 거주지가 어디이든 사교육환경, 교육분위기 등이 좋지 않다는 판단 때문이다. 다시 말해 교육환경으로서 거주지의 만족도를 결정하는 중요한 요소가 사교육환경과 교육분위기라고 할 수 있다.

만족의 이유로 수성구지역 학부모들은 소프트웨어를 더 강조한다면, 다른 지역 학부모들은 환경의 하드웨어적 측면을 더 강조하는 경향이 있었다. 수성구 학부모들은 소프트웨어를 차별성의 이유로 주장함으로써 그들 문화에 대한 구별 짓기를 시도한다. 한편 다른 지역 학부모들은 그런 문화적 분위기는 적절한 환경 없이는 불가능하다는 점을 지적한다.

나. 이주의 고려사항: 더 나은 교육환경을 찾아서

학부모들이 이주를 할 경우 가장 우선적으로 고려하는 사항은 자녀의 교육환경(62명)이었다. 우선순위에서는 조금씩 차이가 있지만 학부모들 다수가 자녀의 교육환경을 중요하게 고려하는 것으로 나타났다 (<표 6-5>, <표 6-6>).[6]

특히 두드러진 사실은 수성구 학부모들의 대답이다. 비수성구와 대구 인근 지역의 학부모들은 이사할 때 가장 우선적으로 고려하는 순위에, 자녀교육 이외에도 집세, 교통과 공공시설이라고 대답한 사람들도 있었다. 집세를 가장 우선 고려하겠다는 대구 인근 지역 학부모들(5명)에 비해, 수성구 학부모 다수(19명)가 가장 우선적으로 자녀의 교육환경부터 고려하겠다고 대답하였다.

---

6)

<표 6-5> 이사할 때 우선적인 고려사항 1(선다형)

고려 순위 \ 지역	수성구			비수성구			대구 인근			의성군			총합
	1	2	3	1	2	3	1	2	3	1	2	3	
1	2	7	6	5	2	5	5	3	2	2	1	0	37
2	19	2	0	10	12	2	3	4	1	6	3	0	62
3	0	9	6	4	3	10	1	1	2	1	1	2	40
4	3	2	4	5	6	7	0	4	3	0	3	1	38
5~8	1	5	9	3	4	3	3	2	5	1	2	7	45
총합	25	25	25	27	27	27	12	12	12	10	10	10	

<표 6-6> 이사할 때 우선적인 고려사항 2(우선순위별 가중치 계산)

고려	1	2	3	4	5	6	7	8	기타 (무응답)	총합
비율	17.2	35.0	15.1	15.5	1.4	8.6	2.3	3.9	0.9	100%

① 주택가격, 집세(경제적 여건) ② 자녀의 교육환경(학원, 학군) ③ 교통과 편의성 ④ 쾌적한 공공시설(녹지, 공원, 문화시설 등 생활환경) ⑤ 친척이나 친구 집 인근 ⑥ 직장과의 거리 ⑦ 앞으로의 지역 발전 전망 ⑧ 부동산 투자가치 ⑨ 기타(무응답)

중학교 2학년 아이를 둔 한 학부모는 아이교육을 위해서 대구 달서구에서 수성구로 이사했다. 상대적으로 집값이 싼 달서구의 집을 전세 놓고 수성구에 다시 전세 들어왔는데, 형편상 수성구 중 값이 싼 동네로 이사했다. 이사한 이유는 원래 살던 달서구 아이들과 자기 자녀가 어울리는 것을 원하지 않고, 수성구는 전체적인 분위기가 아이에게 공부에 집중하도록 만들기 때문이라고 밝혔다. 이 과정에서 대구 외곽에 근무하는 남편의 출퇴근거리가 2배 이상 길어져 남편의 반대가 있었고 경제적 어려움도 있었지만, 아이의 공부를 위해 이사를 감행했다고 한다. 더 나은 자녀교육환경을 이사의 최고 우선순위에 둠으로써 경제적 부담, 출퇴근 거리, 이웃관계 등은 희생해야 할 가치가 된 것이다.

교육을 위해 이주하고 싶은 곳으로는 수성구 학부모들 중 절반 이상이 서울, 그중 강남이라고 적시하였고, 나머지 수성구 학부모들은 현재 거주하는 수성구보다 수성구의 좀 더 핵심, 즉 이른바 명문고등학교와 학원이 밀집한 수성구의 핵심으로 이사하고 싶어 했다. 비수성구 학부모들은 서울로(5명), 또는 수성구(12명)로 이사하기를 희망하였다. 대구 인근 학부모들 역시 서울로, 또는 수성구로 이사하기를 희망하였다. 의성군 학부모들도 서울 또는 대구로 이사하고 싶어 했다. 학부모들이 자녀교육을 위해 '좀 더 중앙으로' 이주하고 싶어 하는 현상이 확연히 드러났다(<표 6-7>).[7]

수성구로 이주한 학부모들은 수성구로 이사 와서 생긴 변화에 대체로 긍정적이었다. 수성구로 이사한다는 것은 온 가족이 입시공부에 집중하겠다는 뜻이고, 실제로 긍정적 변화를 겪고 있다고 믿었다.

> 칠곡에 비해 집세가 비싸지만 그게 결정적이지는 않다. 아이의 교육이 제대로 되는 것 같고 (아이 아빠가) 가정적이 되는 것 같다. 아이를 위

해 아빠도 많이 협조하는 편이다.
　　　　　　　　-수성구 이주자 1, 자녀가 중학교 1학년 때 이주

여기 와서 내가 엄마로서 부족한 것을 느낀다. 아이뿐만 아니라 엄마
도 경쟁심을 가진다. …… 애를 실어 나르고, 팀 맞춰서 축구팀 만들어
야 하고, 수행평가도 엄마들이 다 따라가고 실어다 준다. 봉사활동도
엄마가 태워다 주고, 방학 때 오페라 미술전시회 등 모든 것을 다해야
한다. 자식을 위해 올인해야 한다.
　　　　　　　　-수성구 이주자 2, 자녀가 초등 6학년 때 이주

이주하고 싶은 곳이 없다는 학부모들은 지역과 교육은 무관하다고
생각하거나 아이가 공부를 못하기 때문에 더 이상 교육적 이유로 이사
할 필요성을 느끼지 못한다고 하였다.

면담내용을 전반적으로 살펴보면, 거주지역별로 자신이 거주하는 곳
보다 좀 더 중앙으로 이사하고 싶은 의식이 명확히 드러났다. '의성군
은 서울과 대구로', '대구 인근과 대구 비수성구는 수성구로', '수성구
중 외곽은 좀 더 핵심적인 수성구로', '수성구는 서울로', 즉 좀 더 중앙
으로 가고자 지향하였다. 꼬리에 꼬리를 물고 중앙으로 가고자 하는
연쇄이주 현상은 중앙에 대한 소망을 표현한다. 이 소망은 현재 거주공
간에 대한 개조보다는 흔히 중앙에 대한 열망으로 현재 공간을 부정하

---

7)　　　　　　　　　　　　〈표 6-7〉 아이교육을 위한 이사 장소

현 거주지 이사 장소	수성구	비수성구	대구 인근	의성군	종합
서울	13	5	3	4	25
대구 수성구	11	12	4	0	27
대구(비수성구 또는 대구전역)	0	3	0	3	6
없다	1	5	3	0	9
기타	0	2	2	3	7
종합	25	27	12	10	74

는 의식과 행위로 이어지기 쉽다. 더욱이 현실이 열악하고, 중앙과 지역을 성공과 실패의 관점으로 조망하는 시각이 팽배할수록 중앙집중화는 더욱 가속화되고 지역의 삶은 황폐해진다. 이 점에서 이사를 가고 싶지 않다는 이들을 제외하고 모든 면담대상자들은 '잠재적 이주자', '의식적 이주자'들이다. 이들은 몸은 현재의 거주지에 있으나 의식과 사회적 관계의 지향은 중앙으로 쏠려 있을 수밖에 없다.

다. 중앙과 지역에 대한 인식: 차이의 체감

학부모들은 중앙에 사는 것과 지역에 사는 것에 어떤 차이가 있다고 인식하고 있는가(<표 6-8>).[8] 학부모들은 정치, 경제, 문화, 교육 등 모든 면에서 중앙이 우월하고, 중앙에 사는 것이 사회적 성공에 유리하다(30명)고 인식하고 있으며, 모든 면은 아니어도 특정 영역에서 차이가 있다고 지적한 학부모들도 많다. 특히 차이가 나는 영역으로 문화(28명)와 자녀교육(28명) 면을 꼽았다. 문화 면에서는 각종 공연이나 전시회, 영화 등에 접근할 기회가 중앙에 집중되어 있다고 본다. 이런 문화의 차이 역시 학부모들은 자녀교육의 자원으로 읽는다. 아이들에게

---

8)

〈표 6-8〉 중앙과 지역의 차이

차이 \ 지역		수성구	비수성구	대구 인근	의성군	총합
차이 있음 : 중앙 우위	자녀교육(학원, 학교분위기, 교사의 질, 환경 등)	8	6	9	5	28
	문화	11	6	8	3	28
	경제	2	5	3	0	10
	모든 면	11	13	4	2	30
	정보, 인식, 역동성	1	3	0	1	5
차이가 없다(특정 방면 한정)		4(교육3, 경제1)	4(문화, 경제 등)	4(경제2, 교육2)	3(교육2, 서민향유1)	15
기타		0	4	4	2	10

공연을 보여줄 수 없고, 데려갈 서점이 없다는 점을 안타까워하고, 이런 문화적 경험의 차이가 구체적으로는 교과서 내용이해의 차이로 이어진다고 본다. 자녀교육과 관련해서는 주로 학교분위기, 교사의 질, 학교교육환경, 학교주변환경, 교육열의, 사교육시장의 차이가 크다고 보았다. 실제로 격심한 차이가 존재하는 경제 면에서는 오히려 차이를 덜 실감하는 반면, 문화와 교육 방면에서 큰 차이를 느낀다. 상대적으로 학원이 적은 지역인 대구 인근이나 의성군, 특히 대구 인근도시 학부모들(9명)이 교육방면에서 차이를 인식하고 있다.

한편 중앙과 지역에 사는 것에 별 차이가 없다는 학부모들은 적다. 이들은 전반적인 면에서는 차이가 있지만, 제한된 방면에서는 차이가 없다고 응답하였다. 중앙과 지역에 차이는 있으되, 상대적으로 차이가 느껴지지 않는 방면이 있다는 의미이다. 그 방면은 경제와 교육이다. 경제의 차이를 체감하지 않는다는 것은 중앙일수록 집값과 물가가 비싸기 때문에 서민의 경제적 향유 정도는 비슷할 것이라 추정하기 때문이었다. 이들은 "좋은 학군이라면 차이가 없다"거나 "공교육이라면 차이가 없다"고 대답하였다. 학교교육이나 좋은 학군의 학교에는 기대를 걸 만하다는 대답이며, 어떤 경우든 사교육 차이는 체감하고 있었다.

2. 이별과 위장전입을 이해하는 시선

가. 가족 간 이별인식: 아이장래 중시 대 가족공동행복 중시

자녀교육을 위해 이사나 가족 간 이별을 감내하겠다고 하는 이들(39명)과 하지 않겠다는 이들(34명)은 거의 모든 지역에서 의견이 팽팽하게 대립하고 있다(<표 6-9>).[9] 즉 면담대상자들은 자녀교육을 위한 이사와 이별을 갈등상황 또는 논쟁거리로 인식하고 있다.

우선 자녀교육을 위해 이사와 이별을 감행하겠다는 이들의 논리는 다음과 같다. 첫째, 아이들의 장래를 위해서는 현재의 일시적 어려움은 잠시 참을 수 있다는 의견이다. 그 대표적인 답변이 "아이들이 교육받는 기간은 정해져 있고 공부를 해서 전문가가 된다면 미래에 안정된 직장과 일을 할 수 있기 때문"이다. "지금의 어려움은 얼마든지 참을 수 있다"는 입장이다. 현재보다 미래가치를 더 중요시한다는 의미이다. 둘째, 아이들을 위해서는 부모로서의 희생은 얼마든지 감내할 수 있다는 생각이다. "자녀의 꿈을 위해서라면 부모로서 그렇게 해야 된다고 생각한다"는 답변이 대표적이다. 이 답변 속에는 부모 자신보다는 자식을 더 중요한 가치로 여기고 있다는 의미가 담겨 있다. 셋째, 이사와 이별의 경험이 있는 면담대상자들은 이사와 이별에 대해 긍정적으로 생각하는 경향이 있었다. 아이가 초등학생 때 필리핀 유학을 가서 기러기가족 경험이 있는 학부모, 아이와 어머니가 2년간 해외유학생활 경험이 있는 학부모 등은 잃는 것도 있지만, 아이의 미래를 위해서는 충분히 할 만하고 또 필요하다고 판단하였다. 학부모들 사이에 교육행위의 중요한 판단근거가 성공한 유경험자에게 있음을 감안할 때, 이런 유경험자들의 인식은 중요하다. 유경험자들의 긍정적 판단이 다른 학부모들에게 영향을 미친다.

자녀교육을 위해 이사와 이별을 감행할 수 없다는 이들의 논리는 다음

9) 　　　　　　　　　　〈표 6-9〉 자녀교육을 위한 이사와 이별

이사, 이별 ＼ 지역	수성구	비수성구	대구 인근	의성군	총합
한다	17	12	6	4	39
안 한다	8	14	6	6	34
기타	0	1	0	0	1
	25	27	12	10	74

과 같다. 첫째, 아이교육을 위해 가족 행복을 포기할 수 없다는 의견이 주된 이유이다. 둘째, 아이교육에 가장 중요한 요소는 가정에서의 교육이기 때문에 가족이 이별하는 것은 아이교육에도 바람직하지 않다는 의견이다. 비수성구의 한 학부모는 이렇게 답변한다. "자녀교육은 가정에서의 교육이 가장 중요하다고 생각한다. 학교, 국가, 이웃, 친구 등의 환경적인 요인은 부수적인 것이라 생각하기 때문에, 특히 부화뇌동하는 엄마들의 부모교육이 더 먼저 필요하다"고 비판하였다. 셋째, 부모와 아이가 떨어져 있는 경우, 아이들이 일탈할 가능성이 높거나 실제로 일탈한 경우를 보기 때문에 반대한다. 의성군 학부모는 두 아이 모두 의성군에서 키우는 동안, 대구나 인근도시로 아이를 유학 보내는 경우를 많이 봤는데, 오히려 아이들이 일탈하거나 대학진학 때가 되면 의성에서 학교를 다녔던 아이나 비슷한 결과를 내기 때문에 굳이 이사나 이별을 감내할 필요가 없다고 말한다. 넷째, 아이 아버지가 반대하기 때문이라는 의견도 상당수 있었다. 면담대상자들을 보면 이사나 이별에 더 적극적인 부모는 아이의 어머니임을 확인할 수 있다. 이는 이사나 이별을 할 경우, 경제적인 책임을 지면서도 혼자 떨어져 지내야 하는 쪽이 대체로 아이의 아버지인 경우가 많아서이기도 하며, 또한 아이교육의 책임을 주로 어머니가 지고 아이교육에 어머니들이 더 열성을 보이기 때문이기도 하다.

> 엄마인 나는 가고 싶다. 그러면 적어도 아이들은 영어는 마스터해서 올 것이고, 문화적인 것도 배워서 올 것인데…… 아빠와 의견을 맞추기가 힘들다. 특히 종가집이라 아빠의 반대가 심하다. 형편이 안 되면 아예 포기하겠는데 그게 아니라서 많이 아쉽다.
> -비수성구 거주자, 고등학생 자녀-

이사, 이별을 감행할 때의 조건이 있다. 아이가 투자처로서 의미가 있을 때, 다시 말해 성적이 나쁘지 않을 때 이사나 이별을 실행한다. 공부를 못한다면 경제적 부담 등을 굳이 감내할 필요가 없다고 본다. 이는 아이들에 대한 부모들의 '선택적 지원' 전략, 즉 공부 잘하는 아이에게 전폭적 지원을 하고 공부 못하는 아이에게는 그렇지 않은 전략을 구사한다는 증거이다. 그래서 이사나 이별을 하기로 마음먹은 상태에서는 아이에 대한 기대가 대체로 큰 변수가 되는 것으로 보인다.

> 자녀가 공부를 잘한다면 도시나 외국으로 보낼 의향이 있다. 교육도 중요하지만 현재의 터전도 중요하기에 현재 결정하기는 힘드나 아이가 교육할 의향, 의지, 성적이 받쳐준다면 기러기아빠도 괜찮다.
> -대구 인근 거주자, 중학생 자녀-

> 모두들 영재라고 했다. 3학년까지는 올 100이었고 고학년이 되면서 전체 합하여 틀리는 개수가 5개 미만이었다. 성적관리는 내가 철저히 했다. 문제집 풀이하고 학원가고 학교시험 준비에 온 정성을 기울인 결과라고 생각했고 자부심도 컸다. …… 북구에 살았는데 집안 형편이 어려움에도 수성구로 이사하자고 남편을 설득하여 이사를 했다.
> -수성구 이주자 3, 북구에서 수성구로 이사, 고등학생 자녀-

'부모의 좋은 환경제공-아이의 성적 향상'을 기대해서 이루어지는 이사나 이별이 반드시 긍정적 결과만 가져다주지는 않는다. 아이교육을 위해 이사한 경우, 아이의 성적이 떨어지면 즉각적으로 '실패'로 규정하는 경향이 있다. 이는 이사의 이유가 아이의 더 나은 성적이 유일한 목표였기 때문에, 그 유일목표가 달성되지 못했을 때는 즉각 실패가 된다. 다양한 목표가 있었다면, 한 가지가 충족되지 못해도 다른 목표들 중 충족된 요소가 있는지 따져보겠지만, 그렇지 않다. 한 학부모는 대구 인근인 경산에서 수성구로 이사했지만, 아이가 성적이 떨어져 전문계고 등학교에 입학하게 되자 수성구로 이사한 것을 매우 후회하고 있었다.

수성구로 이사 오기 전의 중학교에서는 그대로 열심히 공부했었어요. 남녀공학으로 이사 온 후로 공부를 안 하기 시작했고 성적이 떨어졌어요. 좋은 대학 보내려고 이사까지 왔는데 결과는 최악이 됐어요. 수성구로 이사 온 것을 굉장히 후회하고 있어요. ○○ 생각만 하면 속이 많이 상해요. 미치겠어요.
-수성구 이주자 4, 대구 인근에서 수성구로 이주, 전문계고등학생 자녀-

아이교육을 위해 이사나 이별을 하였는데 성적이 떨어졌다는 학부모들은 모두 강한 후회의 감정을 드러냈다. 아이교육에 실패했다고 생각하는 학부모는 자식교육 이야기를 잘 하지 않기에 실패에 대한 소통의 범위는 매우 제한적이다. 그리고 교육을 위한 이사나 이별을 감행할 때 학부모들은 실패가 아니라 성공을 모델로 삼는다. 성공모델이 자신에게도 적용될 것이라는 기대가 작동하기 때문에 실제로 실패할 확률을 따지는 행위는 거의 하지 않는다.

이상에서 보면 학부모 가운데 절반 이상이 교육이주나 이별에 매우 적극적임을 알 수 있다. 그리고 학부모들은 자녀교육을 위해 이사나 가족 간 이별을 선택할 때, 나름의 선택논리를 가지고 있었다. 우선 자녀교육을 위해 이사나 이별을 하겠다는 학부모들은 현재보다 미래를, 부모보다 자식을 더 중요하게 여기는 가치, 성적에 따른 차별적 전략, 종합적으로는 가족들이 어떤 행위를 선택할 때 아이의 장래를 더 중요한 가치로 여기고 있다. 그리고 자녀교육을 위해 이사나 이별을 하지 않겠다는 학부모들은 '자녀교육보다는 가족공동의 행복', 또는 자녀교육의 성공을 위해서는 가족공동의 행복이 필요하다는 '자녀교육을 위한 가족공동의 행복'을 더 중요한 가치로 여김을 발견할 수 있었다.

나. 위장전입 인식: 불합리한 교육제도 문제 대 불법·부도덕 문제

위장전입은 한국사회에서 장관 등 고위공직자 임명 때마다 논란이 되었다. 위장전입은 경제적으로 여유 있는 사람들이 부당하게 교육적 이득을 취한다는 사회 도덕적 문제가 있고, 또한 주민등록법 위반이라는 법률적 문제도 있다. 위장전입을 할 경우에는 3년 이하의 징역 또는 천만 원 이하의 벌금형을 받는다. 이와 같은 현실 속에서도 '위장전입 할 수 있다'(33명)는 의견과 '위장전입 안 한다'(37명)는 의견이 대립한다. 지역별로는 수성구 학부모들 중 다수가 위장전입할 수 있다고 한 반면, 비수성구 학부모들은 위장전입하지 않겠다고 답변하였다(<표 6-10>).10)

위장전입할 수 있다는 이들은 대체로 두 가지 반응을 보인다. 하나는 위장전입이 교육받고 싶은 곳에서 교육받을 수 없도록 한 현행교육제도상의 잘못이라고 보고, 위장전입행위를 합리화하는 시각이다. 비수성구에 사는 한 학부모는 위장전입은 충분히 이해가 가며, "근본대책은 지역 간 학교, 선생님 수준의 차가 없도록 해야 한다. 질적인 수준의 차이를 못 느낀다면 굳이 위장전입을 할 이유가 없을 것이라 생각한다"

---

10) 지역별로는 수성구 학부모 17명(69.0%)이 위장 전입할 수 있고 7명(28.0%)이 위장전입하지 않는다고 답변한 반면, 비수성구 학부모들은 5명(18.5%)이 위장전입하고 21명(77.8%)이 위장 전입하지 않는다고 답변하였다. 수성구지역과 비수성구지역은 위장전입에 대해 비교적 뚜렷한 차이를 나타냈다. 이는 매년 수성구로 교육이주와 위장전입이 일어나고 있으며, 수성구 학부모들 중 일부도 위장전입 경험이 있다는 사실과 관련이 있다.

<표 6-10> 자녀교육을 위한 위장전입에 대한 생각

위장전입 \ 지역	수성구	비수성구	대구 인근	의성군	종합
한다	17	5	7	4	33
안 한다 (차라리 이사)(난 안 해도 이해 가능)	7 (4)(1)	21 (9)(2)	5	4 (1)(1)	37 (14)(4)
기타(무응답)	1	1	0	2(1)	4(1)
	25	27	12	10	74

고 밝히고 있다. 또 하나의 반응은 현재 위장전입이 불법이긴 해도 아이교육에 도움이 된다면, 충분히 감행할 만하다고 생각하는 것이다. 즉 현행법상으로 잘못인 것은 인정하지만 아이를 위해 적극적으로 불법을 행하겠다는 의미이다.

위장전입할 수 있다는 학부모들은 이사와 위장전입을 연결시켜 이사를 못할 바에는 위장전입이라도 해야 한다는 현실논리를 내세운다. 전 가족이 이사를 하는 게 가장 좋은 방법이지만, 이사를 못한다면 대신 위장전입이라도 하겠다는 생각이다. 즉 이사는 경제적 부담과 직장과의 거리 등 여러 가지 부담이 많이 따르지만 법적 문제도 없고 좋은 교육환경도 제공할 수 있는 이상적 선택이라면, 위장전입은 상대적으로 적은 경제적 부담으로 해결 가능한 현실적 선택이라는 인식이다.

> 충분히 (위장전입은) 있을 수 있는 일이라고 생각한다. 온 가족이 다 이사할 형편이 되지 못하여 아이들 학교 근처에 주소를 옮겨놓는 건 괜찮다고 생각한다. 좋은 학교에서 공부한다는데 무엇인들 못 하겠는가, 학교를 졸업하면 나중에 동창관계도 중요하고 영원히 동문회도 따라다니는 인맥이 될 수 있다고 생각한다.
> -수성구 거주자, 우등반 소속 고등학생 자녀-

비수성구의 한 학부모는 더 좋은 중학교에 아이를 입학시키기 위해, 큰 아이를 남편의 친구 집으로 위장 전입해서 중학교를 마쳤고, 둘째 아이도 그렇게 하려다 발각되었다고 한다. 이 학부모는 동창에게 잘 부탁해서 둘째 아이도 다시 위장 전입할 것이라고 밝히면서, 위장전입보다야 돈만 있다면 이사를 하고 싶지만 경제적 형편이 안 되기 때문에 위장전입은 궁여지책으로 선택한 방법이고 이는 아이를 위해 반드시 필요한 조치였다고 말한다. 여기에는 부자들은 경제적 부를 바탕으로 이사하고 그들끼리 모여 사는데, 우리들은 위장전입조차 못 하는가 하는 강한 불만이 담겨 있었다. 위장전입 금지를 피해로 이해하는 시각이다.

한편 위장전입하지 않겠다는 이들은 위장전입은 불법이고 부도덕하며 불편하다는 이유로 반대한다. 위장전입을 하지 않겠다는 논리는 먼저, 위장전입은 불법이라는 논리에서 반대하는 의견이다. 현행법은 그럴 만한 이유로 만들어졌으며, 당연히 모든 사람들이 지켜야 한다는 생각이다. 두 번째, 불법과 편법을 사용하는 모습은 자식교육에도 좋지 못하므로 위장전입까지는 필요하지 않다는 의견이다. 가령 "학생에게 거짓말을 하라는 것과 다를 바 없다. 부모로서 거짓과 편법을 자녀에게 보이고 싶지는 않다"는 의견이 대표적이다. 세 번째, 교육과 지역은 무관하기 때문에 위장전입은 고려하지 않겠다는 입장이다. 비수성구인 북구거주의 한 학부모는 큰 아이를 '명문대학'에 합격시킨 경험담을 통해 교육과 지역은 무관하다는 사실을 주장한다. 네 번째, 위장전입을 할 경우 현실적으로 감당할 수 없는 경제적 어려움 때문이다. 비수성구의 한 학부모는 위장전입을 할 경우 아이가 먼 거리의 학교에 다녀야 하는데 자가용이 없어서 등하교시켜 줄 수 없다고 하였다. 의성의 한 학부모는 위장전입을 하려면 주민등록을 이전해도 될 만큼 잘 아는 사람이 있어야 하고, 아이를 대도시에 보낼 경제적 형편이 되지 않는다고 하소연하였다. 정말 경제형편이 곤란한 사람에게는 위장전입도 쉽지 않은 사치라는 비판을 담고 있었다. 결국 위장전입도 가진 자들의 부도덕한 행위라는 비판이다.

위장전입에 반대하는 학부모들은 다층적인 반응을 보였다. 위장전입에 반대를 표명하기는 하지만, 위장전입과 연관된 여러 요소들을 개입시켜 인식의 층위를 분화시키고 있었다. 먼저 위장전입에 반대하면서 위장 전입할 바에는 차라리 이사를 하겠다는 의사를 가진 이들(14명)이 있다. 이들은 불법성 논란도 없고 좋은 교육환경을 향유할 수 있다는 점에서 이사에는 우호적이지만, 불법성이 있는 위장전입에 대해서는 반대의견을 표명하였다. 또 하나의 반응은 본인은 위장전입을 하지 않겠지만 타인의 위장전입에 대해서는 심정적으로 충분히 이해할 만하다는 인식이다. 비록 내가 하지 않는다 해도 사회적으로 위장전입은 동의 가능하다는 생각이다. 이처럼 위장전입을 하지 않겠다고는 하지만 '차라리 이사를 하겠다', '이해는 가능하다'는 인식의 층위를 둠으로써 위장전입에 대한 반대논리를 헐겁게 하고 있다.

요약하자면 위장전입을 부자들의 도덕문제, 불법문제로 이해하느냐, 불합리한 교육현실문제로 이해하느냐에 따라 위장전입에 대한 학부모들의 반응은 달랐다. 그럼에도 위장전입에 대해 찬성하는 이들이 33명에 이르고, 위장전입은 하지 않더라도 이사를 하겠다는 이들이 14명에 이른다는 사실은 많은 학부모들이 교육을 위한 이주에 매우 적극적인 반응을 보인다고 할 수 있다.

학부모들은 공통적으로 위장전입이 미치는 사회적 후과에 대해서는 거론하지 않았다. 위장전입으로 인해 누군가는 근거리 배정에서 불리한 학교배정을 받는 문제, 특정지역 집값과 전셋값이 높아지는 문제, 행정상 생길 혼란의 문제 등은 함구한다. 대신 위장전입 문제를 철저하게 자식교육을 위한 성공적인 지원행위로 이해하고 있었다. 위장전입 문제를 사회문제가 아닌 내 자식 교육문제로 축소함으로써 스스로에게 면죄부를 발행하는 것이다. 그럼으로써 각자 자식문제에 관해서라면 어느 누구도 누구를 비판할 수 없다는 침묵의 카르텔을 맺고 있다고 볼 수 있다.

Ⅴ. 가족, 교육전략을 세우다

이사나 이별을 감내할 것인가에 대한 답변과 위장 전입할 것인가에 대한 답변 사이의 연관성을 따져 보자(<그림 6-1>). 이사와 이별도 긍정적으로, 위장전입도 긍정적으로 답변한 학부모들(21명)은 위장전입은 불합리한 교육제도의 문제로, 가족 간 이별은 아이장래를 위한 문제로 인식하고 둘 모두 찬성하였다. 이들은 교육문제에 대해 아이 장래를 더 우선에 두고 판단하며 거주지 이전에 매우 적극적이다. 둘 모두에 대해 부정적으로 답변한 이들(20명)은 위장전입은 불법이고 부도덕한 행위로, 가족 간 이별은 가족공동의 행복에 반하는 행위이므로 반대한다. 이들은 합법과 가족공동의 행복을 추구하고자 하며 거주지 이전에 소극적이다. 지역적으로 보면 수성구 학부모들은 자녀교육을 위한 이사, 이별, 위장전입에 매우 적극적인 사람들이 많은 반면, 비수성구 학부모들은 반대인 사람들이 많다. 무엇보다 두드러진 현상은 자식을 위해 이사나 이별도 하지 않고 위장전입도 하지 않겠다는 이들 중 수성구 학부모는 단 1명뿐이라는 사실이다. 그만큼 수성구 학부모들은 자식교육을 위해 이사와 이별, 위장전입 중 하나 이상은 할 수 있다는 입장이다. 적어도 수성구 학부모들은 다른 지역 학부모들보다 교육이주에 상당히 적극적임을 알 수 있다.

이사·이별 문제와 위장전입 문제에 대해 분리된 반응을 보인 학부모들(29명)도 있었다. 이사나 이별은 하겠지만, 위장전입은 하지 않겠다는 답변을 한 학부모들(17명)은 위장전입이 불법이기 때문에 반대하고 이사나 이별을 하겠다는 의사를 밝혔다. 이사나 이별은 안 하겠지만, 위장전입은 하겠다는 이들(12명)은 이사와 이별은 가족행복과 관련된 문제여서 신중하게 생각해야 하지만, 위장전입은 불합리한 교육제도상의 문제이거나 현실적 필요의 문제이기 때문에 가능하다는 입장이다. 이사나 이별, 위장전입 중 한 가지 이상은 할 수 있다고 한 학부모들은 교육을 위한 이동에 적극적이거나 동의한다는 점에서 적극적 이주자이거나 잠재적 이주자들이다.

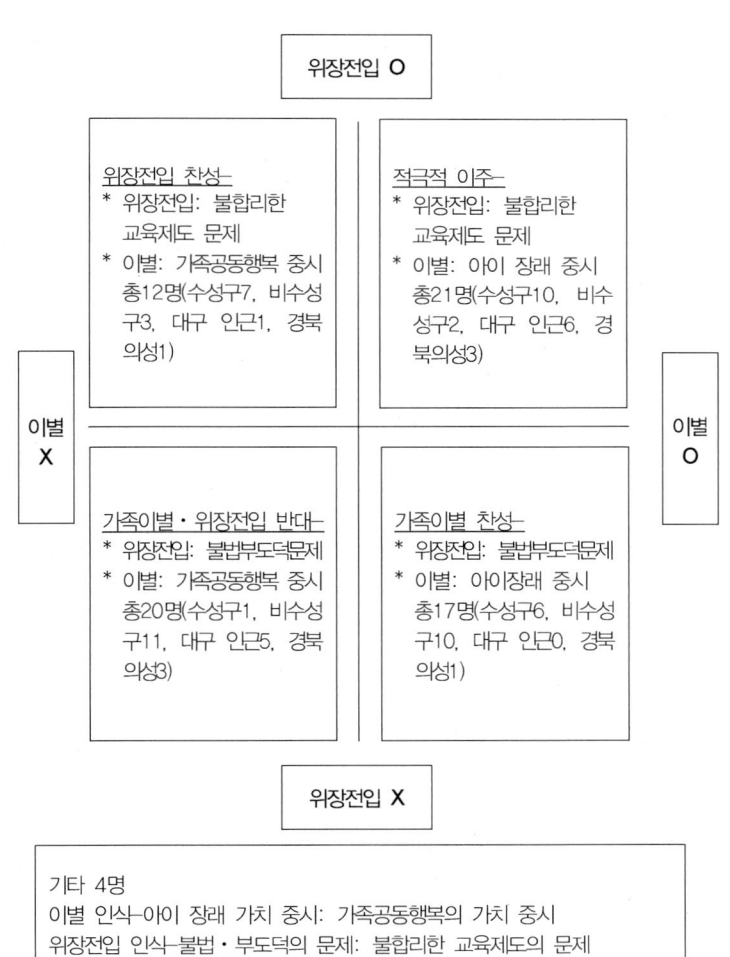

<그림 6-1> 자녀교육을 위한 이사·이별과 위장전입에 대한 인식

교육을 위한 모든 이동은 입시전쟁에서 성공하기 위해 입시전쟁의 최전선으로 나가는 또는 전선으로 가족을 전진 배치하는 가족의 교육 전략이다. 부모들이 스스로 면담에서도 밝혔듯이 인성교육을 위해서 교육이주를 하지는 않는다. 가족이 입시전쟁의 최전선에 나감으로써, 가족을 입시전선에 전진 배치함으로써, 입시전쟁의 분위기에 동참하고 입시전쟁에 더욱 적극적으로 참여하게 만든다. 후방에 있을 때는 전쟁 상태임을 망각하거나 나태해지기 마련인데, 최전선에 뛰어듦으로써 전쟁상태에 걸맞은 행위를 선택하게 된다. 전선에 나아감으로써 입시에 적합한 행위를 한다는 것은 학생에게만 해당되는 일이 아니다. 어머니와 아버지도 좀 더 적극적으로 지원체제 구축에 참여하고, 아이도 경쟁 속에서 더 열심히 노력해야 한다. 교육을 위한 이동과 함께 모든 가족 구성원들은 삶의 패턴을 입시에 적합한 체제로 바꾼다. 그렇기 때문에 교육특구에서 학부모와 학생들의 삶의 패턴은 남다르다.

이런 교육이주 현상은 한국의 가족주의 역사 기반 위에 서 있다. 한국 근대역사에서 보았을 때, 치열한 생존경쟁에서 개인 삶의 안위를 책임지는 최후의 보루가 가족이었다(권명아, 2009). 가족이 최후의 보루라는 생각에서 기원한 가족주의는 현재 그 논리를 더욱 강화하여, 경쟁에서 남들보다 성공을 선점하는 방식을 취하고 있다. 교육이주현상은 이런 가족주의의 한 양상이다. 가족들은 성공을 선점하기 위해 입시전쟁에서 반드시 성공할 필요가 생겼다. 이를 위해 가족단위의 전략이 작동하게 된다. 전략은 우선 입시성공을 위한 분담체제의 구축이다. 아버지는 경제적인 책임의 부담, 어머니는 교육을 위한 모든 지원체제(정보수집 및 환경마련 등) 구축, 자녀는 입시공부에만 집중하여 성과의 향상을 도모하는 것이다. 이 중에서 교육을 위한 이동은 부모의 결정권이 작동하는 영역이다. 어머니가 이사, 이별, 위장전입을 시도하고, 아버지는 그에 따른 경제적 책임을 진다.

교육이주는 부모들이 자식에게 더 나은 대학과 더 나은 동문을 만들어주기 위한 가족주의적 프로젝트이다. 부모가 공부를 대신하거나 결과를 낼 수는 없지만, 스스로 공부하게 하는 더 나은 여건을 마련해주는 것은 가능한 일이며, 부모가 해줄 최소한의 일이라 믿고 있다. 3년 동안 수성구로 위장전입 경험이 있다는 한 학부모는 "부모로서는 의심하지 않고 당연히 해야 할 일이었고, 누구도 비판하는 사람이 없었다. 돌아보면 아이들을 가장 많이 채근한 시기이고 아이는 그럴수록 엇나간 시기이지만, 그래서 실패이지만, 부모로서는 이사나 위장전입이 아이들을 위해서 뭔가를 해주고 있다는 자기위안, 자기만족과 같은 것이었다"고 말했다. 일단 결과의 실패를 경험하게 된다 하더라도 적어도 지원체제를 구축하려는 노력만은 하였다는 자기위안과 만족은 포기할 수 없다는 심리가 숨어 있다. 물론 성공적인 결과를 거둔다면 부모의 신념은 자신과 지인들, 더 넘어서서 사회에 성공사례로 확대 재생산된다.

교육을 가족의 전략적 행위로 삼는 문화가 한국사회에 끼치는 폐해는 크다. 우선 학교교육도, 아이교육도 입시에 적합한 형태를 띠게 된다. 둘째로 아이들과 학부모의 삶이 다른 가치들보다 입시에만 올인하는 체제로 바뀌면서, 개인 삶의 행복이 입시의 성공과 실패로 극단화되어 버리게 된다. 셋째, 교육이주를 위해 한국사회가 치러야 하는 사회문화적 비용이 크다. 가족공동체의 가치, 지역의 가치, 삶을 가꾸는 가치를 포기할 수밖에 없다. 이런 문제를 해결하기 위해서는 성적과 학력으로 사람을 가르고 사회를 구성하는 학벌주의를 완화해야 하며, 교육특구의 차별성을 약화시키는 제도가 필요하다.

제7장 중앙지향의 교육이주*

손종현

I. 서론

중앙은 지리적인 개념인 동시에 기회와 권력이 집중되는 사회적 실재(social reality)라 할 수 있다. 자연스럽게 중앙이 아닌 곳은 주변이 되고, 중앙이 강화되는 만큼 주변은 차별을 당하게 된다. 해방 이후 한국사회에서 중앙과 주변의 분할은 지속적으로 강화되어 왔다. 이러한 현상은 지방 내에서도 특정 지방의 중앙인 '소중앙'과 지방의 주변부인 변방의 분할이라는 이중적 현상으로 나타난다(교육문화연구회, 2000; 김종혁·이상원, 2010). 이런 분할구조하에서 한국사회의 구성원들은 중앙지향적 교육이주를 선택하고 있으며, 최근에 들어 이러한 중앙지향적 교육이주는 더욱 뚜렷해지고 있다. 이 연구는 '중앙지향의 교육이주'를 하나의 사회역사적 실재로 인식하고, 이를 '중앙주의'라고 개념

* 이 글은 서강대학교 사회과학연구소 『사회과학연구』(2012) 20(1)에 게재된 논문 「중앙지향의 교육이주: 대구 수성구 고등학교의 대학진학 사례를 중심으로」를 일부 수정한 것임.
  이 글은 2008년 정부(교육과학기술부)의 재원으로 한국연구재단의 지원을 받아 연구되었음(과제번호: KRF-2008-321-B00147).

화하고 있다. 여기서 '중앙주의'란 '중앙과 지방의 분할을 유지하고 강화하는 지배이데올로기'를 의미한다. 중앙주의는 단순한 지역적 차별을 의미하는 것이 아니라 중앙에 최고의 가치를 두고 다른 가치를 배제하는 신념체계라고 정의할 수 있다. 이 논문에서 다루어지는 교육과 이주의 지평에서 중앙은 주로 서울을 중심으로 한 수도권을 의미한다. 하지만 이 논문에서 다루어지는 중앙은 반드시 지리적인 개념에 한정되는 것이 아니라, 일종의 사회문화적 중심으로 파악된다.

오늘날 중앙지향 현상은 한국사회의 성격을 반영하는 사회적 실재이며, 역사적으로 형성되었고 현행하는 사회구조가 되었다. 이 연구는 '중앙주의'에 대한 과학적 이해가 오늘의 한국사회를 이해하는 중요한 단서가 될 것이라고 믿고 있다. 연구자는 중앙주의가 명백히 문화사회학적 분석을 요하는 연구주제라고 판단한다. 교육과 그에 결부된 이주 문제는 단순히 '지역이기주의, 지역격차, 지역갈등'의 지평에서 다루어지기 어려운 사회역사적 문제이며, 따라서 중요한 것은 서울이라는 지정학적 위치가 아니라 중앙(서울)과 지방 간의 극심한 정치경제적·사회문화적 차별이 체계적으로 강화되어 나가는 구조적 모순이다. 중앙주의의 강화와 그에 상응하는 지역해체는 교육이주로 발현되고 있고, 특히 대학진학을 둘러싸고 체계적으로 일어나고 있다. 중앙지향의 교육이주란 곧 대학입학을 계기로 학생들에 의해 주어진 사회적 맥락 위에서 '합리적으로' 선택되어지는 주거이동을 의미한다. 이러한 주거이동은 크게 두 가지 단계로 구성되는데, 첫째는 대학진학 이전 대학진학에 유리한 곳으로의 지역 내 이동이며, 둘째 대학에 진학할 때 중앙(서울 또는 수도권)을 향한 지역 간 이동이다.[1]

---

1) 교육이주가 합리적으로 선택되는 계기는 대학입학을 통한 공간이동이다. 대학입학이 중앙으로의 이주가 집중적으로 일어나는 계기가 된다는 것이다. 이때 이주는 가족 전체가 이동하는 것을 의미하지 않는다. 한편 교육인구이동은 동일지역 내의 전출입을 통한 학생인구이동을 의미하는 말로 쓰고 있다. 김희

이 글은 중앙지향적 교육이주에 대한 사회학적 탐구와 경험적 분석에 의하여 한국사회의 기층문화의 성격을 과학적으로 이해하는 것을 목적으로 한다. 이 연구목적을 달성하기 위해 다음과 같이 구체적 연구내용을 설정한다.

첫째, 이 글은 '이주와 교육'의 상호 연관 속에서 성립하는 '중앙주의'의 성격을 개념화하고, 지역의 중앙인 '소중앙'의 탄생과 전개에 대한 탐구를 대구 수성구 사례를 통해 실증하고자 한다. 둘째, 그 중앙주의의 발현으로서의 '중앙지향의 교육이주'가 대학진학을 계기로 어떻게 나타나는지를 실증적으로 분석하는 것을 주요 연구내용으로 설정한다. 교육이주는 소재 지역, 출신 계층, 학력(學力) 수준 등의 다양한 존재조건에 따라 다르게 나타나는 바, 여기서 이 연구는 존재조건에 따라 '누가 떠나고 누가 남는가'를 주요 연구문제로 삼는다. 이를 위해 연구자는 대구 소재 두 개의 고등학교의 4년간 대학진학의 현황을 토대로 대학진학을 계기로 대구지역 고교 졸업생들의 중앙지향의 교육이주가 얼마나 일어나고 있는가, 어느 지역의 학생들이, 어떤 계층이, 어떤 학력(學力)의 소지자들이 중앙으로 떠나고 있는가를 분석하고자 한다. 분석대상인 A 고등학교는 '명문대학' 진학률과 사교육기관이 많아 교육환경이 좋다고 알려진 수성구에 위치한다. B 고등학교는 비수성구인 동구에 소재한다.

연구방법은 주로 문헌연구, 인구통계적 실증적 분석, 사례분석, 면담 등의 방법을 사용하였다. 수집 문헌자료는 개별 학교의 대입관련 자료, 시도교육청의 대입관련 자료, 진학지도교사협의회 자료 등이다. 개별

삼의 선행연구(2010)에 의하면, 우리나라는 전체적으로 대학진학 시에 출신 고등학교 소재지에 잔류하는 비율이 51.8% 수준으로 낮은 편이다. 특히 충남, 전남, 인천은 40% 미만이 잔류하고, 대구는 47.7%, 경북은 49%가 잔류하는 것으로 나타나고 있다. 이는 대학진학 시에 교육이주가 집중적으로 일어난다는 것을 의미한다.

학교 자료로서 수성구 소재 4개 고등학교와 비수성구 소재 3개 고등학교의 진학 관련 자료를 수집하였고, 특히 수성구에 소재하는 A 고등학교와 비수성구에 소재하는 B 고등학교의 2007~2010학년도 4년간 대입지원 및 합격현황 자료(대학입학원서발급대장) 등을 수집하였다. 수집된 문헌자료를 통해서 '중앙지향의 교육이주'라는 방식으로 성립하는 삶의 형태를 기술·설명·해석할 수 있는 단서를 포착하고자 했으며, 수성구와 비수성구의 학생인구현황, 수성구 학부모의 삶(직업, 학력, 교육비, 학원 선호), 수성구 학생의 삶(학교생활, 학업성적, 대학진학), A 고등학교와 B 고등학교 학생의 연도별·계열별·학업성적별 대학진학현황 등을 분석지표로 삼았다. 면담자료는 해당 학교의 진로진학 상담교사와의 '비구조화된 면담'을 통해 확보하였다. 면담질문내용은 학교·교사가 학생들에게 중앙지향을 자극하는 언어와 논리가 무엇인지, 그 빈도가 어느 정도인지 등에 대한 것이었다. 면담은 2011년 5월 초부터 8월 말에 걸쳐 해당 학교 방문 시에 교사휴게실에서 이루어졌다.

지금까지 연구지형의 문제점은 교육이주의 성격에 대한 구체적 분석을 결하고 있다는 점이다. 구체적으로 어떤 지역의 어느 계층의 학생이, 어느 정도의 학력 소지자가 이주하고 있는가에 대해서는 보여주지 않고 있다는 것이다. 또한 거주지 분리와 교육특구 연구는 거주지 분화의 실태의 심각성을 드러내는 현상에 집착할 뿐, 이를 중앙주의라는 개념적 관점에서 이해하는 데 다소간 한계를 가지고 있다. 여기서는 선행연구의 성과를 참조하여 교육이주현상에 대한 실증적 분석을 수행하고, 나아가 주변부에서 소중앙으로 그리고 소중앙에서 중앙으로 이동해 나가는 구체적인 메커니즘에 대한 과학적 이해를 시도한다.[2)]

---

2) 선행연구 내용은 다음과 같이 간략화한다. 첫째, 수도권으로 이주와 지역 간 교육여건 및 격차연구(김희삼, 2010; 한승준, 2006; 성열관, 2005; 김경근, 2005; 김성식, 2009; 김양분·이규재, 2009, 김양분·신혜숙, 2009), 둘째, 중앙집중화와 지방의 거주지 분리현상에 관한 연구(Harvey, 1996; 권상

Ⅱ. 중앙주의 문화와 교육특구

1. 중앙주의와 교육

중앙주의는 단순한 특정 지역에 정치경제적 자원이 집중되는 지리적 현상이 아니라, 실천양식의 형태로 한국인의 사고와 행위에 체화된 특정한 사회문화적 패턴이며 세계관(world view)으로 존재한다. 중앙은 학벌주의와 결합하여 이른바 사회적 인정과 출세를 얻기 위한 사회공간의 중심을 의미한다. 사회공간에서 중앙이 실체로서 강화되면서 지역은 끝없이 주변화된다. 교육이주의 관점에서 중앙은 곧 서울이며, 사회공간의 주변부에서 성공과 인정을 추구하는 경쟁자들은 '지역 삶의 터'를 버리고 서울로 이동한다.[3]

중앙주의는 하나의 지배이데올로기이다. 중앙주의란 중앙에 최고의 가치를 두고 다른 가치를 배제하는 신념체계로서, 중앙과 지방의 체계적 분할을 확대하고 이를 정당화한다. 중요한 것은 여기서 말하는 중앙은 지리적 개념일 뿐 아니라 사회적 가치와 평가, 인정의 중심이며, 오랜 역사적 과정을 통해 형성된다. 한국사회에서 서울은 곧 그러한 지

철, 2000, 2003, 2005, 2009, 2010; 서의택·염춘경, 1996; 윤형호·강민정, 2008; 류주연, 2006; 최석주, 1997, 2003; 최은영, 2004, 2007; 최은영·이성우, 2006; 최은영·구동회·박영실, 2009; 최은영·구동회·조순기, 2010, 한주연, 2002). 아울러 지리학 분야에서 임정덕·장영재(1997), 권상철(2000, 2003, 2005), 김영철·이민환(2003), 최은영·구동희·조순기(2010), 셋째, 교육이주와 교육특구에서의 삶(김왕배, 2000; 성기선, 2004; 손준종, 2004; 김경근·장희진, 2005; 임선희·김경희, 2006; 이희석, 2007; 김종혁·이상원, 2010; 이경숙 외, 2010a; 이경숙 외 2010b;, 김종혁·이상원, 2010; 윤선진, 2010) 연구가 있다.

3) 한국사회에서 중앙으로서 서울은 가치의 기준이고 위신의 기준이다. 조사과정에서 많은 사람들이 서울은 "언제나 모범이고, 좋은 것"이며, "고급문화와 권세, 부, 명예, 권력, 지식과 정보가 있는 곳"으로 묘사한다. 중앙은 권력의 표상이고, 중앙에 있는 것만으로도 권력이 된다. 상대적으로 지역은 오로지 중앙에 들지 못한 뒤쳐진 사람들이 모여 사는 곳, "항상 별 볼 일 없는 사람들이 모여 사는 곳"이 되어 있다. 누구나 중앙을 좇는 것을 생활방식으로 삼고 있는 이상, 그는 이미 그 지역에서도 이방인일 따름이다. 오로지 중앙으로 가거나 중앙에 있는 인물에 끈을 대려고 하는 사이에 지역은 황폐하기 그지없는 곳으로 화한다(김민남·손종현, 2006: 151~152).

리, 문화, 역사적 산물로서 중앙이며, 특히 교육은 서울을 중심으로 한 중앙지향적 교육이주를 강화하는 중요한 기제이다. 중앙에 대비되는 주변에는 '명문학교'도 없고, '쓸만한 인물'도 없고, '품위 있는 문화'도 존재하지 않는다. 이러한 중앙주의 문화 속에서 교육은 서울로 이주하기 위한 메커니즘으로 기능한다. 즉 서울로의 교육이주는 '좋은 학군과 좋은 학교를 다니기 위한 것'이며, 이러한 교육이주는 향후 사회적 삶에 있어서 확장된 가능성의 공간을 제공한다.

강화되는 중앙에 대비하여 부실하게 이루어지는 지역의 공교육과 학력·학벌주의의 압박감은 학생과 학부모로 하여금 중앙의 학력·학벌을 필수조건으로 선택하도록 만든다. 이미 지방에서는 지역거점 국립대학의 학벌보다는 서울 소재 사립대학의 학벌이 더 '브랜드 가치가 있다'는 의식이 강화되고 있다.[4] 중요한 것은 중앙지향의 교육이주가 단순히 학생이나 학부모의 판단이라는 개인 수준에서 작용하는 것이 아니라, 보다 정교하게 작동하는 교육과정을 통해 관철된다는 점이다. 그러한 교육과정 가운데서도 이른바 성적에 근거한 석차별로 학생들의 수준을 분류하는 체계적인 교육시스템은 중앙지향의 교육이주라는 사회적 현상에 연동하는 교육장의 내부 공정이라 할 수 있다. 즉 성적과 석차를 산출하여 학생들을 구별 짓는 교육시스템과 대학선발제도하에서 상대적으로 높은 성적·석차가 중앙지향의 교육이주로 이어진다는 것이다. 성적과 석차 중심의 평가와 중앙지향의 교육이주는 '중앙의 학

---

4) 행위양식으로서의 중앙지향은 교육이주를 쉽게 선택할 수 있게 하는 요인으로 작용한다. 이 행위양식이 중앙으로의 이주를 동기화하는 태도를 낳는다. 이런 점에서 중앙지향의 교육이주는 체계적 사회현상이라 할 수 있다. 중앙지향은 '자식세대의 삶의 안정을 향한 희망'이라는 한국인의 이른바 '희망재생산의 기제'로서 내부발생적으로 연유한다. 이 희망재생산의 기제가 한국인다움을 표상하는 한국사회의 기층문화를 유지하고 견인한다. '내 자식의 삶의 안정'이라는 희망재생산의 기층문화와 연동하여, 그것의 원인이 되기도 하고 동시에 결과가 되기도 하면서, 그것을 반영하여 중앙으로의 교육이주가 지속적으로 빈번하게 일어나고 있다. 이 기층문화가 '중앙으로의 이주' 현상에 내재해 있다. 이와 같은 기층문화는 지역해체를 예비하고 있다.

력·학벌=성공적 사회진출'이라는 집단의식으로 이어진다. 이러한 집단의식이 실체적으로 기능하는 곳에서, 가족이 전면에 나서서 교육에 개입하고,[5] 가족이 모든 자원을 투입하여 교육특구와 중앙지향을 소비하도록 되어 있다.

무엇보다 중앙지향의 교육이주는 학력·학벌주의와 연동하며, 상호 규정하고 강화된다. 학력과 학벌의 평가기준은 일반적으로 서울과 극소수의 지방 일류대학을 중심으로 한 중앙의 학력을 의미한다. 중앙주의와 학력·학벌주의와 결합할 때, 교육이주는 더욱 심각하게 나타난다(김민남·손종현, 2006). 특히 교육이주는 중요한 사회경제적 수단으로 전략적으로 선택된다. 처지 혹은 존재조건을 개선하기 위한 전략으로서 '이주와 교육'이 상호 연관 속에서 발생한다. 실제로 연구과정에서 면접에 응한 많은 부모들은 주거지를 결정할 때 자식교육을 최우선으로 고려하고 있었다. 학부모는 이유 있는 불안을 극복하기 위해 이유 있는 안정을 모색하는 법인데, 그 방편으로 다양한 전략과 전술을 구사하고자 하며, '교육이주'는 그중의 최고의 전략으로 선택된다. 물론 이것을 선택할 수 있는 계층은 따로 정해져 있었다. 자녀들 혹은 가족 전체의 교육이주를 사회적 전략으로 수립하고, 서울(중앙)에 소재하는 대학에 자식을 진학하게 하며, 가족 내 가용한 모든 자원을 투입하는 것이다. 이러한 현상은 경북의 어느 지역에서 대구시로, 대구시의 주변에서 대구 내 교육특구인 수성구(소중앙)로, 수성구에서 서울(중앙)로의 이동을 견인한다. 중요한 점은 이러한 현상이 대구에서만 일어나는 일이 아니라는 사실이다. 전국적으로 심지어 서울의 주변에서 강남을

---

5) 사실 중앙주의의 만성화는 우리 사회에 공적 교육체제가 제대로 작동하지 않고 있다는 것을 반증한다. 공교육기관이 책임지는 교육활동을 하지 않고, 지역에 합리적 공교육체제가 갖추어져 있지 않고, 그리하여 공적 교육문제를 개인적 사적 방식으로 해결하려는 사사화(privatism) 기제가 작용하고 있다. 원래 국가가 해결해야 할 교육문제를 개별가족이 해결하도록 떠미는 상황이 역사적으로 전개되어 왔기 때문이다.

거쳐 서울대(중앙의 중앙)로의 교육이주가 지배층화의 경로로 인식되고 있다.[6]

2. 교육특구의 형성: 거주지 분리현상 및 그 결과

중앙지향의 교육이주는 교육특구를 통해 매개되고 강화된다. 교육특구는 그 자체로 중앙지향의 교육이주의 결과이기도 하다. 교육특구는 중앙으로의 교육이주를 위한 중간 기착지로서 '소중앙'으로 기능한다. 예컨대 수성구는 서울을 중심으로 한 일류대학을 가기 위한 전 단계로 인식되고, 이는 이른바 '학군 따라 수성구 간다'라는 표현으로 집약된다(한겨레신문, 2006.12.27). 수성구에 학원가가 형성되고, 수능성적 올리기에 유리한 교육인프라가 형성되면서 이것이 다시 '교육이주'를 부추기고, 교육이주가 그곳을 '교육특구'로 재탄생하게 하고 있다. 학군과 학력과 교육이주가 순환적 연관관계에 놓여 있고, 이런 순환고리과정을 거치면서 거주지 분화가 확대되고, 교육특구가 계층계급을 반영하는 사회적 공간으로 전화되고 있다. 이리하여 수성구는 사회경제적 지위와 문화자본을 가지지 못한 사람은 도무지 진입하기 어려운 사회적 공간이 되고 있다.[7]

---

6) 중앙으로의 이주는 성공을 향한 지름길, 혹은 지배층으로의 편입을 위한 당연한 경로로 인식된다. 중앙에 이르는 첩경이 전문계에 비해 인문계고교이고, 인문고에 비해 특목고와 자사고이다. 대구의 동구와 남구에 비해 수성구이고, 대구의 수성구에 비해 서울의 강남이다. 지방대학에 비해 수도권 대학이고, 그것도 이른바 'SKY대학'이 중앙의 중앙이다. 흥미로운 점은 연구과정에서 이러한 중앙지향의 교육이주가 주로 중산층 가족에서 상대적으로 높게 발견된다는 사실이었다. 이는 교육이주가 중산층의 사회적 불안을 반영하고 있다. 중앙과 주변이 명백히 성립해 있는 양극화된 사회구조 속에서, 중산층 가족은 고급문화의 선취매와 독점 욕구에 끌달린다. 그래서 중산층은 가진 것을 다 쏟아 부으며 그것이 사회적 위신을 얻는 유일한 방법이라고 믿고 중심과 중앙에 치달으려고 애쓴다. 이 불안심리가 교육이주의 이면에 굳건히 도사리고 있다.

7) 교육특구의 또 다른 왜곡이 조기유학으로 나타난다. 중앙의 명문대 브랜드를 얻지 못할 바에야 조기유학을 보내서 외국학위를 받거나 외국어능력이라도 키우는 편이 그 브랜드 가치를 희석시키는 유효한 수단이라고 생각하고 무모한 선택을 감행한다. 조기유학은 기러기가족을 양산하는 토대가 되고 있다.

수성구가 대구시 내에서 교육특구로 자리 잡는 과정은 지역의 계층 분할 및 차별화의 요구와 분리되지 않는다. 즉 "농촌이나 도시 주변부 고등학교는 뒤처진 아이들이 어쩔 수 없이 가는 학교이다. 우리 아이가 그 아이들과 섞여 공부한다는 것은 상상이 안 된다"(조정봉, 2010; 120). 교육특구의 형성은 지역공간 속에서 교육을 통한 은밀한 분할 및 새로운 네트워킹이 항상적으로 일어나고 있다(김종혁·이상원, 2010). 중요한 것은 이러한 계층적 분할이 직접적으로 차별을 교육의 목적으로 내건 사교육 소비를 통해 강화된다는 점이다.[8] 즉 차별적 사교육 소비가 그 지역을 교육특구로 진화시킨다. 교육특구로 전화된 사교육은 차별을 교육목적으로 설정한다. 이런 사교육은 내용과 방법의 차별화를 지향하여 '남과 다르게, 남보다 일찍, 남보다 많게'를 지향한다(윤선진, 2010). 교육특구는 사교육 소비자에 의해 운영되며, 사교육 정보를 독점하고 사교육 자원을 분배하는 소수의 사교육 소비자권력에 의해 운영된다. 이 권력이 사교육 공급자를 관리한다.

교육특구 거주자들은 자발적으로 혹은 비자발적으로, 가족의 가용한 자원의 상당부분을 사교육의 구매와 소비에 투입한다(이경숙 외, 2010a). 학부모의 학력이 높을수록, 사회경제적 지위가 높고 전문직일수록 사교육 참여율이 높고, 교육특구 이주율이 높고, 중앙지향의 교육이주율이 높다. 사교육이 보편화되고, 특구-비특구 간 거주지 분할이 심화되고, 중앙과 주변의 분할은 심화된다. 이것이 법칙적으로 관철된다.

---

8) 선행학습은 대학입시 성적경쟁을 둘러싸고 확대되고 있다. 이는 입시경쟁을 증폭시켜 '남보다 더 빨리' 더 유리한 경로를 쫓는 조급성과 준비성으로 격화시킨다. 조급성과 준비성은 비교우위를 차지하려는 욕구에서 파생하고, 이는 조기교육이주와 선행학습의 선취로 귀결된다.

Ⅲ. '소중앙'으로서의 교육특구의 실태

1. 교육특구로서 대구시 수성구

수성구는 대구·경북의 물리적 중앙이면서 교육적 중앙이다. 실제로 정치적, 경제적, 사회적, 문화적 중앙으로 존재한다. 또한 수성구는 부모-자식 간의 세대 간 구속이 다른 지역에 비해 훨씬 강하게 일어나는 특성을 갖는다(이경숙 외, 2010). 학부모의 삶의 형태와 학생의 삶의 형태는 철저하게 사사화된 형태를 띤다. 교육특구로서 수성구 학부모는 특히 상층에 속할수록 상호 네트워킹을 통해 중앙지향을 부추기는 언어와 논리를 사용한다. 예컨대 "될 수 있는 한 서울로 가라", 나아가 "될 수 있는 한 서울대로 가라"는 언어와 논리는 수성구 학부모들의 의식을 함축적으로 표현한다. 서울지역 일류대학 진학은 곧 자식농사가 성공한 것이라는 사회문화적 가치관을 훨씬 강하게 가지고 있는 것이다. 연구자는 거주지 분리와 학력자본의 불평등한 재생산이 구조화되고 있는 현실에서, 교육특구의 실태와 성격을 드러내기 위해 몇 가지 분석지표를 통해 수성구와 비수성구 간의 격차를 확인해본다.

2. 지역 간 학교현황 및 학생 전입·전출률 격차

수성구는 초·중등학교 단계에서 학생 수가 초과하는 지역이다. <표 7-1>에서 보듯이 수성구의 경우 교사 1인당 학생 수가 초등학교는 24.2명, 중학교는 25.0명, 고등학교는 18.8명으로서, 각각 대구 평균을 상회하고 있다. 또 수성구는 학급당 학생 수가 가장 많은 것으로 드러난다. 초등학교는 29.1명, 중학교는 38.3명, 고등학교는 38.2명으로, 역시 대구시 평균치를 훨씬 넘어서는 수치를 나타내고 있다. 또 다른 자료에 따르면 대구 전체 과밀학급의 70%에 달하는 318개 학급, 과대 학급의 34%에 해당하는 22개 학교가 모두 수성구에 있어 쏠림현상이 심각한 것으로 나타났다(영남일보, 2011.9.29).

이는 전입인구가 전출인구를 초과하기 때문에 발생하는 것으로서, 대학진학에 유리한 학교들이 몰려 있는 수성구를 학부모와 학생들이 선호하기 때문이다. 교육특구인 수성구에 학생인구가 지속적으로 증가하고 있음은 널리 알려진 바인데, 이 현상은 여전히 계속되고 있는지 확인해볼 필요가 있다. 2010학년도의 전입·전출 상황을 분석해보면 다음 <표 7-1>과 같다.

〈표 7-1〉 2010학년도 학교현황 및 전입·전출률

	초등학교				중학교				고등학교			
	교사1인당 학생 수 (명)	학급당 학생 수 (명)	전입률 (%)	전출률 (%)	교사1인당 학생 수 (명)	학급당 학생 수 (명)	전입률 (%)	전출률 (%)	교사1인당 학생 수 (명)	학급당 학생 수 (명)	전입률 (%)	전출률 (%)
대구시	22.4	27.2	7.1	6.8	22.3	36.1	2.8	2.7	17.0	35.4	0.9	1.1
동구	21.6	26.5	6.9	7.9	20.9	34.4	3.8	3.1	14.3	30.7	1.2	1.7
수성구	24.2	29.1	11.0	6.3	25.0	38.3	2.7	2.2	18.8	38.2	1.1	1.1

자료: 학교알리미 2011(http://www.schoolinfo.go.kr)

<표 7-1>에 의하면 수성구의 경우 초등학교에서 전입률은 가장 높고 전출률은 가장 낮은 양상을 보이고 있는데, 전입률이 전출률의 2배 가까이 이르고 있다. 이는 초등학교 시절에 '교육특구'인 수성구로 학생인구의 전입이 크게 이루어지고 있다는 것을 반증한다. 이는 동시에 수성구로의 거주지 이동 즉 주변부에서 소중앙으로의 이동이 초등학교

단계에서 집중적으로 이루어지고 있음을 보여주고 있는 것이다.

3. 지역 간 학력격차

수성구와 비수성구 간의 지역 간 학력격차가 크게 일어나고 있다. 수성구-비수성구 간의 학력의 격차를 생성시키는 접근기회도 차이가 나고 그 결과도 차이가 난다. 지역 간 사교육 접근기회도 격차가 크다. 2005년 인구주택총조사에 따르면, 학생 만 명당 입시보습학원 수가 대구 평균 29.1개일 때 수성구에는 41.7개가 있었으며(한겨레신문, 2006.12.27), 2009년 현재 사교육기관의 36.1%가 수성구에 집중되어 있다. 학원 수의 증가에 있어서, 2001년에 비해 2010년의 증가율이 가장 높은 곳이 수성구이며, 그 수치가 2.02배이다. 공교육기관에 의한 학력격차도 크게 나타나고 있다. 1980년 후반 이후 지역구청 간의 인문계고등학교 학업성적 격차가 해마다 커지고 있다. 그 현황은 다음 <표 7-2>와 같다.

〈표 7-2〉 대구지역 인문계고등학교 학업성적의 구청별 격차

단위: 점수(%)

	1985	1991	1995	2001	2004
중구	54.9	53.6	57.3	65.7	45.8
동구	52.4	50.9	58.6	65.8	47.5
서구	56.1	51.7	58.1	65.4	43.7
남구	53.4	53.8	59.3	68.1	51.9
북구	54.2	53.1	57.6	67.2	49.3
수성구	54.1	56.1	60.7	71.9	59.7
달서구	–	54.1	57.6	68.4	51.0

자료: 이희석의 연구(2007: 79)에서 재인용(대성학력개발연구소, 중앙교육진흥연구소 모의고사 성적결과, 1985, 1991, 1995, 2001, 2004년도 자료)

위의 <표 7-2>는 1985~2004년에 걸친 약 20년 동안의 대구지역 인문계고등학교의 학업성적 변화를 보여주고 있다. 이 표를 보면 몇 가지 특징이 발견된다.

첫째, 1985년부터 2004년까지 지역구청별 학력격차가 커지고 구별로 서열화가 진행되고 있다. 수성구에는 학력이 높은 학교들로 구성되어 있고, 서구와 중구는 학력이 낮은 학교들로 구성되어 있어, 지역구청별로 군집이 이루어지는 경향을 보이고 있다.

둘째, 1985년에는 백분율 점수를 기준하여 최상위인 서구와 최하위인 동구의 지역 간 학력격차가 3.7점으로 크게 나타나지 않았지만, 1991년부터 최상의 성적을 수성구에서 차지하기 시작하여 최하인 지역과의 격차가 5.2점, 1995년에는 6.1점, 2004년에는 16점으로 격차가 크게 벌어지게 되었다.

셋째, 중구와 서구 지역은 1980년대 후반까지 최상의 학력을 보였지만 그동안 급락하여 2000년 이후부터 최하위 수준으로 전락한데 비해, 수성구의 경우 행정구역 신설 초기에는 중위권에 불과하였으나 해를 거듭할수록 계속 급등하여 그 격차가 더욱 심화된 가운데 지금은 최상위 성적을 유지하고 있다. 이렇게 된 배경에는 교육특구화가 진행되고 이 지역에로의 교육이주가 확대되는 가운데, 정치경제적 지위가 높은 집단이 유입되고 학습능력 면에서 뛰어난 학생들로 채워지는 학생구성의 차별화가 진행되었기 때문이다(이희석, 2007: 79~80).

한편 수성구와 그 이외의 지역이 대학진학률에 있어서 어느 정도 차이를 나타내고 있는지를 분석해보았다. 그 결과는 다음 <표 7-3>과 같다.

〈표 7-3〉 대구지역 수성구-비수성구 간 연도별 4년제 진학률

연도 구분	2008학년도		2009학년도		2010학년도	
	수성구	비수성구	수성구	비수성구	수성구	비수성구
전체 졸업인원	6,221	18,611	6,930	20,734	6,799	21,288
4년제 진학자 수	4,179	11,885	4,412	12,808	4,185	12,180
진학률(%)	67.2	63.9	63.7	61.8	61.6	57.2

자료: 학교정보 알리미(일반계고등학교만을 대상으로 계산)

위의 <표 7-3>에 의하면 4년제 대학진학률에 있어서 매년 수성구의 비율이 비수성구보다 높은 것으로 나타났다. 예컨대 2008학년도에 4년제 대학진학률이 비수성구는 63.9%인데 비해 수성구는 67.2%이다. 이는 학력자본의 재생산이 소재 지역을 매개로 해서 일어나고 있음을 보여주는 것으로 이해할 수 있다. 왜냐하면 수성구에 인적·물적 재생산 기반이 더 유리하게 갖추어져 있기 때문이다.

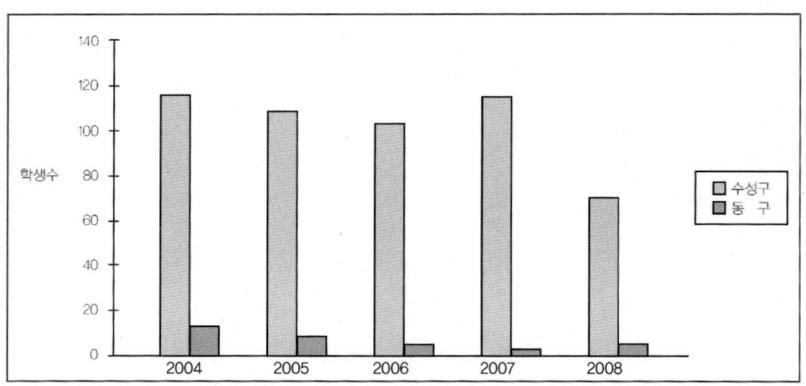

〈그림 7-1〉 수성구-동구 간 서울대 합격자 현황

이와 같은 수성구와 비수성구 간의 구조적 격차는 서울대 합격자 현황조사에서도 확인된다. 서울대가 작성한 서울대 합격자 수에 따르면

(<그림 7-1>), 2004학년도에서 2008학년도 사이에 수성구 소재 학교 출신 합격자들이 다른 자치구에 비해 월등히 많다. 수성구 출신 학생의 비율은 대구지역 합격자들의 50%에 가깝다. 2011학년도의 서울대 합격자 157명(잠정 합격자) 중 최소 80명 이상이 수성구 소재 학교 출신이다(영남일보, 2011.7.21).

4. 지역 간 학부모의 학력수준 격차

부모의 학력수준이 높고 출신가정 배경이 좋은 학생은 수능성적이 높다는 연구결과(김광억 외, 2003; 최은영, 2004; 손준종, 2004; 김종혁 외, 2010)에 비추어보면, 수성구 학생들은 비수성구 학생들에 비해 평균적으로 수능성적이 높을 가능성이 크다. 수성구와 비수성구의 학부모의 학력수준은 어느 정도 격차를 나타내고 있을까? 고등학교 3학생 학생을 자녀로 둔 부모의 연령대를 45~54세로 가정했을 때, 이 연령대에 속하는 사람들의 학력을 지역별로 비교해보았다. 그 분석결과는 다음 <표 7-4>와 같다.

〈표 7-4〉 2010년 대구광역시 구별 45~54세 연령대의 학력수준 비교

단위: 명, (%)

지역	중학교 졸업	고등학교 졸업	전문대학 졸업	대학교 졸업	대학원 졸업 (석사)	대학원 졸업 (박사)
전체	65,875	177,689	34,115	70,662	9,936	3,799
동구	9,663 (14.7)	23,787 (13.4)	4,072 (11.9)	6,320 (8.9)	733 (7.4)	213 (5.6)
수성구	6,133 (9.3)	27,712 (15.6)	7,943 (23.3)	25,015 (35.4)	4,401 (44.3)	2,300 (60.5)

자료: 2010년 인구주택총조사(전수), 국가통계포털 http://www.kosis.kr/

위의 <표 7-4>에서 보듯이 대학교 졸업자 중 동일 연령대의 35.4%가

수성구 거주로 나타나고 있다. 마찬가지로 대학원 석사 졸업자의 44.3%가 수성구 거주이고, 대학원 박사 졸업자의 60.5%가 수성구 거주이다. 이는 수성구 거주 학부모의 학력이 매우 높은 수준이라는 것을 보여주는 것으로 그에 상응하여 학생들의 학력이 높을 것이라고 예상할 수 있다.

5. 지역 간 학부모의 사회경제적 지위의 격차

수성구는 상위층의 직업에 종사하는 사람이 상대적으로 많이 분포되어 있다. 수성구를 포함한 대구의 거주지 주민들의 직업구성을 살펴보면, 수성구가 다른 지역에 비해 의회의원, 고위임직원 및 관리자의 비율이 22%를 차지하고 있으며, 전문가 비율은 수성구가 27%를 차지하고 있다. 이처럼 특구인 수성구만이 지니는 문화로 인해, 대구 내에서 직업 분류상 상위층에 속하는 사람들이 그 문화를 누리기 위해 거주하고 있는 지역을 벗어나 수성구로 유입하는 거주지 분리현상이 지속적으로 이루어지고 있다(김종혁·이상원, 2010: 45).

한편 수성구 소재 A 고등학교에서 2010학년도에 졸업한 한 학급을 무선 표집하여 그 학급의 학부모의 학력과 직업을 분석해보았다. 학생 수가 37명으로 구성된 학급이었는데, 중학교 졸업 1명(2.7%), 고등학교 졸업 11명(29.7%), 대학교 중퇴 2명(5.4%), 대학교 졸업 20명(54.1%), 대학원 졸업 3명(8.1%)으로 나타났다. 대학교 졸업 이상이 62%(23명)를 점하고 있는 바, 이는 대구시 평균을 웃도는 수치이다. 그 37명 중에서 전문직 종사자가 8명(21.6%)이었다. 수성구 소재의 학교에 따라서는 한 학급에 부모가 의사, 치과의사, 한의사인 학생의 비율이 50%를 넘는 경우도 발견되었다.

Ⅳ. 중앙지향의 교육이주 실태

교육특구로서 수성구와 대구 내의 주변지역인 동구를 중심으로, 대학진학을 계기로 하여 중앙지향의 교육이주의 실태를 실증적으로 파악하고자 한다. 이 두 지역 간 비교를 통해 수성구와 비수성구 간의 격차를 밝히는 동시에 교육특구가 교육이주에 어느 정도 연관하는지를 밝힐 수 있으리라 생각된다.

1. 대학진학 상황 비교

먼저 이 글에서 선택하고 있는 2개 사례 고등학교에서 학생들이 대학진학 시에 어느 지역으로 어느 정도로 진학하는지를 비교 조사해보았다. 2007~2010학년도의 지역별 대학진학 현황은 다음 <표 7-5> 그리고 <표 7-6>과 같다.

<표 7-5> A 고등학교 연도별 대학진학 상황

구분	2007학년도	2008학년도	2009학년도	2010학년도
졸업생 수	527명	483명	562명	554명
대구경북지역	326(61.9%)	334(69.2%)	309(55.0%)	317(57.2%)
부산경남지역	5(0.9%)	5(1.0%)	10(1.8%)	13(2.3%)
서울지역	42(8.0%)	53(11.0%)	52(9.3%)	32(5.8%)
경기인천지역	4(0.8%)	5(1.0%)	3(0.5%)	16(2.9%)
기타지역	22(4.2%)	17(3.5%)	12(2.1%)	10(1.8%)
유학	1(0.2%)	0(0%)	1(0.2%)	0
특수	3(0.6%)	1(0.2%)	5(0.9%)	0
합계	406(76.5%)	415(85.9%)	392(69.8%)	388(70.0)

자료: A 고등학교 대입지원 및 합격현황

〈표 7-6〉 B 고등학교 연도별 대학진학 상황

구분	2007학년도	2008학년도	2009학년도	2010학년도
졸업생 수	404	402	453	443
대구경북지역	180(44.6%)	163(40.5%)	239(52.8%)	255(57.6%)
부산경남지역	7(1.7%)	5(1.2%)	9(2.0%)	5(1.1%)
서울지역	17(4.2%)	10(2.5%)	13(2.9%)	12(2.7%)
경기인천지역	3(0.7%)	2(0.5%)	3(0.7%)	2(0.5%)
기타지역	7(1.7%)	2(0.5%)	10(2.2%)	7(1.6%)
유학	0	0	0	0
특수	0	0	1(0.2%)	1(0.2%)
합계	214(53.0%)	182(45.3%)	275(60.7%)	282(63.7%0

자료: B 고등학교 대학입학원서발급대장

위의 <표 7-5>에서 보듯이 A 고등학교의 2007~2010학년도별 진학률에 있어서, 서울지역은 각각 8.0%, 11.0%, 9.3%, 5.8%가 진학하는 것으로 나타났고, 대구경북지역은 각각 61.9%, 69.2%, 55.0%, 57.2% 정도 진학하는 것으로 나타났다. 이에 대해 <표 7-6>에서 보듯이 B 고등학교는 서울지역 진학률이 2.5~4.2%로 상대적으로 낮은 편이고, 대구경북지역은 40.5~57.6%를 나타내고 있다. 이렇게 보면 수성구 소재 A 고등학교는 비수성구 소재 B 고등학교에 비해 3~4배 이상 높은 수준으로 중앙지향의 진학률을 보인다고 할 수 있다.

2. 수도권대학 진학률 비교

대구지역 고등학교 졸업생의 수도권 대학 진학실태를 파악하기 위하여 사례 학교의 진학현황을 조사하여 분석하였다. A 고등학교와 B 고등학교의 연도별 진학상황은 다음 <표 7-7>과 같다.

<표 7-7> 두 고등학교의 수도권 대학진학 상황

단위: 명, (%)

A 고등학교	2007학년도	2008학년도	2009학년도	2010학년도
졸업생 수(A)	527	483	562	554
수도권 진학자(B)	44	58	55	48
서울·연·고대(C)	16	17	16	10
기타대학	28	41	39	38
B/A	8.3%	12.0%	9.8%	8.7%
C/A	3.0%	3.5%	2.8%	1.8%
B 고등학교	2007학년도	2008학년도	2009학년도	2010학년도
졸업생 수(A)	404	402	453	443
수도권 진학자(B)	20	12	16	14
서울·연·고대(C)	4	2	4	3
기타대학	16	10	14	10
B/A	5.0%	3.0%	3.5%	3.2%
C/A	1.0%	0.5%	0.9%	0.7%

자료: A 고등학교 대입지원 합격현황, B 고등학교 대학입학원서발급대장[9]

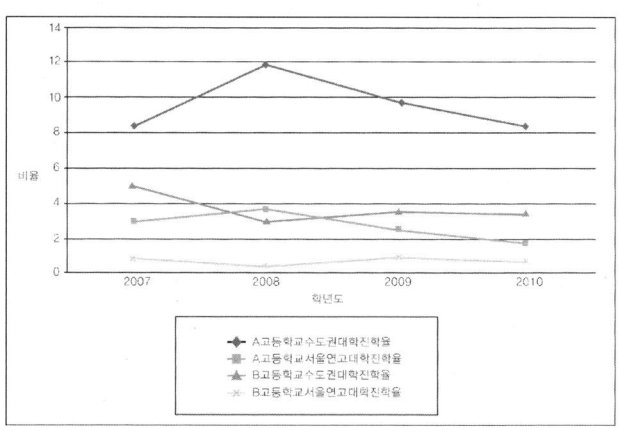

<그림 7-2> 두 고등학교의 수도권 대학진학 비교

---

[9] 졸업생 수는 두 학교의 '학교알리미'를 통해 공지된 숫자이고 나머지 자료는 앞서 밝힌 두 고등학교의 학내자료(대입지원 합격현황과 대학입학원서발급대장)로 작성한 수치이다. 이 수치는 각 학교가 '학교알리미'를 통해 공지한 숫자와는 차이가 있다. '학교알리미'는 이듬해 4월을 기준으로 최종적으로 대학진학이 확정된 숫자이므로 정확성이 가장 높다. 그러나 '수도권 진학자'와 '서울·연·고대 합격자'는 두 학교가 학내에서 이듬해 2월에 작성한 자료이다.

위의 <표 7-7>에 의하면 A 고등학교의 수도권 대학 진학률은 연도에 따라 편차가 큰 편인데, 2007~2010학년도에 각각 8.3%, 12.0%, 9.8%, 8.7%를 나타내고 있다. 특기할 만한 것은 이른바 일류대학이라고 분류되는 서울대·연세대·고려대 진학자의 비율은 안정세를 유지하고 있다는 사실이다. 위 표에 의하면 B 고등학교의 수도권 대학 진학률이 2007~2010학년도에 각각 5.0%, 3.0%, 3.5%, 3.2%를 보이고 있다. 졸업자 수 대비 서울대·연세대·고려대 진학자 비율이 각각 1.0%, 0.5%, 0.9%, 0.7%를 나타내 보이고 있다.

위의 <표 7-7>에서 보듯이 B 고등학교의 경우 수도권 대학으로의 진학률이 A 고등학교에 비해 상당 정도 낮은 것으로 나타나고 있다. 또 소위 'SKY대학'의 입학자 수도 소수인 것으로 나타났다. 이러한 현상은 지역 내에서의 고등학교 간 학력수준의 격차와 출신가정 배경의 격차를 반영하는 것이라 할 수 있다.

3. 수능성적별 대학진학 실태

수능성적이 높은 학생들은 더 높은 비율로 서울지역 대학으로 진학할 것이라고 예상할 수 있다. 여기서 그것이 사실인지, 어느 정도 그러한지에 대해 살펴보았다. 2개 사례 고등학교에 대해 수능성적 순으로 대학진학 실태를 조사해보았다. 인문계열과 자연계열로 나누어 조사분석했던 바, A 고등학교의 분석결과는 다음 <표 7-8>과 같다.

인문계열						자연계열					
구분(등)	대구	경북	서울	기타	계	구분(등)	대구	경북	서울	기타	계
1~10	3		4	1	8	1~10	1	3	3		7(*서울 이외 진학자는 모두 의대 진학)
11~20	3		4	1	8	11~20		3	5		8(*경북지원자 3명 한·의대지원자)
21~30	7		3		10	21~30	1	2	1	4	8
31~40	3	1	2		6	31~40	3			3	6
41~50	2	1	3	2	8	41~50	6		2	2	10
51~100	8	25	2	4	39	51~100	24	10	2	7	43
101~150	6	31		3	40	101~150	2	32		.7	41
151~200	7	26	1	1	35	151~200	13	32		3	48
201~250	2	11			13	201~250	7	28		1	36
251~300						251~300		4			14
합계	41	95	19	12	167	합계	57	124	13	27	221

자료: A 고등학교 대입지원 합격현황

　　<표 7-8>을 통해 A 고등학교의 인문계열 진학상태를 살펴보면, 수능성적이 우수한 학생들이 다수 서울지역으로 진학하고 있다. 또 성적 상위 학생은 대구지역으로, 하위 학생은 경북지역으로 진학을 많이 하고 있음을 보여준다. A 고등학교의 자연계열 진학실태를 살펴보면, 의대 진학(4명)을 제외하면 전교 10등까지 모두 서울로 진학하였고, 11~20등 중 3명이 경북지역 한의대를 진학하였고 나머지 5명은 모두 서울지역으로 진학하였다. 이런 사실에서 보면 상위권 학생의 대학진학의 선택성이 뚜렷하게 나타나고 있음을 알 수 있다. 이와 같은 현상은 다른 사례 고등학교의 경우에서도 유사하게 관찰된다.

인문계열						자연계열					
구분(등)	대구	경북	서울	기타	계	구분(등)	대구	경북	서울	기타	계
1~10	3	1	2	2	8	1~10	3		3	4	10(* 서울 외 진학자 모두 의대 지원)
11~20		4	1	2	7	11~20	7			2	9
21~30	3	3			6	21~30	5	4			9
31~40	4	3	1		8	31~40	3	6			9
41~50	2	4		1	7	41~50	1	5		1	7
51~100	13	22		4	39	51~100	12	24		1	37
101~150	16	18		1	35	101~150	11	23		1	35
151~200	3	5			8	151~200	10	6	2	9	27
합계	44	60	4	10	118	합계	52	68	5	18	143

자료: B 고등학교 대학입학원서발급대장

<표 7-9>를 통해 B 고등학교의 인문계열 진학실태를 살펴보면, 성적분포별로 대구지역과 경북지역에 골고루 분포되어 있다. 수도권 진학 학생 수가 적은 것은 수능성적이 낮거나 가정형편이 어려운 까닭이다. B 고등학교의 자연계열 진학실태를 살펴보면, 1~10등에 속하는 학생 가운데 대구, 강원, 전북으로 진학한 학생은 모두 의대에 진학하였고, 나머지는 모두 서울지역으로 진학하였다. 여기서도 상위권 학생의 대학진학의 선택성, 즉 중앙지향의 대학진학 선택 경향이 뚜렷하게 나타나고 있음을 확인할 수 있다.[10]

한편 서울지역 대학과 지방소재 대학에 동시 합격한 경우에 어떻게 학교를 선택하는가의 경향을 살펴보면, 동일한 학과인 경우에는 서울을 선택하는 경향이 많고, 학과가 다른 경우에는 인기학과인 경우에

---

10) 교육부 자료에 따르면 수학능력시험 상위 5% 학생의 서울 소재 대학 진학비율은 62.5%로 지역출신 우수학생의 수도권 유입이 가속화되고 있음을 보여준다(김영철·이민환; 126).

한해 지방의 대학을 선택하는 경향이 많음을 확인할 수 있었다.

V. 결론

이 글은 '이주와 교육'을 개념적으로 연계하는 조망방식으로 한국인의 삶의 형태를 묘사하고 설명해 보고자 하는 문제의식에서 출발하였다. 이 글은 중앙주의(중앙지향의 교육이주)가 만들어내는 한국인의 삶의 형태에 대해 이론적 관심을 표명하고 있다. 이 연구의 목적은 '이주와 교육'과 상호 연관된 중앙주의 문화에 대해 개념화하고, 그 중앙주의 문화로서 지방의 '소중앙'으로서의 교육특구의 실태를 밝히고, 그 중앙주의 문화의 한 단면으로서 대학진학을 계기로 어느 정도 중앙지향의 교육이주가 일어나는가에 대해 실증적으로 분석하는 것이다. 실증적 분석의 내용으로서 이 글은 전국에서 교육이주율이 가장 낮은 지역인 대구지역에서, 대학진학을 계기로 '누가 떠나고 누가 남는가'에 관심을 가지고 접근하고자 하였다. 특히 '교육특구'가 실질적으로 기능하고 있는지에 대해 분석의 초점을 두었다. 지금까지의 분석과 논의를 요약하면 다음과 같다.

첫째, 한국인은 교육이라는 가치획득을 중심으로 정착하고 그것 때문에 이주한다. 그 정착과 이주가 중앙을 지향한다. 중앙지향의 삶의 태도 혹은 문화적 패턴으로서 중앙주의는 사회적 실재로서 존재하며, 이것이 가치와 위신의 기준으로서 하나의 지배이데올로기로서 기능하고 있다. 중앙주의는 '자식세대의 삶의 안정을 향한 희망'이라는 희망 재생산의 기제로서 교육이주라는 사회적 현상을 초래한다. 중앙지향은 거침없는 교육이주, 교육특구의 형성, 계층 간 은밀한 분할과 은밀한 네트워킹, 차별적 사교육 소비라는 삶의 형태를 낳는다.

둘째, 중앙지향적 교육이주는 '소중앙'으로서의 교육특구의 형성을 초래한다. 교육특구는 중앙지향의 중간 기착지로서 지역의 중앙이다. 교육특구는 초등학교 단계에서 학생인구가 대거 유입되어 과다 학생인구를 유지하는 지역이며, 지역 간 학생의 학력 격차, 지역 간 학부모의 학력수준 격차, 지역 간 학부모의 사회경제적 지위 격차 등에 있어서 사회구조적으로 비교우위를 점하는 지역이다. 교육특구는 지역 내 계층적 분할과 맞물리며 차별적 사교육 소비라는 교육행태를 낳는다.

셋째, 비교 대상 학교의 중앙지향성에 대한 분석에서 대학진학을 계기로 수성구 지역 학생들이 비수성구 지역 학생들보다 서울소재 대학으로 진학하는 경향이 더 큰 것으로 나타났다. 수능성적이 높은 학생들이 그렇지 않는 학생들보다 서울소재 대학으로 진학하는 경향이 더 큰 것으로 나타났다. 이런 점에서 교육특구인 수성구는 사회적으로 특권적인 학력경쟁과 지위경쟁에서 더 큰 우위를 점할 가능성을 가지고 있다.

물론 본 연구에서 사용된 자료는 몇 가지 문제를 갖는다. 무엇보다 대구지역의 전체 수도권 진학 현황을 파악하는 과정에서 연구자는 많은 어려움을 느낄 수밖에 없었다. 특히 지역 교육청은 관련 자료를 조사, 축적하지 않았다. 또한 지역 진학지도교사협의회도 정확한 자료를 체계적으로 수집하여 갖추고 있지 않았다. 개별 학교 역시 매년 3월 이후 최종 진학자료를 확보하여 정리하는 절차를 생략하고 있었다. 설령 자료를 수집하고 보관하고 있는 경우에도 자료의 공개를 매우 꺼려했다. 본 연구에서 분석의 대상으로 삼는 사례가 수성구와 비수성구 소재 두 개의 고등학교에 한정되어 있으며, 따라서 중앙지향의 교육이주를 당대 한국사회의 일반적 사회현상으로 확장해서 해석하는 데 어려움을 가질 수 있다.

그럼에도 불구하고 이 연구는 중앙지향적 교육이주 현상이 추상적 수준에서 일어나는 막연한 현상이 아니라, 대구 수성구라는 지역단위의 수준에서 일상적으로 일어나고 있는 구체적인 사회현상임을 확인할 수 있었다는 데서 의의를 갖는다. 그리고 교육특구를 통해 매개되는 중앙지향적 교육이주 현상이 한국사회를 중앙과 주변으로 분할할 뿐 아니라, 이 분할이 지역단위에서 소중앙과 주변의 주변으로 재분할하는 데 큰 영향을 미치고 있음을 확인할 수 있었다.

한국사회는 심각한 사회경제적 양극화에 직면해 있다. 이러한 양극화는 한국사회의 미래적 전망을 어둡게 하는 심각한 모순이며, 이 모순의 가장 심각한 형태는 서울 및 수도권을 지리적 거점으로 하는 사회문화적 중앙과 지역 사이의 양극화라 할 수 있다. 이러한 맥락에서 중앙지향적 교육이주와 이를 강화하고 매개하는 '교육특구' 현상은 중앙과 주변의 '기회의 불평등 구조'를 고착시키고 사회를 위계적으로 분할하는 사회구조를 재생산한다고 할 수 있다. 그런 만큼 지역은 문화와 전통의 교육적 가치를 구성하고 재발견하는 기회를 차단당하게 된다.

이 글에서 살펴보았듯이 의식과 실제에서 중앙으로 내닫는 중앙지향의 교육이주가 하나의 사회적 실재로 굳어져 가고 있으며, 그것이 더욱 구조화될 가능성이 큰 것이 사실이다. 그리하여 중앙지향의 교육이주는 중앙의 비대화와 지방의 황폐화, 지역대학의 쇠락, 지역해체에 따른 지역공동체 문화의 파손, 중앙-지방 간 분할에 따른 정치경제적 낭비 등이 예견되고 있다. 이런 점에서 당대 한국사회에서 중앙지향적 교육이주라는 사회현상은 긴급한 처방전을 요구하는 모순이라 할 수 있다.

한국사회가 지속적으로 발전할 수 있는가에 대해 근심하지 않을 수 없다. 중앙주의 문화에 대해 비판적으로 질문하면서, 지속 가능한 발전이 어떻게 가능한가를 탐색한다. 앞에서 말한 모순적인 사회현상은 중앙주의를 치유하는 처방전을 긴급하게 요청하고 있다. 지역의 학교에도 학생이 지원하고 입학하도록, 지역의 학교에도 교사와 학생 간에 교육활동이 일어나도록, 그것을 차단하는 중앙주의와 학력주의 사회구조를 타파하는 일이 긴요하다. 서울중심의 학력주의와 중앙주의를 깨지 않는 한, 그것에 철저하게 종속되어 있는 한국사회의 교육문제는 해소를 기대하기가 어렵게 되어 있다. 예컨대 책임 있는 교육활동을 하는 학교와 교사, 사회적으로 불리한 사람과 지역에 대한 제도적 보호와 체계적 보충, 대학의 지방분산과 학력학벌사회 해소, 지역인재채용목표제 도입, 지방화와 지역대학 활성화, 지역균형발전법 시행 등의 방법론을 통해 치유될 수 있을 것이다. 이는 현실 적합한, 지성적인, 지난한 정책적 집중을 요하는 긴급한 개혁과제이다.

제8장 교육특구와 자식교육*

Ⅰ. 서론

사람들이 거주지를 결정하는 데 중시하는 기준은 기후, 지형, 물, 토지 등 자연적 요인과 접근성, 주변 환경, 생활편의 시설, 교육환경 등 사회적 요인으로 나뉜다. 이 가운데 최근에 크게 주목을 받고 있는 것이 교육환경이다(신규섭 외, 2009: 18~19). 특히 교육환경이 뛰어나 명문학군으로 불리는 '교육특구'는 거주지 선택에서 빼놓을 수 없는 기준(오성배, 2004)이다. 이 글은 차별화된 교육으로 인해 발생한 공간으로서 '교육특구'의 형성조건을 살펴보고, 교육특구 거주자들이 자식교육을 위해 취하는 삶의 형태를 드러내고자 한다.

'교육특구'라는 용어는 우리 사회에서 크게 세 가지 의미로 사용되고 있다. 첫째, 지역특화발전법에서 규정하는 행정적 교육특구, 둘째, 교육

* 이 글은 경북대학교 중등교육연소 『중등교육』(2010) 58(1)에 게재된 논문 「교육특구의 특성과 자식교육을 위한 삶의 형태: 대구 수성구를 중심으로」를 일부 수정한 것임.
  이 글은 2008년 정부(교육과학기술부)의 재원으로 한국학술진흥재단의 지원에 의하여 수행되었음(KRF-2008-321-B00147).

복지투자우선지역으로서의 교육특구, 마지막으로 사람들이 만들어낸 사회문화적 현상으로서 '명문학군'이라 불리는 '교육특구'이다. 사회문화적 현상으로서 '교육특구'는 거주지의 교육적 특성이 공간적 불평등을 가능하게 하고 재생산하는 중추적인 메커니즘으로 작용(손준종, 2004: 18)하며, 거주지가 다양한 경로를 통해 자녀들의 학업성취와 궁극적으로 사회이동에도 핵심동인으로 작용할 가능성이 큰 지역이다.

여기서는 사회문화적 현상으로서 '교육특구'에 초점을 맞추고, '교육특구' 가운데서 대구경북지역의 교육특구인 수성구에 관심을 가진다. 대구 수성구를 대상지역으로 선정한 것은 대구 수성구는 지역의 교육조건과 삶의 형태를 드러내는 한 사례이면서, 동시에 대한민국 각 지역에서 발생하는 '교육특구'의 특성과 그 거주자들의 삶을 대변하기 때문이다.[1]

〈표 8-1〉 면담대상자

	대구 수성구	대구 비수성구
지역의 성격	대구 내 '교육특구'로 인식-타 구에서 자녀교육을 위해 이사 및 위장전입 대상	수성구를 제외한 대구전역(남구, 동구, 중구, 서구, 북구, 달서구, 달성군)
인원	25명	27명
직업 (* 父를 중심)	교사, 자영업, 회사원 등	교사, 운수업, 회사원 등
학력 (* 父를 중심)	대학원졸 4명/대졸 18명/고졸 1명/중졸 이하 0명/미기재 2명	대학원졸 4명/대졸 14명/고졸 7명/중졸 이하 0명/미기재 2명

---

1) '교육특구'와 관련된 연구들은 불평등한 거주지역에 관한 연구와 거주지 이동에 관한 연구가 있다. 학력, 직업, 소득, 거주유형에 따라 거주지 분리와 지역의 불균형이 체계적으로 구조화된 현상을 밝힌 연구로는 김왕배(2000), 하주연(2002), 김상헌(2004), 최은영(2004), 홍경구(2008) 등이 있다. 다음으로 거주지 이동에 관한 연구로는 김경숙(1989), 성기선(2003), 오성배(2004), 손준종(2004, 2005), 김경근·장희진(2005), 임선희·김경화(2006), 박영애(2007), 박순호(2007), 이희석(2007) 등의 연구들이 있다. 이 글에서는 각종 통계자료, 대구지역 부동산자료, 대중들의 의식과 사고를 반영하는 '교육특구' 관련 신문자료 등의 문헌자료와 대구지역 학부모, 교사, 학원종사자들과의 집중면담자료 등을 통해 교육특구의 특성과 그들의 삶의 형태를 해석하였다.

Ⅱ. 지역 교육특구의 역사적 탄생

'교육특구'라 불리는 차별적 거주지의 최정점에 서울의 강남이 있다(손준종, 2004). 강남은 강북의 인구분산을 위한 정책과 아파트 개발, 경기고 등 명문고의 이전 그리고 학군제의 변화와 사교육 기관의 집중으로 인해 '교육특구'로 자리매김하게 되었다(성기선, 2004; 전상인, 2008; 신규섭 외, 2009). 즉 정치·경제·교육의 연합작전에 의해 탄생하게 된 것이다.

지역에는 각 지역마다 강남과 유사한 '교육특구'가 탄생하였다. 대구의 수성구, 부산의 해운대구, 경기도의 분당과 일산, 인천의 연수구, 울산의 남구, 광주의 남구, 대전의 둔산과 노은지구 등이 변방의 중앙, 즉 지역의 '교육특구'라 할 수 있다. 지역의 특구 역시 서울 강남과 다르지 않은 역사과정을 통해 탄생되었다. 수성구도 마찬가지다. 1980년대 급격한 도시화로 주택공급을 위해 계획적으로 개발되기 시작하여, 정부의 주택 200만 호 건설계획과 맞물려 대규모 아파트 단지가 조성(진원형, 2002)되기 시작하였다. 수성구 신설 때부터 이미 만촌동 일대에 교수촌과 기자촌이라 불리는 고급주택 단지가 입지한 상태에서 대형 고급아파트가 들어서자 고소득 및 고위계층 주민들의 유입이 가속화되었다(이희석, 2007). 그리고 당시 대구의 대표적 명문학교로 인식되어온 대구여고, 경북고, 능인고, 대륜고, 오성고 등이 기존 도심권인 중구와 남구에서 차례로 범어동 및 황금동 일원으로 이전했다. 1980년대 중반 학군이 거주지단위로 조정되면서[2] 기존의 명문학교들이 이전해온 수성구에 특정 계

---

2) 현재(2010)는 2개 학군으로 나뉘어 선지원과 근거리 배정방식으로 이루어지고 있다. 해당 학군에 거주하는 학생들이 해당 학군 내 고등학교에 선지원 가능하며(40% 선발), 학교별 모집정원의 60%는 GIS 활용으로 교통편의 등을 고려하여 배정한다(대구광역시 중등교육과 답변, 2010년 대구광역시 고등학교 입학전형 추진 개요).

층의 전입현상은 더욱 가속화되었다. 또한 금지된 사교육이 허용되자 명문학군의 위세를 빌리고, 동시에 고액소비자들이 몰려 있는 이 지역에 값비싼 학원들이 집중되었다. '명문학교'들의 입지, 값비싼 학원들의 도열 그리고 고소득자들의 집중 거주, 그래서 수성구는 대구의 '교육특구'로 실체화되었고, 대구사람들에게 '교육특구'로 인식되었다.

'교육특구'로서의 수성구는 지리적 공간을 넘어 대구경북 지역의 중앙으로, 서울 강남에 대해서는 소중앙으로의 상징적 의미를 가지고 있다. 대구 정치·경제·문화의 허브, 지방의 대치동, '수성학군', '교육특화 아파트'(머니투데이, 2008.7.11), 지방부동산의 맹주, 맨해튼 프로젝트 등은 모두 수성구의 차별성을 나타내는 말들이다. 수성구의 주택비용은 대구의 타 구에 비해 상대적으로 높은 현실이다. 수성구의 높은 주택비용은 경제적 능력의 표현이고, 이것으로 인해 다른 지역에 비하여 상대적으로 높은 수준을 유지하게 되는 것이다. 따라서 수성구 거주는 거주이전의 자유가 있다고 쉽사리 거주할 수는 없는 곳이다. 일상적 삶과 관련하여 수성구는 모두에게 개방되어 있지만 교육에 있어서 수성구는 실제적으로 개방되어 있지 않다. 수성구 지역의 학교에 진학하기 위해서는 수성구에 실제로 거주해야 하기 때문이다.

이와 같은 이유로 수성구는 '대구의 강남', '대구의 교육특구'라 불리며, 대구경북지역에서 교육이주현상이 집중되는 곳이다.

Ⅲ. 교육특구의 사회적·교육적 특성

지역은 이미 자연적, 물리적 공간의 수준을 벗어나 다양한 이해관계가 갈등하며 특정 계급에 의해 지배되고 전략적으로 동원되는, 사회적 의미와 상징들이 생산되고 교환되는 사회적 '공간'이다. 이 속에서 교육은 사회적 지위에 따른 공간적 불평등을 가능하게 하고, 사회적 지위는 또다시 교육적 불평등을 재생산하는 중추적인 메커니즘으로 지목받고 있다(손준종, 2004: 108). 이 힘이 '교육특구'를 만들어내고 유지시키고 있다.

이 장에서는 '교육특구'인 수성구가 다른 지역과 어떤 차별성이 있는지 그 특성을 드러내고자 한다. 차별성을 나타내는 기준은 여러 가지가 있겠지만, 교육적 행위와 밀접한 관련이 있는 사회지위에 관한 것과 교육결과의 불균등에 주목하고자 한다.

1. 사회적 지위와 교육특구

사회경제적 조건이 비슷한 사람들끼리 하나의 문화를 형성하며 생활한다. 그렇다면 수성구 역시 타 지역에 거주하는 사람들과는 다른 그들만의 문화가 형성되어 있을 것이다. 여기에 대해 교육특구에 속해 있는 사람들, 특히 여러 연령층 중에서 학령인구에 해당되는 초·중·고등학교 자녀를 둔 부모에 초점을 맞추어 그들만이 지니고 있는 문화적 특성을 일종의 사회적 지위요소로 보고자 한다. 사회적 지위요소로 인해 거주지 분리 현상이 일어나고 사람들이 선호하는 특정 지역이 생기게 된다. 그 특정 지역이 대구의 교육특구인 '수성구'임을 드러내고자 한다. 따라서 수성구에 거주해 있는 사람들, 특히 학부모의 사회적 지위를 형성하고 있는 요소들을 설정할 필요성이 있다. 이에 연구자들은 사회적 지위의 구성요소를 학부모들의 직업, 학력, 주택가격으로 국한시켜서 보고자 한다.

가. 고위직·전문직의 집단거주지

이태원(1981)에 따르면 직업이라는 사회적 지위의 기능적 중요성에 의해 사회적 불평등이 발생하고 이러한 불평등 집단에 따라 여러 가치들이 유사한 생활기회나 생활양식 등을 공유하는 현상이 발견된다고 하였다. 이와 같이 사회적 지위 구성요소로 설정한 직업이 사회적 불평등을 유발하고 유사 직업에 종사하는 사람들끼리 그들만의 문화를 공유하고 생활하게 하는 기제로써 작용하고 있다. 이를 바탕으로 수성구의 학부모 직업유형을 살펴보고자 한다.

우선 수성구 거주자들의 직업구성을 살펴보자. 대구의 타 구에 거주하는 의회의원, 고위임직원 및 관리자의 비율은 평균 11%인데 수성구 거주자는 23%를 차지하고 있으며, 전문가 비율 역시 타 구 거주자가

〈표 8-2〉 대구광역시 구별 주민의 직업구성

단위: 명, (%)

직업 구별	0	1	2	3	4	5	6	7	8	9	10	11	합계
대구시	56,339	94,683	86,31	125,192	93,42	104,175	33,058	103,522	134,63	66,672	1,516	6,476	906,002
중구	1,093 (2)	3,367 (4)	2,313 (3)	3,861 (39)	4,208 (5)	5,761 (6)	195 (0.6)	3,421 (3)	2,544 (2)	2,626 (4)	20 (1.3)	208 (3.2)	29,617 (3.3)
동구	11,352 (20)	11,205 (12)	16,822 (19)	13,960 (11	15,780 (17)	5,159 (5)	14,537 (44)	15,195 (15)	12,748 (9)	1,762 (3)	174 (11.5)	4,782 (73.8)	123,476 (13.6)
서구	2,764 (5)	5,375 (6)	5,305 (6)	10,839 (9)	9,644 (10)	13,347 (13)	540 (1.6)	15,920 (15)	18,920 (14)	11,174 (17)	55 (3.6)	154 (2.4)	94,037 (10.4)
남구	2,726 (5)	7,446 (8)	5,232 (6)	8,717 (7)	8,658 (9)	9,930 (10)	329 (1.0)	7,624 (7)	7,602 (6)	7,429 (11)	44 (2.9)	56 (0.9)	65,793 (7.3)
북구	9,787 (17)	16,801 (18)	16,587 (19)	26,461 (21)	14,444 (15)	21,698 (21)	2,523 (7.6)	18,397 (18)	27,238 (20)	12,996 (19)	242 (16)	236 (3.6)	167,410 (18.5)
수성구	12,490 (23)	25,829 (27)	16,581 (19)	22,189 (18)	14,854 (16)	18,619 (18)	1,327 (4)	12,604 (12)	11,557 (9)	9,635 (14)	760 (50.1)	526 (8.1)	146,971 (16.2)
달서구	13,628 (24)	21,260 (22)	19,673 (23)	31,454 (25)	20,609 (22)	25,195 (24)	1,937 (5.9)	24,357 (24)	38,358 (28)	16,846 (25)	185 (12.2)	437 (6.7)	213,939 (23.6)
달성군	2,499 (4)	3,400 (4)	3,798 (4)	7,711 (6)	5,230 (6)	4,466 (4)	11,670 (35.3)	6,004 (6)	15,664 (12)	4,204 (6)	36 (2.4)	77 (1.2)	64,759 (7.1)

자료: 2005년 인구주택총조사, 국가통계포털 http://www.kosis.kr/
* 직업분류: 0. 의회의원, 고위임직원 및 관리자 1. 전문가 2. 기술공 및 준전문가 3. 사무종사자 4. 서비스종사자 5. 판매종사자 6. 농업, 임업 및 어업숙련종사자 7. 기능원 및 관련 기능 종사자 8. 장치, 기계조작 및 조립종사자 9. 단순노무종사자 10. 기타 11. 직업미상

평균 10.6%인데 수성구는 27%를 차지하고 있다. 이처럼 수성구는 상위층의 직업에 종사하는 사람이 상대적으로 대구 내 타 구에 비해 많이 분포되어 있다. 상위직업군에 속해 있는 사람들이 대구 내 다른 지역보다 수성구에 상대적으로 높은 비율로 거주한다는 것은 그들만이 누릴 수 있는 제반적인 문화활동의 기회가 많이 형성되어 있다고 볼 수 있다. 수성구의 차별화된 문화로 인해 수성구는 대구 내 다른 지역과 구분되는 하나의 특구로서 사람들의 의식 속에 자리매김하고 있다.

이처럼 특구인 수성구만이 지니는 문화로 인해 대구 내에서 직업 분류상 상위층에 속하는 사람들이 그 문화를 누리기 위해 거주하고 있는 지역을 벗어나 수성구로의 거주지 분리현상이 이루어지고 있다.

나. 고학력자의 집중

'가족배경'은 부모-자식이 공유하는 가족의 문화적, 경제적, 심리적 자원과 관계를 총칭하게 되며 가족배경은 사회계층화 연구에서 핵심주제인 세대 간 불평등의 재생산 현상을 설명하는 데 중요한 열쇠이다(방하남 외, 2004: 20~21). 이처럼 가족배경은 부모와 자녀 의식 간의 세대 간 생물적 재생산뿐만 아니라 사회적 재생산까지 영향을 미치고 있다. 가족배경 중 여기서는 부모의 학력수준에 초점을 맞추고자 한다.

대구광역시 구별 학부모 연령층의 학력수준을 살펴보면, 수성구가 대구 내 다른 지역에 비해 대졸 이상의 학력을 소지한 학부모들이 월등히 많음을 알 수 있다. 대학 졸업자의 경우 가장 적은 지역이 중구로 2%이고 가장 많은 지역인 수성구는 29%이다. 대학원 졸업자의 비율은 수성구가 월등히 많다. 대학원 석사 졸업자는 가장 적은 지역인 서구는 1.9%이고 가장 많은 지역인 수성구는 39.7%이다. 최고의 학력이라고 할 수 있는 대학원 박사 졸업자의 경우는 그 차이가 더욱 크게 나타난

〈표 8-3〉 대구광역시 구별 연령별 학력수준

단위: 명, (%)

행정구역별	연령별	중학교 졸업	고등학교 졸업	대학교 졸업	대학원 (석사) 졸업	대학원 (박사) 졸업
대구광역시	35~49세	76,444	292,440	146,583	14,076	4,403
중구	35~49세	1,965(3)	6,909(2)	3,263(2)	351(2.5)	109(2.5)
동구	35~49세	10,722(14)	38,179(13)	15,948(11)	1,272(9.0)	274(6.2)
서구	35~49세	12,884(17)	32,203(11)	5,087(3)	272(1.9)	55(1.2)
남구	35~49세	5,033(7)	18,013(6)	8,329(6)	787(5.6)	273(6.2)
북구	35~49세	13,772(18)	56,666(19)	26,977(18)	2,258(16.0)	559(12.7)
수성구	35~49세	7,081(9)	41,778(14)	42,666(29)	5,593(39.7)	2,352(53.4)
달서구	35~49세	19,196(25)	77,576(27)	38,498(26)	3,146(22.4)	721(16.4)
달성군	35~49세	5,791(8)	21,116(7)	5,815(4)	397(2.8)	60(1.4)

자료: 2005년 인구주택총조사, 국가통계포탈 http://www.kosis.kr/

다. 가장 적은 지역인 서구는 1.2%이고 가장 많은 지역은 수성구로 53.4%에 달한다. 박사학위 소지자의 절반 이상이 수성구에 거주하는 셈이다. 수성구는 대구의 타 구에 비해 중졸, 고졸의 학력을 소지한 학부모들이 상대적으로 적은 비율을 보인다. 즉 고학력 집단이 많이 거주하는 수성구에는 저학력집단이 거의 거주하고 있지 않으며, 수성구에 비해 저학력집단이 많이 거주하는 타 구에는 고학력집단이 거의 거주하고 있지 않음을 알 수 있다. 부모의 학력수준이 높을수록 자녀의 학력수준 또한 높을 확률이 많다(김광억 외, 2003; 최은영, 2004; 손준종, 2004)는 연구결과에 비추어보면 자녀의 학력수준 역시 수성구의 경우 높게 나타날 것이라 예측할 수 있다.

다. 높은 주택가격

권용우 외(2005)는 거주지 선택의 과정에 영향을 미치는 요인을 직장의 이동, 경제력의 변화, 교육 및 주변환경, 가족규모, 제반 주거환경요소 등이라고 밝혔다. 그중 교육적 조건과 주택가격이 긴밀한 관계가 있다는 것은 공공연한 사실이다. 강남, 수성구 등 명문학군이라 불리는 곳은 한결같이 주택가격이 비싸다. 학교의 입지와 주택가격과의 상관관계를 보여주는 한 실례로 경기도의 '혁신학교'를 들 수 있다. 경기도 교육청이 공교육 강화를 목적으로 도입한 새로운 학교운영 모델인 '혁신학교'로 인해 인근 주변의 아파트 전셋값이 5,000만 원 올랐다(머니투데이, 2009.12.23)는 것이다.

수성구의 주택가격이 대구 내 다른 지역의 주택가격과 차이가 있는지를 살펴볼 필요가 있다.

수성구의 아파트 매매 및 전세가격의 차이는 대구 내 다른 지역에 비해 3.3㎡당 크게는 230만 원, 작게는 86만 원이다. 116㎡를 기준으로 수성구의 아파트 평균 매매가는 2억 1,046만 원이고, 가장 낮은 달성구는 1억 3,158만 원으로 7,888만 원 차이가 난다. 이처럼 주택가격이 높은 수성구로 사람들이 이주를 한다는 것은 수성구만이 지니고 있는 주

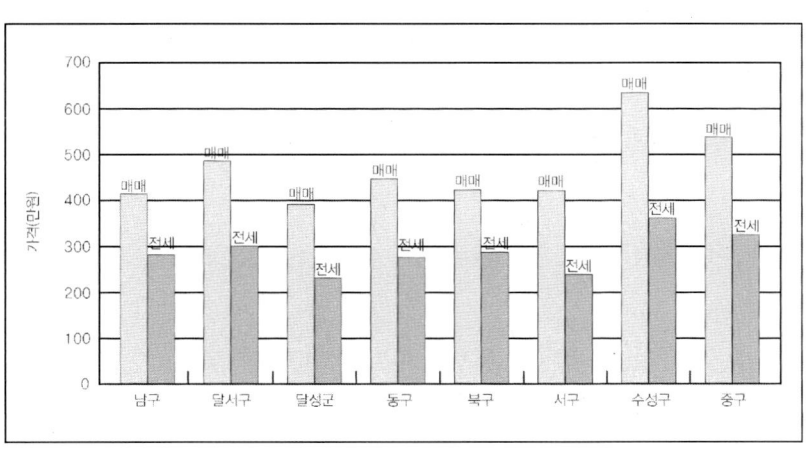

자료: 부동산 뱅크 2010년 1월 주택가격 http://www.neonet.co.kr/

〈그림 8-1〉 2010년 1월 대구광역시 아파트 3.3㎡당 매매/전세 가격비교

거환경, 즉 문화일 것이다. 그 문화를 누릴 수 있는 사람은 제한적일 수밖에 없다. 그들은 그들 자녀에게도 이런 문화를 누릴 수 있는 제반 여건을 마련해 줄 것이다. 그 제반여건을 마련해 줄 수 있는 토대가 되는 것이 주택이다. 이처럼 높은 주택가격에도 불구하고 사람들이 수성구로 이주를 한다는 것은 수성구만이 지니는 차별화된 문화가 있다는 인식이 사람들의 의식에 자리매김하고 있기 때문이다.

2. 교육의 차별화와 교육특구

평준화 이후 대규모 아파트를 중심으로 신시가지, 신도시 등과 같은 새로운 중·상류층의 거주지가 형성될 때마다 등장하는 핵심적인 이슈는 교육환경이었다(최은영, 2004). 거주지에 대한 교육환경과의 영향력은 대구지역이라고 예외는 아니다(이재윤·정혜진, 영남일보, 2007.4.08; 이대현, 매일신문, 2005.11.10). 서울에 강남의 8학군이 있다면 대구에는 '수성학군'이 있다는 말이 있을 정도로 대구에서는 수성구를 최고의 학군, 교육의 중앙으로 꼽는다. 학교와 학생, 학원들도 수성구에 집중되어 있고, 성적이 높은 아이들도 수성구에 집중되어 있다. 수성구는 교육의 양적 집중과 결과의 집중이 이루어지는 곳이다.

가. 교육의 양적, 결과적 불균등

학교 수, 학생 수, 전입과 전출률 등의 양적 측면을 통해 볼 때 학교 교육환경의 수성구 집중은 뚜렷하게 나타나고 있다고 할 수 있다. 먼저 일반계·인문계고등학교[3]의 구별분포를 살펴보자. 인문계고등학교 수

---

[3] 최은영(2004)에 따르면 초등학교, 중학교보다 인문계고등학교의 분포는 교육환경과 더욱 밀접한 연관을 가진다.

가 적은 중구, 서구, 남구는 4개, 수성구는 13개, 가장 많은 달서구는 16개의 학교가 소재하고 있다. 그러나 여기에서 주목해야 할 것은 학교 수가 아니라 구별 인문계고등학교 수와 학생 수를 비교한 구별 학생수용률4)이다. 대구광역시 평균 학생수용률은 73.7%이고 가장 낮은 지역은 동구로 43.7%, 조절학교가 많은 중구와 남구를 제외하면 수성구가 82.5%의 높은 수용률을 나타내고 있다. 이것은 그만큼 거주지역 내 거주학생들로 구성된 학교들이 많다는 것, 즉 고등학교가 다른 지역에 비해 집중되어 있다는 것을 알 수 있다.

〈표 8-4〉 2008학년도 학교 현황 및 전입·전출률5)

단위: 명, (%)

	초등학교				중학교				고등학교			
	교사 1인당 학생 수 (명)	학급당 학생 수 (명)	전입률 (%)	전출률 (%)	교사 1인당 학생 수 (명)	학급당 학생 수 (명)	전입률 (%)	전출률 (%)	교사 1인당 학생 수 (명)	학급당 학생 수 (명)	전입률 (%)	전출률 (%)
대구시	25.64	31.05	7.90	7.92	22.41	36.69	3.29	3.50	17.74	35.70	0.96	1.13
중구	25.6	30.6	6.2	6	21.5	36.9	3.3	3.5	18.5	37.6	1	1.1
동구	25.6	30.5	5.8	7.9	22.7	36.6	3.3	3.9	16.8	33.3	0.8	1.3
서구	25	30.6	4.2	7.2	22.8	36.5	2.5	3.3	18.7	37.2	0.8	0.8
남구	24.8	31.1	6.6	8	22.7	36.7	3.6	4	15.7	31.9	1.2	1.4
북구	26.4	31.9	6.8	8.1	22.8	36.7	2.4	3.4	17.9	36	0.8	1
수성구	27.8	33.2	13.5	7.1	24.7	39.8	3.9	2.4	19.3	38.2	1.3	1
달서구	26.6	32	10.2	9.1	23.4	37.5	3.4	2.8	18.3	37.2	0.9	1.1
달성군	23.3	28.5	9.9	10	18.7	32.8	3.9	4.7	16.7	34.2	0.9	1.3

자료: 학교알리미 http://www.schoolinfo.go.kr

---

4) 학생수용률은 해당 거주지에 거주하고 있는 고등학생 수와 해당지역에 소재하고 있는 고등학교에 재학 중인 학생 수의 차를 의미한다.

5) 학교현황은 2009년 4월 자료가 있었지만 전입·전출자료는 2009년 4월 자료가 2008년 데이터였다. 연도를 통합하여 2008년 자료로 활용하였다.

다음으로 살펴볼 것은 학생의 집중이다. 2008년 대구광역시 초·중등학교 학급당 인원수6)와 교사 1인당 학생 수를 구별로 살펴보면, 수성구와 달서구가 타 구에 비해 많은 것으로 나타나고 있다. 그중에서도 수성구는 학부모들에게 좋은 교육환경을 갖춘 지역으로 인식되어 고등학교의 경우 이 지역 학교들에 대한 선지원율이 높을 뿐만 아니라, 구별 전입과 전출률을 살펴보면 지역 내 학교에 배정받기 위해 거주지 이동이 이루어졌을 가능성이 높다고 할 수 있다.

성적-일류대학-사회적 성공이라는 가치도식이 사회 저변에 만성화되어 있는 우리 사회는 교육의 과정이 아닌 결과에 집중7)하는 사회이다. 교육의 결과란 개인의 성적과 학교의 성적으로 대변된다. 이런 점에서 대구 수성구라는 '교육특구'는 결과에 집중하는 현상이 일어나는 곳이라 할 수 있다.

먼저 초등학교와 중학교의 교육결과 집중현상을 살펴보자. 2001년 대구광역시 교육청이 중학교 2학년생 3만 5천여 명을 대상으로 중상위권 학생 183명을 선발한 결과, 수성구가 속해 있는 동부교육청(동구, 중구, 수성구)이 111명, 서부교육청 27명, 남부교육청 45명이었다. 중상위권 2/3가 동부교육청에 몰려 있으며, 동부교육청 중에서도 수성구 학생이 91%인 것으로 나타났다(매일신문, 2001.4.23). 이것은 동부교육청 중에서도 수성구의 학생들의 성적이 월등히 높다는 것을 예측할 수 있는 자료이다.

---

6) 초·중등학교 학급당 인원수는 해당 자치구 교육감이 정하도록 되어 있다. 2008~현재까지는 큰 변화 없이 초등은 31~33명, 중등은 37~38명 선이 유지되고 있다. 인구수의 감소로 학생들이 줄고 있기는 하지만 그에 따라 교사의 수급도 함께 줄고 있기에 큰 변화가 없다(대구교육청 학급당 학생 수에 관한 답변, 2010.2.5).

7) 과정이 아닌 결과에 집중하는 사회에서 학교가 어떤 프로그램과 어떤 교육과정을 갖추고 있느냐가 우선시되지는 않는다. 예컨대 명문중학교는 명문고등학교 진학률이 높은 중학교를, 명문고등학교는 서울대로 대표되는 명문대학교 진학률이 높은 고등학교를 말한다. 그중에서도 서울대의 합격자 수가 학교의 학업경쟁력을 표시해주는 것이 우리의 현실이다.

〈표 8-5〉 대구지역교육청별 2008년 초등학교·중학교 학업성취도평가 결과

지역청	국어			사회			수학			과학			영어		
	보통학력이상	기초학력	기초학력미달	보통학력이상	기초학력	기초학력미달	보통학력이상	기초학력	기초학력미달	보통학력이상	기초학력	기초학력미달	보통학력이상	기초학력	기초학력미달
초등학교 6학년															
남부	81.9	15.5	2.6	70.4	27.2	2.4	80.9	17.1	2.0	83.9	13.8	2.3	80.1	16.1	3.8
달성	76.7	20.0	3.4	63.3	33.8	2.9	77.4	20.0	2.6	80.7	16.2	3.0	71.7	23.6	4.7
동부	84.9	12.9	2.2	72.7	25.3	2.0	84.4	14.2	1.4	86.5	11.8	1.7	85.3	12.3	2.4
서부	77.8	19.1	3.1	67.2	29.6	3.2	77.3	20.4	2.3	81.3	16.2	2.5	72.4	23.0	4.6
중학교 3학년															
남부	67.4	27.3	5.3	68.5	25.5	6.0	60.3	32.3	7.4	66.1	27.1	6.8	72.3	24.1	3.6
달성	57.4	34.9	7.8	56.2	34.4	9.4	48.8	39.9	11.4	57.7	33.0	9.3	62.3	33.1	4.7
동부	71.9	23.3	4.9	71.1	22.9	6.0	64.5	28.5	7.0	68.0	24.6	7.4	76.8	19.7	3.6
서부	61.4	31.6	7.0	63.7	29.0	7.3	52.2	37.8	10.0	61.9	30.0	8.1	65.6	29.6	4.8

자료: 2008년도 학업성취도평가 결과 및 기초학력미달학생 해소방안, 교육과학기술부 보도자료,
http://www.mest.go.kr

2008년 전국단위의 학업성취도평가 결과[8]를 살펴보면 수성구와 타 지역과의 차이를 뚜렷하게 볼 수 있다. 초등학교 6학년의 경우, 국어 성적이 보통학력 이상인 학생 비율은 동부교육청이 84.9%로 가장 낮은 달성교육청 76.7%보다 8.2%, 영어의 경우 85.3%로 달성교육청의 71.7% 보다 13.6% 높은 것으로 나타났다. 중학교 3학년의 경우도 달성교육청 에 비해 수성구가 속해 있는 동부교육청의 평가결과가 국어는 14.9%, 수학은 15.7%, 영어는 14.5%의 차이를 보이며 높은 것으로 나타났다. 대구의 중구·동구·수성구를 포함하고 있는 동부교육청이 대구지역 타 구에 비해 실력이 두드러진 것으로 나타났다.

초등학교와 중학교의 차이는 고등학교에서도 지속적으로 나타난다.

---

8) 2008년 10월 초등학교 6학년과 중학교 3학년, 고등학교 1학년을 대상으로 실시하였다. 초등학교와 중학교는 시·도교육청 및 전국 180개 지역 교육청별로 공개되었으나 고등학교의 경우 시·도교육 청별로만 공개되었다.

〈표 8-6〉 대구지역 1999~2008년도 서울대 합격자 수 10위권 고등학교

전국순위	대구지역순위	고교명	행정구역	합계
15	1	경신고등학교	수성구	203
22	2	대륜고등학교	수성구	171
25	3	덕원고등학교	수성구	156
47	4	능인고등학교	수성구	120
56	5	오성고등학교	수성구	114
58	6	협성고등학교	남구	113
66	7	경북고등학교	수성구	109
78	8	경일여자고등학교	남구	102
102	9	정화여자고등학교	수성구	89
105	10	영남고등학교	달서구	87

자료: 고교별 10년간 서울대 합격자 수. http://blog.naver.com/zmundori

'명문'고등학교의 명성이 우리 사회에서는 서울대학 합격자 수에 의해 결정된다는 점에서 최근 10년간 대구지역의 서울대 합격자 수와 2009년 수능 1등급자 비율을 살펴보면 수성구의 차별화 현상은 더욱 확실해진다. 10년간 서울대 합격자 수 10위권 학교를 살펴보면 3학교를 제외한 7개의 학교가 수성구에 집중되어 있으며, 합격자의 수도 수성구는 962명(76.1%), 비수성구는 302명(23.9%)으로 수성구에 집중되어 있다.

2005~2009학년도 수능결과에서도 수리(가) 영역을 제외하면 대구 수성구 학생들의 성적이 5년 연속으로 3개 영역(언어영역에서는 대구 수성구가 8위, 수리(나) 영역에서는 18위, 외국어 영역에서는 8위)에서 상위 20개 시군구에 포함되었다(김성열, 2009: 18). 더욱 놀라운 것은 2009년 수능에서는 대구지역의 특목고인 대구외국어고등학교를 제외하면 언어, 수리, 외국어 영역의 전국 상위 100위 내 대구고교 수능 1등급자 전원이 수성구 소재 고등학교이고, 2010년 수능 역시 일반고 출신 서울대 합격자 40%가 경신, 대륜, 덕원 등 수성구 소재 고등학교에 집중되어 있다. 반면 동구·서구·달성군은 합격자가 각각 6명으로

〈표 8-7〉 2009년 수능 1등급자 비율 상위 100위 이내 대구지역고교

영역	학교	비율(%)	1등급 수(명)	영역	학교	비율(%)	1등급 수(명)
언어	대구외고	36.4	94	외국어	대구외고	46.9	121
	경신고	11.7	96		경신고	15.1	123
	정화여고	11.0	76		정화여고	14.0	97
	혜화여고	8.6	46		덕원고	10.2	68
	대구여고	8.6	52		대륜고	9.4	65
수리	대구외고	42.2	109		오성고	9.4	45
	경신고	14.1	115		혜화여고	8.8	47
	대륜고	8.9	62				

자료: 매일신문 2009.10.13 대구수능 속사정은 달랐다 http://www.imaeil.com/

수성구와 비교해 1/10밖에 되지 않았다(문화일보, 2010.2.4).

이렇게 '교육결과'의 수성구 지역 집중현상은 학교 간뿐만 아니라 구별 지역 간에도 해를 거듭할수록 심화되고 있다.

나. 사교육의 집중

우리 사회는 학력이 지위결정에 대단히 중요한 요소로 작용하는 학력사회(이종각, 2006: 345)의 양상을 강하게 드러내고 있으며, 언론들은 신카스트 제도(머니투데이, 2009.6.18)라고 부르고 있다. 이러한 학력사회는 부모 학력 및 직업에 따라 고착화되고 있는 실정이다(김광억 외, 2003). 이로 인해 부모들의 자녀교육에 대한 투자는 경쟁적인 양상을 띠고 있으며 부모들의 주된 투자영역은 공교육이 아니라 사교육이다. 학부모들은 교육은 형식상 학교에서 이루어지지만, 진짜 '교육'은 선행학습이 가능한 곳, 사교육장에서 이루어진다[9]고 믿고 있기 때문에 교육

---

9) 수성구와 대구 타 구 학부모들의 면담결과 '학교에서 최우선적으로 기대하는 것'은 높은 학업성취가 아닌 인성교육이라는 답변이었다. 이것은 아이의 성적은 어차피 학교 이외에서 결정되기 때문에 학교는 인성교육을 잘하면 된다는 의미였다. 학교는 사교육장이 가지지 못한 권력, 학생 낙인의 권력과 기록의 권력을 가진 만큼 배우는 곳으로서가 아니라 권력의 장으로서 의미가 있다.

에 대한 경쟁적인 투자는 사교육에 대한 투자로 나타나게 되는 것이다.

그러나 가정의 경제적 자원은 제한적일 수밖에 없기 때문에 누구나 사교육에 대한 투자를 원하는 만큼 할 수 있는 것은 아니다. 2008년 통계청의 사교육비 조사결과(통계청, 2008: http://www.nso.go.kr. 2009.12.5)에 따르면 사교육의 투자는 가계소득이 높을수록, 학부모의 학력 수준이 높을수록 사교육비 및 참여율이 높게 나타난다. 이를 바탕으로 대구지역에서는 '교육특구'인 수성구지역의 사교육비와 사교육 참여율 그리고 사교육환경이 타 구와 차이가 있을 것이라 가정할 수 있다.

강남의 대치동이 사교육1번지라 불리듯이, 대구 수성구도 대구지역의 사교육의 주된 공급처이다. 2008년과 2009년 대구시 교육청에 등록된 32개 종류의 학원 가운데 주로 진학과 관련되는 입시·보습, 보통교과, 입시종합 등의 학원 수를 구별로 나타내면 아래의 <표 8-8>과 같다. 수성구는 대구지역 최대 규모의 사교육시장을 형성하고 있음을 알 수 있다. 특히 수성구 범어4동(174개)의 학원 수는 서울 강남구 대치1동(201개), 경남 김해 내외동(195개)에 이어 3위에, 수성구 고산1동은 159개로 5위(전수용, 조선일보, 2008.9.29)에 올랐다. 이는 학원 수가 많은 지역의 수능점수가 높아지는 경향(김성식, 2010: 62)과 일치한다고 할 수 있다.

수성구는 수강생의 수와 사교육비 지출도 해마다 증가하고 있으며,

〈표 8-8〉 대구광역시 구별 입시·보습, 보통교과, 입시종합학원 분포 현황

단위: 개, (%)

연도 \ 지역	중구	동구	서구	남구	북구	수성구	달서구	달성군	총합
2008	61 (1.8)	306 (8.9)	193 (5.6)	148 (4.3)	561 (16.4)	1,252 (36.5)	809 (23.6)	100 (2.9)	3,430 (100)
2009	69 (1.8)	333 (8.7)	211 (5.5)	181 (4.7)	625 (16.4)	1,380 (36.1)	865 (22.6)	155 (4.1)	3,819 (100)

자료: 대구광역시 교육청 교육통계 사설학원 현황 http://www.dge.go.kr/

대구의 타 구에 비해서도 높게 나타나고 있다. 수성구 학원의 수강생 비율은 초등 74%, 중등학교는 73.1%이다. 초등의 경우 수강생 비율이 가장 낮은 남구의 3배, 중등의 경우 3.5배나 높은 수치이다. 이것은 수성구는 학원 수가 많을 뿐만 아니라 강사와 강의의 질이 높다고 인식되고 있기 때문이다.

> 수성구 소재 학원의 시스템은 타 지역에 비해 학업향상에 적합하게 되어 있어요. 예를 들어 철저한 선행학습과 난이도 있는 문제를 주로 다루기에 타 지역에 비해 경쟁력을 가질 수밖에 없어요. 또 다른 지역보다 학원이 세밀화되어 있어요. 교육영재원도 있고, 민사고반, 특목고반 등 학생이 어떤 곳을 지원하건 거기에 맞게 가르치죠.
> -수성구 E 학원 원장-

대구시 타 구에서 수성구 소재 학원으로의 원정학습이 이루어지고 있으며, 이름난 학원에 등록하기 위해서는 시험을 치거나 선행학습을 위해 다른 학원을 다녀야 한다. 선행학습이 되어 있지 않을 경우 등록을 받아주지 않기 때문이다. 그렇지 않을 경우 학원에서 퇴짜를 맞는 경우도 흔하게 일어나고 있다(한겨레, 2006.12.27; 범어동 E 학원 원장 인터뷰자료).

수성구는 사교육비의 지출에서도 타 구에 비해 큰 차이를 보이고 있다. 이희석(2005)에 따르면 대부분의 지역에서 사교육 월평균 지출액이

〈표 8-9〉 2009년 대구광역시 구별 학생 수 대비 학원수강생 비율

단위: (%)

학교 \ 지역	대구시	중구	동구	서구	남구	북구	수성구	달서구	달성군
초등학교 수강생	47.8	26.0	37.2	30.6	32.2	35.7	74.0	56.3	38.2
중등학교 수강생	40.8	27.3	23.2	23.0	15.8	26.6	73.1	45.0	19.5

자료: 2009년 대구교육통계 통계연보 http://www.dge.go.kr/

50만 원 미만이 80% 이상으로 나타나지만, 수성구의 경우 47.9%이다. 또한 수성구는 50만 원 이상 지출하는 가구가 42.1%로 50만 원 이상 지출가구가 4.7%인 서구에 비해 37.4%나 높은 것으로 나타나고 있다. 특히 100만 원 이상 지출하는 학부모가 13%를 넘어 다른 행정구역과는 뚜렷한 대조를 타나낸다.

사회경제적으로 우수한 지역으로 인정받는 수성구의 사교육 집중현상은 거주지의 이동을 유발하는 요인이 될 수 있다. 또한 사교육이 학교수업에 뒤떨어진 학생들을 위한 보충수업이 아니라 우수한 학생들 간 경쟁수단(성락일·홍성우, 2008: 208)으로 활용되고 있어 교육의 사회경제적 계층의 세습을 가져오는 문제점을 지니고 있다.

Ⅳ. 자식교육을 위한 교육특구인의 삶

우리 사회에서 교육은 높은 성적을 받아 일류대학에 합격하고 일류대학 졸업이 안정적 소득으로 이어지게 하는 행위로 인식되고 있다. 이처럼 교육이 생애에 미치는 영향이 클수록, 교육은 아이들의 흥미와 적성에 따라 저절로 이루어지는 것이 아니라 특별한 삶의 행위가 된다. 인간의 삶은 시간과 공간, 사회적 관계 속에서 포착 가능하다(존 듀이, 이홍우 옮김, 2007). 이 장에서는 교육특구의 거주자들의 삶의 행위를 자녀교육의 결정적 시기, 학부모들의 네트워크, 큰물이라는 중앙지향의 공간론으로 나누어 살펴보고자 한다.[10]

---

10) '교육특구' 현상을 설명하기 위해서는 '수성구의 효과'와 '수성구의 효과로 오인되는 것'을 설명할 수 있는 지표의 개발이 요구된다. 이를 위한 후속 연구가 진행될 필요가 있다.

1. 이주의 결정적 시기론

일반적으로 자녀교육을 위해 거주지를 옮긴 가정은 자녀에 대한 기대교육수준이 높으며(김경근·장희진, 2005: 65), 이주할 때는 이주를 통해 최고의 효과를 얻을 수 있는 시기가 있다고 믿고, 그 시기를 놓치지 않으려 한다. 대구지역 학부모들은 높은 기대교육수준만큼 효과를 극대화할 수 있는 시기를 초등학교, 그중에서도 초등학교 고학년 때라고 여긴다. 이것은 학력 위주의 우리 사회에서 초등학교의 전학을 고등학교까지 관련시키고 있기 때문이다(박영애, 2007: ⅰ).

> 보통 초등학교 때는 성적에 별로 신경을 안 쓰잖아요. 저는 사실 중학교 1학년 때 오기로 결심을 했는데, 초등학교 6학년 때 아이의 성적을 보고는 너무 놀라서요. 그냥 두면 안 될 것 같더라고요. 어렵게 결심하고 왔는데 그게 결코 빠른 게 아니더라고요. 적응도 해야 되고⋯⋯.
> -수성구 범어동 학부모 3-

대구의 경우 중·고등학교 배정이 거주지 중심으로 이루어지고 있기 때문에 대구지역 학부모와 학생들은 공교육과 사교육환경이 잘 갖추어진 수성구 지역으로 이주하고자 한다. 이런 이유로 수성구는 다른 구들에 비해 상대적으로 초·중·고등학생들의 전입·전출이 높게 나타나는 지역에 속한다. 구별로 초·중·고등학교 전입과 전출현황을 살펴보면, 전출보다 전입이 많은 구는 수성구가 유일하다(초등 전입 13.5%, 전출 7.1%, 중학교 전입 3.9%, 전출 2.4%, 고등학교 전입 1.3%, 전출 1%). 수성구 다음으로는 달서구가 초등학교와 중학교에서 전출보다 전입이 많이 일어나고 있다(학교알리미 2008년, http://www.schoolinfo.go.kr).

이 가운데서도 주목할 시기는 초등학교 고학년이다. 초등학교의 경우 수성구로의 이주는 대구시 타 구에 비해 전 학년에 걸쳐 나타나고 있다. 남구의 경우 저학년인 1, 2, 3학년 시기에 56.4%, 고학년인 4, 5, 6학년 시기에 43.6%, 달서구는 저학년은 53%, 고학년은 47%, 달성 군은 저학년은 58.9%, 고학년은 41%로 대구시 대부분의 구에서 저학 년의 전입이 높게 일어나고 있다. 그러나 수성구의 경우 타 구와는 달 리 저학년인 1, 2, 3학년 시기에 44.3%, 고학년인 4, 5, 6학년 시기에는 55.7%가 전입한다. 전입이 집중되는 시기는 초등학교 고학년인 4, 5, 6학년 시기이다. 그중에서도 가장 결정적인 시기는 5학년으로 (19.9%) 로 가장 높게 나타나고 있다. 수성구에서 고학년의 전입이 많은 것은 수성구 소재의 상급학교 진학을 위한 이동을 보여주는 것으로, 이는 일반적 통념과 동일함을 보여주고 있는 것이다. 즉 중학교의 진학도 고등학교와 마찬가지로 좋은 학군이 영향을 미치고 있음을 알 수 있다.

이를 좀 더 자세히 살펴보기 위해 서구와 수성구의 2007년도 초등학 교 학급 수와 2009년도 초등학교 학급 수를 학년별로 비교하였다.[11] 수성구의 몇몇 초등학교에서 저학년 학급 수와 고학년 학급 수가 상당 히 차이가 난다. 자연적 증가라면 2007년 2, 3, 4학년 학급의 수와 2009 년 4, 5, 6학년, 학급의 수의 차이가 없을 것이나, 2009년 4, 5, 6학년의 학급 수가 증가하였다면 자연적 증가가 아닌 사회적 이동에 의한 것임

〈표 8-10〉 2008년 수성구 초등학교 전·출입현황

단위: 명, (%)

	1학년	2학년	3학년	4학년	5학년	6학년	합계
전입	345(7.7)	754(16.9)	879(19.7)	847(18.9)	892(19.9)	756(16.9)	4,473(100.0)
전출	255(9.7)	481(18.3)	520(19.8)	527(20.0)	498(18.9)	348(13.2)	2,629(100.0)

자료: 학교알리미 http://www.schoolinfo.go.kr

11) 대구광역시 교육청 통계연보 2007년, 2009년 자료: 수성구 소재 매동초등학교는 2008년 신설되어 제외.

을 의미한다.

서구의 17개 초등학교 중 전 학년의 학급 수가 감소한 학교는 14곳, 증가한 학교는 3곳이고, 수성구 32개 초등학교 중 감소한 학교는 18곳, 정체는 6곳, 증가는 8곳에 불과하다. 그러나 2007년 2, 3, 4학년과 2009년 4, 5, 6학년을 비교할 경우 서구는 정체 9곳, 감소 1곳, 증가는 7개 학교이고, 수성구는 증가한 학교는 26곳, 정체 5곳, 감소는 단 1곳에 불과하다.

학급 수만 비교해도 수성구로의 이주가 얼마나 일어나고 있는지 알수 있다. 서구의 북비산초등학교와 이현초등학교의 경우 2009년 1학년이 3학급, 6학년은 5학급으로 2학급이 차이가 나는 반면, 수성구의 성동초등학교의 경우 1학년은 5학급, 6학년은 10학급, 경동초등학교는 1학년은 4학급인데 6학년은 11학급이나 된다. 입학생에 비해 졸업생이 두배에 이른다.[12]

〈표 8-11〉 2007 · 2009년도 수성구와 서구의 초등학교 학급 수 비교사례

수성구								서구							
학교명	연도	학년						학교명	연도	학년					
		1	2	3	4	5	6			1	2	3	4	5	6
경동	2007	5	5	7	7	9	11	북비산	2007	5	5	5	5	5	6
	2009	4	6	6	8	9	11		2009	3	3	4	5	5	5
성동	2007	8	7	7	7	9	8	이현	2007	3	4	3	5	5	6
	2009	5	7	7	8	9	10		2009	3	3	3	4	4	5

자료: 2007년, 2009년 대구교육통계 통계연보 http://www.dge.go.kr/

---

12) 이러한 현상은 중학교에서도 일어나고 있지만 초등학교의 경우처럼 집중적으로 일어나지는 않고 있다. 중학교의 경우 2007년의 1학년과 2009년의 3학년을 비교하면 서구는 7개 학교 모두 정체형으로 나타난다. 사회적 이동으로 인한 큰 변화가 없었음을 의미한다. 그러나 수성구의 경우 1학년 때보다 3학년이 감소한 곳이 8곳, 정체한 학교가 7곳, 증가한 학교가 8곳으로 나타났다. 출산율의 감소와 사회적 이동으로 학력인구가 감소하고 있기 때문에 저학년에 비해 고학년이 많은 경우는 그 반대의 경우에 비해 자연스러운 현상임에도 불구하고, 수성구의 경우 입학생보다 졸업생의 수가 많은 곳이 7곳이나 되는 것은 사회적 이동에 의한 것임을 알 수 있다.

이는 자연스러운 인구증가 현상이라기보다는 사회적 이동, 특히 교육환경의 차이로 인해 인구이동이 발생하기 때문으로 볼 수 있다. 이것은 이른바 아이를 명문중학교와 명문고등학교에 보내고픈 부모들이 명문중학교·명문고등학교로 진학할 확률이 높은 학군의 초등학교와 중학교로 대거 전학을 시키는 '교육적 이주', 즉 자녀의 교육을 위한 전략으로 이주를 선택했기 때문이다.[13] 이러한 교육적 이주로 인해 지역 간 불균형은 더욱 심각해질 것으로 보인다. 이 문제를 해결하기 위한 제도적 대안 마련이 시급하다.

2. 은밀한 분할

어떤 사회든 그 속에는 여러 계층의 집단이 서로 유사한 사회경제적 조건에 각각 자기네들끼리 비슷한 풍습과 언어, 행동, 가치관 등의 사고방식과 행동양식을 가진 사람들로 구성되어 있으며 이들은 일정한 수준의 문화를 공유하기도 하여 그들대로의 비슷한 생활양식을 가지고 있다(R. J. Havighurst and B. L. Neugarten, 1958: 57).

거주공간의 동일성은 자신들과 비슷한 경제적 수준과 이해관계를 가지고 있는 사람을 이웃으로 만들어 이웃효과(neighbourhood effect)를 극대화한다(손준종, 2004: 112). 이웃효과는 여러 계층이 서로 유사한 사회경제적 조건에서 자기네들끼리 일정한 수준의 문화, 즉 생활양식을 구성하며 이를 공유하는 것으로 볼 수 있다.

이웃효과의 성격을 생활양식의 측면에서 강조하기 위해선 재개념화

---

13) 이경숙(2010) 등의 연구에 의하면 자녀의 교육환경을 고려해서 이사를 결정한다는 비율(35%)이 그 외 주택가격(17.2%), 교통과 편의성(15.5%), 쾌적한 공공시설(15.1%)에 비해 높게 나타난다. 특히 수성구에 거주하고 있는 사람들은 가장 우선적으로 자녀의 교육환경부터 고려하여 이사지역을 결정한다.

가 필요하다. 이웃효과는 서로가 비슷한 조건에 있는 사회구성원들끼리 하나의 네트워크를 구성하며 네트워크 내에서는 공유하지만, 네트워크 밖과는 철저히 분리하는 현상을 보인다. 그러나 그 네트워크는 공공연히 드러나지 않으면서도, 네트워크 안과 밖을 차별한다는 점에서 '은밀한 분할'이라 할 수 있다.

수성구의 은밀한 분할의 형태는 주로 자녀의 교육을 매개로 해서 형성되고 있다.

> 수성구 범어동에 위치한 학원가에는 '돼지엄마'라 불리는 학부모가 있습니다. 이 학부모는 학원의 존립에 관계될 정도로 영향력이 큽니다. 돼지엄마로 인해 소위 수성구에 명문학교라고 일컬어지는 학교의 전교 성적 상위권에 있는 학생들이 어느 특정학원을 수강합니다. ······ 자녀의 성적이 전교 1~30 정도 되는 학부모들이 그룹을 형성하고 있습니다. 이 그룹은 대개 입시교육에 관한 정보를 서로 공유하며 어떤 학원이 어떤 시스템을 가지고 강의를 하는지와 어떤 학원이 소위 SKY 대학이라고 지칭되는 대학에 어느 정도 진학시켰는지를 파악합니다. 이 그룹의 가입에는 자녀의 성적 여부와 집안의 경제력, 부모의 학력, 직업 등이 좌우됩니다. 서로가 알음알음으로 해서 이 그룹을 안다고 합니다.
>
> -범어동 E 학원 원장-

이처럼 학부모들은 자녀의 교육을 매개로 해서 하나의 그룹을 형성하고 있으며, 이 그룹은 가입된 학부모만이 서로가 네트워크를 형성하여 자녀교육에 대한 정보를 공유하며, 그들만의 방식으로 자녀의 교육에 영향을 미치고 있다. 여기에 고득점 학생을 많이 동원하는 게 성공 여부가 되는 학원이 개입한다. 범어동 F학원은 학부모의 직업에 따라 수강학생들의 진학희망 학교를 설정하고 입시 프로그램을 운영해준다.

수성구에 있는 학원 중 몇 곳은 학부모의 직업에 따라 학원의 시스템을 특정 대학의 '특정 학과'에 초점을 맞추어 구성합니다. 가령 대학 교수나 의사 자녀들이 많이 수강하는 학원의 경우는 부모가 나온 특정 대학의 학과에 초점을 맞추어 수강생들이 진학할 수 있는 입시 프로그램을 별도로 작성하여 운영합니다. 따라서 이 학원에 수강하는 학생들의 학부모들은 자연스럽게 동종 직업을 가진 학부모들과의 모임이 학원에 의해 자연스럽게 형성됩니다.

-범어동 F 학원 교사

수성구에 거주하며 수성구의 중학교 교사이자 학부형은 학부모 그룹 문화에 대해 다음과 같이 말하고 있다.

자녀가 다니는 수성구의 한 중학교의 학부모들끼리의 모임은 한 달에 한두 번 정도 있습니다. 주로 점심시간 때에 모임을 갖는데, 직장이 있는 학부모들은 참여할 수가 없습니다. 예전에 살던 칠곡에도 학부모 모임이 있었지만 이 모임만큼 지나칠 정도로 사람을 구별 짓지는 않았습니다. 이 모임에 참석하는 학부모들은 정기적으로 서로에게 연락을 하며 자녀의 입시교육에 관한 정보를 공유합니다. 입시교육에 관한 정보 중에 학원 선택에 있어서도 자녀들을 특정 학원에 같이 보내기도 하며, 서로가 교대로 자녀들이 학원가는 시간과 학원을 마치는 시간에 차량운전을 합니다. 그리고 주말에는 같이 취미활동을 하기도 합니다.

-수성구 교사·학부모-

특정 학부모들만이 하나의 그룹을 형성하여 자기네들끼리 자녀교육에 있어서 하나의 생활권을 형성하여 관계를 맺고 있다는 것을 알 수가 있다.

수성구의 은밀한 분할이 학부모들의 그룹뿐만 아니라 수성학군에 다니는 학생들에게도 형성되어 있다.

수강생들의 학원생활을 보면 수강생 간에도 수성구, 비성구로 구분되는 것을 종종 봅니다. 가령 북구에서 수강하러 오는 학생의 학교성적이 전교에서 상위권이라 해도 수성구에서 수강하러 오는 학생들은 북구의 학생을 경쟁상대로 인정하지 않습니다. 왜냐하면 북구의 학교시험의 난이도가 수성구에 비해 낮게 형성되어 있기에 인정하지 않습니다. 이런 의식이 수강생들 사이에 자리매김하고 있는 만큼 수성구에서 학교를 다니는 학생들은 자기네들끼리 하나의 그룹을 형성하여 입시에 관한 정보를 공유하며 학원 선택도 같이합니다.

-범어동 E 학원 원장-

이는 수성구 소재 학교에 다니는 수강생들의 의식에 이미 입시성적은 수성구가 타 구에 비해 앞선다는 생각이 박혀 있다는 징표이다. 이러한 의식이 수성학군은 '명문학군'이라는 등식으로 성립된 사회의식과 맥락을 같이한다고 볼 수 있다. 수성학군이 명문학군이라는 의식이 학생들 사이에서도 형성되어 있어 학생들은 학원이라는 같은 공간 내에서도 수성학군, 비수성학군으로 구분 짓고 있다.

언급한 면담사례를 종합해볼 때 수성구의 학부모뿐만 아니라 학생들 사이에서도 구별 짓기가 형성되어 있음을 살펴볼 수가 있었다. 학부모와 학생의 그룹을 통해 수성구의 공부이웃은 누구에게나 개방된 형태가 아닌 특정조건을 갖춘 사람만이 가입이 되는 폐쇄형을 취하고 있으며, 그룹을 통해 사람 간에 구별 짓기를 하고 있는 은밀한 분할로 정의될 수 있다.

3. 큰물 지향의 공간론

교육으로 인해 중앙과 변방의 분열이 일어나고 있다. 의식과 제도들은 중앙을 향하여 배치되고 있으며, 자식 잘 키우기가 잘 살아남는 전략이 되었다. 이 속에서 교육은 자식과 중앙의 원리에 의거하여 관리된다. 이러한 신념과 행위의 집약된 표현이 '큰물 지향'이다. 대구에서는 수성구가 지역의 중앙, 즉 '큰물'이라는 공간을 형성하고 있다.

'큰물'에서 놀게 하고, '큰물'에서 놀다 보면 더 넓은 연줄을 맺게 되고, 그럼으로써 생존과 출세를 성취할 수 있다고 부모들은 믿고 있다. 그렇기에 내 아이에게 이주를 통해 '큰물'의 기회를 제공하는 것이다.

> K고등학교에서 반에서 6등 정도, 전교 50등에서 80등 정도면 의대까지 갈 수 있는 석차가 된다고 하더라고요. 그 학교에 들어가서 전교 1, 2등이 아니고 반에서 몇 등 정도만 해도 좋은 학교, 의대 정도를 바라볼 수 있는 게 부모로 하여금 메리트 아닐까. 보통 일반계고등학교는 전교권에 들어가야 좋은 대학을 가고 하는데 K고등학교는 달라요. K고등학교가 그러다 보니까 그 주변의 다른 학교들도 그렇게 되는 게 아닐까요.
>
> -수성구 범어동 학부모 1-

'큰물'에는 누구나 다 갈 수는 없다. 갈 수 없는 사람들은 차선책으로 위장전입과 아이를 수성구에 있는 학원이라도 보내며 '큰물'을 제공한다(매일신문, 2008.7.3). 그렇다고 수성구가 만족할 만한 큰물은 아니다. 수성구 역시 지역에 있기 때문에 부족하다고 여기고, 의식적으로 서울 강남을 지향한다.

> 교육의 기회에 있어서 지역이 손실이 있다고 본다. 우수한 학교교육이 지방하고 차이가 난다. 서울이 학교 전체 분위기나 교사의 자질이 차이가 있다고 본다. 경제·사회·교육·문화생활 면에서 다양한 문화체험 학습이 지방이 부족하다. 모든 면에서는 우리나라는 수도권에 너무 집중되어 있어서 차이가 있다. '대구는 서울로, 서울은 세계로'라는 말을 실감한다.
>
> -수성구 만촌동 학부모-

> 할 수 있는 한 할 거예요. 돈이 없어 그렇지 돈이 있으면 위장전입보다 이사를 하죠. 그게 안 되니 아이를 위해 위장전입이라도 하려고 하는 거구요. 수성구가 아니더라도 여기(서구)서는 좀 더 좋은 중학교에 배정받기 위해서 아이들의 주소를 아빠의 친구들 집으로 옮기기도 해

요. 얼마 전에는 친구 둘째가 옮겼다가 주인집에 연락을 안 해둬서 걸
린 적이 있어요. 첫째는 그렇게 해서 경운중학교에 들어갔는데 ……
둘째는 다시 동장한테 이야기 잘해서 그대로 두려고요.

-서구 평리동 학부모-

대구 인근의 지역은 '대구 수성구'로, 대구 수성구 중 외곽지역은 좀
더 '수성구의 핵심인 범어동 지역'으로, 수성구의 핵심지역은 '서울의
강남'으로, 강남은 해외로……. 이렇게 꼬리에 꼬리를 물고 중앙으로
가고자 하는 연쇄이주 현상은 중앙에 대한 욕망을 표현한다.

이러한 욕망은 현재 자신이 살고 있는 삶의 현장을 부정하는 행위로
이어지기 쉬우며, 이로 인해 중앙에서 멀어진 지역의 삶은 황폐해진다.
수성구라는 지역의 '큰물'은 중앙의 '더 큰물' 앞에서 수성구에 의해
변방으로 분별되었던 타 지역처럼 '중앙의 변두리'로 남을 수밖에 없는
것이다. '개천에서 용 난다'는 말이 사라진 지 오래다. 이제 더 이상
개천에서 용이 나지 않는다. 용이 되려면 '큰물'에서 놀도록 해야 한다.
이러한 '큰물'의 문제는 '큰물'만이 존재한다는 것이다. 개천이 있어야
'큰물'이 형성되는 것인데 '큰물'은 개천을 막아 버렸다.

'큰물'에서의 삶이 미래를 위한 선택행위이긴 하지만 그 선택이 언제
나 행복한 것은 아니다. 아이에게는 부모에 의해 설계된 삶을, 부모는
아이를 위해 올인하고 희생하는 삶을 강요한다. '좋은 자식 뒤에 좋은
부모 있다'는 생각은 수성구에서 세대 간 구속이 되어 버린다.

〈표 8-12〉 아이의 교육 때문에 이사를 한다면 국내 중 어디로 가고 싶으십니까?

현 거주지 \ 이사 장소	서울	대구 수성구	대구 (비수성구 또는 대구전역)	없다	기타
수성구	13	11	0	1	0
비수성구	5	12	3	5	2

자료: 대구지역 52명 학부모 면담자료

> 엄마에게 수성구는 좀 괴로운 동네에요. 공부 못하면 진짜 괴로워요.
> 여기는 목표를 가지고 들어온 곳인데, 공부를 잘하면 아이가 나중에
> 살아가는 데 이점이 있어서 온건데 그 목표를 달성 못 하면 이사 온
> 입장에서는 스트레스에요. 전에 살던 곳에서는 공부하라고 하지 않았
> 는데 여기서는 "니 1등해라 공부에 올인해라"라고 해요. 제가 바뀌었
> 어요. 여기서 공부를 잘하려면 엄마가 바빠야 해요. 엄마도 올인해야
> 하는 거죠.
>
> -수성구 범어동 학부모 2-

'좋은 자식 뒤에 좋은 부모 있다.' 이 지배문화의 논리에 따름이라는
인지체계는 교육의 사적 영역의 확장으로 나타난다. 결과를 만들어낸
다는 목적의식적 사적 개입의 배타성은 일상을 순응의 공간으로 만든
다. 중앙으로의 이주가 실질적 삶의 목표가 된다. 그럴수록 '중앙이 된
사람'과 '변방이 된 사람'의 분별이 일상의 삶에 실질적으로 나타난다.
'큰물'을 지향하는 사람들은 이러한 분별을 통해 지역은 남은 자들의
패배감이 서린 곳으로 본다.

V. 결론

'교육특구'는 교육기회균등 정책에 역작용하여 형성된 공간이고, 교
육에 방관자 자세를 취하는 국가와 학교에 대한 학부모의 적극적 대응

방식이며, 일류와 성공이 배타적 가치로 기능하는 특권적 공간이다. 특히 지역의 '교육특구'는 소중앙주의 행동이 주류문화가 된 공간이다. 이러한 '교육특구'의 삶의 모습을 연구자들은 중앙지향이라고 성격화했다.

이 글에서는 사회문화적 현상으로서 '교육특구'에 초점을 맞추어, 지역 '교육특구'의 특성과 교육에 대한 그들의 삶의 형태를 분석하였다.

'교육특구'로서 수성구의 특성은 첫째, 고위직·전문직·고학력자들이 상대적으로 많고, 주택가격이 높고 문화적 제반여건이 대구시 타 구에 비해 잘 갖추어진 곳이다. 둘째, 교육의 양적, 결과적 불균등이 현격한 곳이다. 학교, 학생, 사교육기관이 수성구로 집중되는 쏠림현상이 나타나고 있으며, 시험성적 상위권자의 비율이 높고 서울대 합격자 수가 많은 학교, 이른바 '명문'고등학교가 집중되어 있다.

'교육특구' 거주자들의 삶의 형태를 살펴보면 첫째, 자식교육을 위한 이주에서 이주의 결정적 시기가 있다고 믿고 있다. 그 시기는 최고의 교육효과를 얻을 수 있는 초등학교 고학년이다. 둘째, 비슷한 조건의 학부모들끼리 자녀교육을 매개로 하나의 네트워크를 형성하며 그 네트워크의 안팎을 확실히 구분하는 '은밀한 분할'이 일어나고 있다. 셋째, 수성구는 교육을 명분으로 지역의 중앙, 즉 '큰물'이라는 공간을 형성하고 있으며, 수성구 거주자들은 자녀의 교육을 위해 '큰물'을 지향한다. 수성구 거주자들에게 '큰물'은 궁극적으로는 서울이며, 수성구는 서울이라는 '큰물'로 가기 위한 지역의 '큰물'이다. '큰물'은 삶을 중앙과 변방으로 나누고 언제나 '더 큰물'을 향해 나아가고자 한다.

이처럼 '교육특구'로서의 수성구는 대구 내 타 지역을 소중앙의 변방으로 만들고 있다. 그로 인해 중앙으로의 이동, 더 큰 중앙으로의 연쇄이동, 그리고 지역집중과 소외현상이 심각하다. 이러한 교육특구에서의 삶은 중앙지향적일 수밖에 없으며, 그 속에서 공동체적 삶의 내적 질서감은 훼손될 수밖에 없다.

교육특구의 문제는 대구 내 타 지역에 대한 단편적인 정책적 배려만으로 해결되지 않는다. 교육특구의 문제는 교육제도뿐만 아니라 사회문화적 성격을 함께 띠고 있기 때문에 사회문화적 특성을 고려하지 않는 단편적인 정책적 배려만으로 한계를 가질 수밖에 없다. 이런 점에서 교육특구의 문제를 해결하는 방식은 병의 증상을 치료할 수 있는 방식(정책적 접근)과 증상을 근본적으로 치료하기 위해 병의 원인을 규명하는 방식(사회문화적 접근)을 함께 고민해야만 한다. 이를 위해 첫째, 학군의 조정, 고교선택제, 희망학군제, 학교평가 등의 제도 개선을 담보할 수 있는 다양한 교육정책을 통해 교육특구로 상징화된 교육문제(증상)를 치료해야 한다. 둘째, 학교와 교사가 책임 있는 교육활동을 기획하고 수행하지 못하였고, 국가는 학교의 무책임을 방조했으며, 그 무책임이 가져다주는 피해는 고스란히 가족에게 돌아갔다. 가족이 나서서 책임지는 교육을 만들어낸 것이 '교육특구'로 귀결되었다. 자식교육을 가족의 책임으로 방기한 사회문화현상에서 교육을 공공재로 인식하고 학교와 교사가 책임지게 하는 문화로 지속적으로 전환해가야 한다. 이러한 원인의 규명과 증상치료가 함께 이루어질 때 교육에 대해 책임을 자임하는, 교육의 다양성과 자율성을 실질화하는 '공교육 정상화'를 기대할 수 있을 것이다.

참고문헌

강준만(2008), 『지방은 식민지다』, 서울: 도서출판 개마고원.

경일여자고등학교(2011), 『에듀팟 이용방법 · 2014학년도 대학입시의 특징과 대책』, 2011학년도 학부모회의 연수자료.

계성고등학교(2010), 『2011학년도 학부모회 자료 Ⅰ』, 2010년 1학기 입시설명회.

교육과학기술부(2010), 『대학의 교육력 향상 지원 방안』.

교육문화연구회(2000), 『신문의 교육론 비판』, 대구: 경북대학교 출판부.

권명아(2009), 『식민지 이후를 사유하다』, 서울: 책세상.

권상철(2000), "한국의 인구이동과 대도시의 역할: 지리적 이동과 사회적 이동을 중심으로", 『한국도시지리학회지』 3(1), pp.57~68.

권상철(2003), "인구이동과 인적자원 유출: 제주지역 유출 유입인구의 속성 비교", 『한국도시지리학회지』 6(2), pp.59~73.

권상철(2005), "우리나라 수도권으로의 인구이동: 시기별 유출지역 특성과 이주자 선별성의 상대적 중요도 평가", 『한국도시지리학회지』 11(6), pp.571~584.

권상철(2009), "우리나라 인구이동의 지역구조 이동권역과 공간적 인구재분배 지역 분석", 『한국도시지리학회지』 12(2), pp.49~63.

권상철(2010), "한국 대도시의 인구이동 특성: 지리적, 사회적 측면에서의 고찰", 『한국도시지리학회지』 13(3), pp.15~26.

김경근(2005), "한국사회 교육격차의 실태 및 결정요인", 『교육사회학연구』 15(3), pp.1~27.

김경근 · 장희진(2005), "자녀교육을 위해 거주지 이동을 선택한 가족의 특성", 『한국교육학연구』 11(2), pp.65~87.

김광억 · 김대일 · 서이종 · 이창용(2003), "입시제도의 변화: 누가 서울대학교에 들어오는가", 『한국사회과학』 25(1), pp.3~187.

김광억 · 김대일 · 서이종 · 이창용(2003), "입시제도의 변화: 누가 서울대학교에 들어오는가", 『한국사회과학』 25(2), pp.1226~7325.

김민남·손종현(2006), 『한국교육론』, 대구: 경북대학교 출판부.

김성식(2009), "시군구별 수능성적 분석: 지역 여건 변인의 영향력을 중심으로", 『수능 및 학업성취도평가 결과 분석심포지엄』, pp.44~64, 서울: 한국교육과정평가원대회의실.

김성열(2009), 「대학수학능력시험 성적 분석 결과」 심포지엄, 서울: 한국교육과정평가원.

김양분(2009), "한국 교육 현황 분석-지역 간 학교 간 교육 격차를 중심으로", 『KEDI 연구보고서』, 한국교육개발원.

김양분·신혜숙(2009), "학생성취에 대한 학교의 영향력 및 학교효과 분석", 『수능 및 학업성취도평가결과 분석』 심포지엄, pp.163~189, 서울: 한국교육과정평가원 대회의실.

김양분·이규재(2009), "수능표준점수의 평균과 등급에 대한 연도별 추이분석", 『수능 및 학업성취도평가결과 분석』 심포지엄, pp.89~117, 서울: 한국교육과정평가원 대회의실.

김영철·이민환(2003), "지역 인재의 수도권 대학 진학과 지역 경제력 유출 효과: 대구지역을 중심으로", 『지역연구』 19(2), pp.119~142.

김종혁·이상원(2010), "교육특구의 특성과 자식교육을 위한 삶의 형태: 대구 수성구를 중심으로", 『중등교육연구』 58(1), pp.39~70.

김희삼(2010), "대졸자의 지역이동행태", 한국교육개발원 발표.

대구광역시 교육청(2008), 『학부모 대상 정시 대학입시설명회(2008.12.4)』.

데이비드 하비 저, 초의수 역(1996), 『도시의 정치경제학[The urban experience]』, 서울: 한울 아카데미.

류주현(2006), "거주지별 교육환경의 차별화", 『한국지리환경교육학회지』 14(1), pp.69~78.

박순호(2007), "대구시 초등학생의 전·출입의 공간적 분포와 요인", 『초등교육연구논총』 23(2), pp.233~257.

박영애(2007), 「대구시 초등학교 전·출입의 특성」, 대구교육대학교 석사학위논문.

방하남 외(2004), 『현대 한국사회의 불평등』, 서울: 한울.

얼 배비 지음, 고성호 등 옮김(2007), 『사회조사방법론』, 서울: Cengage learning.

부산광역시교육청 대학진학지원센터(2009), 『최고의 결실을 위한 2010 대학 입시의 핵(core)-지도교사편』(부산교육 2009-67).

서의택·염충경(1996), "가구주의 사회경제계층별 거주지분화-부산시를 중심으로", 『부산대학교 도시문제연구소 도시연구보』 4, pp.13~27.

성기선(2003), "서울시 고등학교 학군효과 분석 연구", 『교육사회학연구』 13(3), pp.151~166.

성기선(2004), "강남 8학군, 정말 교육 효과 있나?", 『교육비평』 15, pp.188~210.

성낙일·홍성우(2008), "우리나라 사교육비 결정요인 및 경감대책에 대한 실증분석", 『응용경제』 10(3), pp.183~212.

손준종(2004), "교육공간으로서 강남 읽기-교육정책에 주는 함의", 『교육사회학연구』 14(3), pp.107~131.

신규섭 외(2009), 『대한민국 교육특구 부동산 투자지도』, 서울: 김&정.

윤병렬(2005), "'거주함'의 철학적 지평: 하이데거의 사유와 고구려의 고분벽화를 중심으로", 『하이데거연구』 11, pp.5~35.

윤선진(2010), "학부모 이해: 소비자권력이 된 학부모", 『교육학논총』 31(1), pp.19~43.

윤형호·강민정(2008), "서울시 자치구별 상위학교 진학률에 대한 거주지 효과 분석", 『서울도시연구』 9(4), pp.87~106.

이경숙 외(2010a), "자녀교육과 구속적 가족의 삶", 『한국교원교육연구』 27(4), pp.267~292.

이경숙 외(2010b), "이주와 교육에 대한 학부모의 인식: 대구경북지역 학부모 면담분석", 『한국교육』 37(2), pp.5~30.

이종각(2006), 『새로운 교육사회학 총론』, 서울: 동문사.

이희석(2007), 「대구의 주거환경변화와 교육의 지역차」, 대구가톨릭대학교 박사학위논문.

임정덕·장영재(1997), "지역 우수두뇌의 유출현상과 지역균형발전", 『노동경제논집』 20, pp.91~115.

임창호·이창무·손정락(2002), "서울주변지역의 이주특성 분석", 『국토계획』 37(4), pp.95~108.

전상인(2008), 『아파트에 미치다-현대한국의 주거사회학』, 서울: 이숲.

조정봉(1992), 「대구경북 교육기회의 상태와 성질」, 경북대학교 석사학위논문.

조정봉(2010), "입학사정관제와 교육체계의 변환", 『입학전형과 평가』 (1), pp.117~136.

최석주(1997), "대구시의 사회지역분석", 『한국지역지리학회지』 3(2), pp.209~225.

최석주(2003), "대구시 사회지역의 변화와 특성 (1)", 『한국지역지리학회지』 9(3), pp.262~275.

최은영(2004), "지역 간 인구이동의 공간적 특성 분석-수도권을 중심으로", 『서울도시연구』 5(3), pp.49~66.

최은영(2004), 「서울의 거주지 분리 심화와 교육환경의 차별화」, 서울대학교 박사학위논문.

최은영(2007), "지역특성별 학교 간 교육환경의 격차", 『공간과 사회』 27, pp.150~171.

최은영·구동희·박영실(2009), "부산 대도시권의 인구이동(Ⅰ): 인구구조와 인구이동", 『한국지역지리학회지』 15(5), pp.572~589.

최은영·구동희·조순기(2010), "부산 대도시권의 인구이동(Ⅱ): 이동 가구 특성과 선택성", 『한국지역지리학회지』 16(2), pp.123~136.

최은영·이성우(2006), "미국과 영국의 역도시화 논쟁과 우리나라 인구 현상의 변화(1990~2005년)", 『한국도시지리학회지』 9(3), pp.109~123.

최태욱(2006), 수성구, '대구의 강남'되면 지역발전 역효과, 대구신문, 2006.9.5.

하름 데 블레이 지음, 황근하 옮김(2009), 『공간의 힘』, 서울: 천지인.

한국사회학회 편(1992), 『한국의 지역주의와 지역갈등』, 서울: 도서출판 성원사.

한승준(2006), "지역 간 교육격차의 사회경제적 배경지표에 관한 연구", 『현대사회와 행정』 16(3), pp.277~304.

한주연(2002), "도시 공간 구조의 양극화 현상에 관한 연구: 주택가격 변화의 공간적 분포에 대한 분석을 중심으로", 『한국도시지리학회지』 5(1), pp.65~81.

교육과학기술부(2008), 2008년도 학업성취도 평가결과 및 기초학력 미달학생해소방안. 교육과학기술부 보도자료, http://www.mest.go.kr.

국가통계포탈 인구주택총조사, http://kosis.kr.

대구광역시교육청 통계연보, http://www.dge.go.kr/.

매일신문, 2008.7.3, 孟母 위장전입之敎, http://www.imaeil.com.

매일신문, 2001.4.23, 대구 불균형 발전 어디…….

매일신문, 2008.7.3, 孟母 위장전입之敎 …… 수법 날로 진화, 수성구 단속강화.

머니투데이, 2009.6.18, 돈·학벌 대물림, 카스트 시대 도래.

문화일보, 2010.2.4, 서울대 일반고 합격자수 광역시 자치구별 격차 최대 36배.

영남일보, 2007.4.8, 대구이전 공공기관직원 자녀교육이 이사 걸림돌.

영남일보, 2011.7.21.

조선일보, 2008.9.29. 학원 1번지는 대치1동, 최고의 먹자골목은 종로.

한겨레신문, 2006.12.27.

한겨레신문, 2006.12.27, '원조강남' 뺨치는 대구 수성구·대전 서부 '지방의 강남들'

통계청(2008), 2008년 사교육비 조사보고서, http://www.nso.go.kr.

한겨레신문, 2009.9.30, 정운찬 총리 "새 성공신화 바탕 마련하겠다"

학교알리미, http://www.schoolinfo.go.kr.

부동산뱅크, http://www.neonet.co.kr.

Brown, P.(1997), The 'Third Wave': education and the ideology of parentocracy, In A. H. Hasey, H. Lauder, P. Brown, and A. S. Wells(eds), *Education: Culture, Economy, and Society,* 339~408, Oxford: Oxford University Press.

R. J. Havighurst·B. L. Neugarten(1958), *Society and Education,* Boston: Allyn and Bacon, Inc.

04

학습형사회의 교육론

KOREA
EDUCATION

현 시대의 지배적인 교육은 개인의 사회정치적 성공을 위한 수단으로 기능하며, 인재인물의 양성이 사회문화적 목표가 되어 있다. 이 교육은 개인과 가정에 무한 책임을 부과한다. 학습형사회의 교육론을 대안교육론으로 체계화하고자 한다. 학습형사회의 교육은 '교육 그 자체가 삶'이 되는 체계의 교육론이다. 학습형사회의 교육론 구성을 위하여 첫째, 교육이 삶이 될 수밖에 없는 절실한 이유가 무엇이고, 둘째, 교육이 성립하기 위한 논리적 가정이 무엇이며, 셋째, 교육현장이 이론적 기초를 어떻게 형성할지를 논할 것이다. 삶이 되는 교육은 교사·학교에 의해 가능하다. 그러기에 교사·학교가 책임지는 교육에 대한 이론적 정립을 의도한다.

제9장 학습형사회, 그리고 학교와 교사

김민남 · 손종현

Ⅰ. 삶이 되는 교육

삶이 되는 교육은 어떻게 가능한가? 이 철학적 물음은 우리 모두의 공동관심사가 될 수 있는 교육이 있다면, 그 교육은 어떤 것인지를 성찰해보라는 간곡한 당부일 것이다. 젊은 세대의 삶의 안정을 향한 당대 세대의 근심이라고 '교육'을 이해한다면, 그때 교육은 우리가 함께할 수 있는 공동의 관심사가 되지 않겠느냐고, 나는 생각한다. 삶의 안정은 어떻게 확보되는가? 앎에 통제되는 삶을 산다면 누구나 그럴만하다고 인정하는 삶을 저마다 영위할 수 있지 않겠느냐고, 나는 그렇게 생각한다.

삶과 앎을 어떻게 진술하면 교육의 문제로 확정할 수 있을까? 일단 나는 교육문제는 '학습형사회'의 문제라고 확정한다. 나는 여기서 '학습형사회'를 교육이론으로 체계화하려고 한다. 학습형사회는 정보를 주고받는 사람관계라고 일단 규정하며, 관료적 발상에 따른 조직사회를 대체한다고 부언한다. 규칙·규정·관례를 가지고 앎을 통제하는 관료조직 사회에 반해서, 학습형사회는 앎을 가지고 스스로의 삶을 정돈하는 사회를 형성한다. 그 사회에 사는 사람들은 기꺼이 삶의 현장을 구성한다. 그렇게 삶의 현장구성을 경험하는 사람들이 정보를 나눌 수 있는 사회문화체제가 삶의 현장구성을 지속적으로 선택하도록 하며, 그리고 거기서 얻는 앎의 참을 보증한다. 부단한 앎의 확장이 인간 삶의 구조적 특성이다. 이것이 생존체제 구축을 보증한다.

'삶이 되는 교육'을 문제제기 한다. 번잡스런 일상, 여기저기 기웃대는 비루한 일상과 단절한다. 생존체계의 구축, 이 단순성으로부터 삶이 되는 교육의 단초를 얻는다. 그 교육은 삶의 현장을 구성하는 능력을 문제 삼는다. 밥과 민주주의가 삶의 내재적 가치로 부각된다.

나는 생존체계를 구축하는 인간경험의 구조적 특성을 '제도운영의 경험'이라고 그 성격을 부여한다. 그것이 인간경험의 독특성이자 인간다움을 결정짓는 요소라고 규정한다. 그 교육의 개념적 윤곽을 다음과 같이 그려본다.

교육은 앎을 매개하는 사람관계이다. 앎이 삶을 통제한다.

삶은 생존체계의 구축이다. 생존한다는 것은 생존을 지속케 하는 시스템, 체계를 구축한다는 것이다. 생존체계를 구축하여 비로소 일상의 삶을 영위한다.

삶은 정보이다. 삶은 앎의 관계이다. 삶은 배움을 교환하는 관계이다. 부대끼며 사는 공생의 생존양식이다. 인간은 앎을 가지고 생존을 지속하는 체계를 구축한다. 앎은 지식과 이해의 형성을 포함한다. 자연에서 노동하여 생산물을 얻고 인간과 교제하여 이웃을 얻는다. 스스로에게 부끄럽지 않고 남에게 수치심을 안기지 않는 사회문화적 안전망을 형성한다. 사회문화적 안전망은 인간다움의 조건이다.

왜 삶의 교육을 우리 교육의 시대적 과제라고 하는가? 인력이라는 정치적 목표, 그 정치적 목표를 개개인의 삶의 성공으로 받아들인 인재·인물이라는 문화적 목표, 그 문화적 목표를 관철하는 전술로서의 교육에 충격을 가하기 위해서이다.

세 가지 물음을 묻는다. 먼저 삶이 되는 교육일 수밖에 없는 절실한 이유에 대해 묻고, 그 교육이 성립하기 위한 논리적 가정에 대해 묻고, 그리고 논리적 가정과 병행하는 교육의 문제, 즉 '학습형사회'로서의 학교(교육현장)의 이론적 기초를 어떻게 형성할지 물어보려 한다. 이 물음에 대한 논의는 '책임 있는' 교육에 대해 학교·교사가 왜 그토록 무관심한지에 대해 추궁하는 형태를 취할 것이다.[1]

글을 이렇게 적는다. 전략적으로 한국교육이 처한 난관의 한 중심에 '학교·교사의 무책임'이 도사리고 있다는 판단하에 학교·교사가 오늘을 철학하는 반성적 자세에 대해, 그리고 학교·교사가 책임지는 교육활동을 기획하는 것에 대해 함께 생각해볼 수 있는 것을 적으려 한다. 그래서 '책임 있는 교육'을 화제로 삼아 삶이 되는 교육을 풀어간다. 삶이 되는 교육이라는 주제를 풀어가는 화제는 '책임 있는' 교육에 대한 것이다. 즉 아이들'의 (of)' 교육 그리고 학교·교사에 '의한 (by)' 교육, 무엇을 어떻게 하면 교육이 되는가의 물음에 관한 것이다.

Ⅱ. 학습형사회

아무도 책임지지 않는 교육이 이루어지고 있다. 여기에 한국교육의

---

1) 문제를 문제라고 말할 수 있는 용기를 가져야 한다. 문제를 의식한다. 문제를 의식한다는 것은 그 문제로 인해 마음에 병이 생겼다는 것이다. 위험하지 않은 사상은 사상이 아니라는 말을 기억하면서, 우리 교육의 난점에 대해 숙고해본다.

문제가 도사리고 있음을 문제 제기한다. 우리 교육문제는 학교·교사가 책임지는 교육에 대한 문제이다. 그래서 나는 학교·교사가 책임지는 교육에 대한 이론의 정립을 우리 교육의 문제로 확정한다. '학교·교사가 책임지는 교육'은 오늘 우리 교육론을 형성하기 위한 전략이다. 한국인의 삶의 형태를 세련시키려는 교육당사자들의 학문적 실천적 노력에 상상력을 불어넣기 위함이다.

교실과 학교를 시설이 아닌 사회로 만든다. 학교를 학습형사회로 운영한다. 교실과 학교를 학습형사회로 운영한다는 것은 난관의 해결에서 얻는 앎을 교실과 학교의 활동의 중심에 배치한다는 것이다. 시설로 운영한다는 것은 앎을 교실과 학교에서 분리시킨다는 것이다. 직접 가르치고 그것을 우겨넣으려 한다는 것이다. 이제는 숙성하여 자기의 것으로 만들도록 기다린다. 이는 앎의 생태학을 반영한다.

학교가 학습형사회가 되고 나아가 사회가 학습형사회가 된다. 거기서 저마다 삶이 정보가 되는 세상살이를 한다. '사람이 사람을 가르치지 못한다. 환경이(혹은 삶이) 가르친다'는 것을 인정한다.

삶이 되는 교육은 기본적으로 앎의 체계화를 바탕으로 해서 성립한다. 기본적으로 교육은 앎(지식과 이해)을 매개하는 사람관계이다. 앎은 '~에 관한~'이라는 형식을 취한다. 앎은 대상과 그 대상에 관여하는 방식을 분명하게 드러낸다.

경험은 물론 앎의 한 형식이다. 경험은 그 나름의 대상과 관여방식을 가지고 있다. 일상을 사는 사람들은 자신의 경험을 반추하여 얻은 앎을 가지고 삶에 대해 이런저런 이야기를 한다. 삶 이야기는 내면에서 일어났던 것에 대한 반성과 세계(자연과 인간)와 관계하며 얻은 설명을 구성한다. 경험의 앎이 담보하는 진실은 경험법칙에 의거한다. 진실은 머릿속의 짐작(관념)을 사실로 확인한 것, 즉 그 앎이 진실이 되었다는 것은 실천을 해서 검증한 것이다. 아무튼 경험의 앎은 그 나름의 방법론에 의해 체계를 가진다.

앎은 기본적으로 '이론적'이다. 앎은 삶에서 만나는 난관(사건·사태·문제)을 풀어내는 경험을 추상 작용한 것이기에, 이후 겪게 될 경험에 대해 묘사·설명·해석의 힘을 가지고 있다. 그 힘은 '이해'라는 행위양식으로 성립한다. 이해한다는 것은 이후 다른 유사한 대상에 대해 그렇게 행위·관여할 수 있게 되었다는 것이다. 그만큼 경험이 심화·확대되었다는 것이다. 누구든 자신의 경험의 앎(지식과 진실)으로 자기의 삶을 정돈한다. 사람은 삶을 정돈해야 만족한다.

교육은 지식과 진실의 조건을 갖춘 앎의 문제이다. 교육은 앎을 이해의 형태로 소유하게 하고, 그래서 이후 더 진전된 행위를 하게 하는 것이다. 이해는 대상세계와 연관하는 하나의 행위양식이며, 그러나 중요한 행위양식이다. 의도적 형식을 갖춘 교육은 아이들의 이해의 행위양식을 발전시킨다.

교육은 과학이라는 방법론을 가지고 앎을 통제한다. 그 앎도 기본적으로 앎을 가지고 삶을 통제하는 '인간능력'(인간경험)의 소산이다. 교육은 이 인간능력을 문제 삼는다.

교육은 앎을 매개하는 사람관계에 대한 것이고, 그것은 삶의 방식의 문제이다. 교육의 임계치는 삶의 방식 변화가 아닐까? 치료도 아니고, 상담도 아니고, 인재양성도 아니고, 훈련도 아니고, 양육도 아니다. 맞춤도 아니다. 백년지대계도 아니다. 교육은 실제적인 것이다. 학교·교사가 책임지는 일이다. 어떻게 말하든 교육은 이해의 방식으로 앎을 얻는 작업이고, 자연과 인간과 세계와 연관하는 방식의 확장이다.

교육은 이해와 용서의 세상살이에 의도적으로 관여한다. 의도적으로 관여한다는 것은 관여를 체계화(이론화)한다는 것이다. 체계화는 사실과 설명의 교실 그리고 진실과 체득의 학교를 가능케 하는 발전 프로그램을 만들어낸다는 것이다. 교육을 사회개발론으로 적을 수 있다.

이해는 체득을 이끌고 이를 포함한다. 체득은 몸(경험)의 언어이다. 그 언어는 지혜 혹은 사상을 담지한다. 지혜는 이렇게 경험(몸)을 거쳐 체득된다. 따지고 계산하지 않는다. 체득된 것은 선포된다.[2]

이해가 공동체 관계(용서)에 앞선다. 전략적으로 그렇게 설정한다. 그래야 교육이 성립한다. 깊이 들어가면 다를지 몰라도 어떤 사상도 인간 삶의 안정이라는 지평에서 보면 이 공동체 관계는 모두에게 공유되어 있다. 이 명제는 삶의 교육론을 규정하는 개념적 규칙이다. 공동체가 이해의 성장에 장애가 될 수 없다. 공동체라고 하지 않고 '공동체 관계'라고 했다. 공동체를 실체로 이해하지 않고 기대와 신뢰에 바탕한 관계방식을 강조하려고 한다. 공동체를 목적으로 설정하지 않고 교육 활동을 통해 드러나는 그림자 같은 것으로 설정한다. 교육학은 인간의 역사 참여의 힘에 대한 신뢰를 구축한다. 그 힘은 이해의 성장을 통해서 온다.[3]

앎을 매개해서 탐구와 발견의 경험이 일어나고, 그것이 확장된 경험의 재구성을 이끈다. 거기에 교사와 학생, 학생과 학생의 교육적 관계를 매개한 탐구공동체가 작용하고, 거기서 학습형사회가 성립한다. 그 학습형사회 내에서 이해와 용서의 인문적 환경이 잠재적 교육과정이 된다.

---

2) 듀이가 『논리학: 탐구의 이론』에 적기를 앎은 일반화가 아니라 추상작용의 해방이라고 했을 때, 지식 혹은 앎은 어떤 특정한 용도에 맞춤이 아니라 창조적 지성의 도구이어야 함을 강조한 것이다. 그는 오늘 용도맞춤형 지식의 범람을 이미 예언했음에 틀림없다. 경험을 재구성하는 인간화의 길을 가로 막는 이득을 챙기는 지식이 범람하는 시절에 살고 있다. 그는 이 재난을 예방할 새로운 과학의 개념을 제안하고 있다.

3) 이해와 용서라고 하지만 용서는 가르침의 직접적 대상이 되지 않는다. 이해를 가르쳐 용서에 이르는 길을 연다. 용서를 가르치려던 오만을, 학교에서 병원에서 법원에서 심지어 교회에서 목격한다.

교실사회 발전 프로그램과 학교사회 발전 프로그램을 가지고 교육을 문제제기 하는 것이 교육의 논리를 지키는 일이다. 그 논리가 교실과 학교를 넘어선다. 그때 빛나는 말이 된다. 다른 것을 빌려서 근사한 말을 하는 좀생이 짓을 그만둔다. 교육의 것은 교육에 돌려주고 하늘의 것은 하늘에 돌려주면 된다.

모든 사회가 교육개혁에 나선다. 개혁의 길은 학습형사회이다. 이상이 아니고 현학이 아니다. 현실이다. 피할 수 있는 선택이 아니다. 먼저 학습형학교이다. 한편 교실을 교수형사회라고 비유적으로 말하겠다. 교수형사회에서는 가르침이 우선한다. 가르침은 학습의 종자(학습의 학습)가 될 수 있는 것을 가르칠 수 있도록 구조화된다. 종자가 될 수 있는 것을 가르칠 수 있는 교실구성은 학습형사회를 그 속에 함축한다고 생각하는 교수이론도 얼마든지 유효하다.

Ⅲ. 책임지는 교육과 교사

1. 책임지는 교육

교육에 대한 국가의 비도덕, 국가권력의 부당한 간섭에 대해서는 이미 많은 논의가 이루어졌다. 이제 학교 내부의 관료화에 대해,[4] 학교·

---

4) 현실론과 준비론은 관료화의 기제이다. 관료들은 '현실이 그렇지 않다'는 말밖에 할 줄 모른다. 권력 엘리트도 현장(학교와 교사)에 대해 자율의 능력이 없다는 현실론을 펴고, 아이들도 학부모도 처한 현실에 대해 손사래를 친다. 교사도 관료행정 때문에, 수능시험 때문에, 학력사회와 대학서열화 때문에, 학부모 때문에 할 수 없다는 현실론을 내놓는다. 그런 류의 현실은 누구에게나 있다. 그런 현실론은 남에게 탓을 돌리는 불편한 심기일 뿐이다. 이 순환논리의 고리를 풀어야 한다. 교사가 먼저 풀어야 한다. 그래서 나는 학교혁신의 과제를 교사의 문화투쟁이라는 '현실론'을 편다. 이 현실론은 현안을 근본이 되게 풀자는 논지이다. 학교 내부의 관료화가 아무도 책임지지 않는 교육을 파생시켰다. 학교·교사는 거기에 대해 무기력한 행태를 보이고 있다. 그것은 시대의 흐름을 읽을 수 없는 사상적 문맹을 낳았다.

교사가 아이들에게 가하는 문화적 폭력에 눈을 돌려야 한다. '학교·교사가 아이들에게 가하는 문화적 폭력'이란 학교와 교사가 교육활동에 책임지지 않고, 주로 시험성적으로 아이들을 체계적으로 분별하는 짓을 하는 것을 말한다. 아이들을 분별하는 짓을 해서 교육과 사회의 동력을 얻고 있다는 것, 학교·교사가 알게 모르게 그것에 앞장서고 있다는 것이다. 아이들의 '학력의 신장'이라는 현실적 요구(이해의 성장)에 무감각하고 그래서 교육을 추상화해 버리는 짓을 예사로 하고 있다. '교육을 추상화해 버리는 짓'이란 교육을 아이들의 성실과 유능의 문제로 환원해버리는 것을 말한다.

지식·문화·개성의 시대에 삶의 현장을 구성하는 능력과 태도를 기르는 일은 시급을 다투어 풀어야 할 과제이다. 이 과제를 수행하기 위해 청년실업·비정규직을 볼모로 국가경쟁력을 도모하는 세력에 대해 항의해야 하고, 알게 모르게 이 세력에 힘을 보태준 학교·교사의 제도적 행태를 반성해야 한다. 마치 환자와 의사 사이에 책임 있는 의료관계가 성립하는 것과 같이, 책임 있는 교육을 매개하는 교사와 아이들 관계를 염두에 두고 내부 정책을 입안하고 실행하는 학교·교사, 이것을 문제제기 한다.

삶이 되는 교육을 생각하기 위해 우선 학교를 제자리에 놓고 보는 조망을 필요로 한다. 학교는 교육기관이다. 교육기관이기에 학교·교사가 책임지는 교육을 한다. 학교·교사는 오로지 아이들에게 책임을 진다. 어떻게 책임지는가? 아이들의 필요와 요구를 교육활동을 구성하는 지표로 삼는다. 아이들의 필요와 요구는 아이들의 관심사, 흥미로 나타난다. 책임은 그 아이들의 관심사와 교육과정을 기획하는 교사의 관심사 사이의 간극을 좁히는 문제이다. 이 문제는 난제다. 끝내 하나가 되지 않을 수 있음에도 끝내는 하나가 된다는 신념을 가지고 하나가 되지 못하게 하는 장애를 걷어내는 과정, 그것이 교사의 교육과정 기획의 논리이다. 자기 교재를 가지는 것, 이 일관된 지속적 관심사가 교육과정 기획의 논리이다.

책임지는 교육활동을 수행하는 학교를 만든다. 그것이 우리의 혹은 오늘의 문제이다. 시대 흐름을 놓치지 않는 교육에 대한 사회적 합의가 우리 교육의 문제이다.[5] 사회적 합의에 무관심한 것이 우리가 처한 난관이다. 어느 세력도 함께 참가하여 토론하고 고민할 수 있는 주제 혹은 토픽을 장만하는 것이 긴요하다. 학교와 교사가 책임지는 교육이다. 책임지는 교육이 주제라는 것을, 그 주제에 대해 어느 세력도 주변을 맴도는 토론을 해왔다. 이 연구는 책임지는 교육이라는 주제를 부각시키고 이 쟁점을 중심으로 사회적 합의의 장에 교육세력을 초대하려고 한다.

학부모도 학생들도 찾아가 항의할 수 있는 교육, 항의에 대해 명료하게 대답해줄 수 있는 교육, 무엇보다 항의를 수용하고 대답을 행하는 교육을 학교·교사가 나서서 기획하고 전개한다. 이 '시민성'을 교육에 정립할 때 그것이 공교육이 된다. 그런 학교·교사의 정책적 자율이 '책임 있는' 교육을 구성한다.

다시 어른 중심에서 아이들 중심으로 축을 옮긴다. '아이들 중심'이란 아이들을 위해서가 아니라 아이들'의' 시선으로 교육을 본다는 것이다. 아이들이 개념을 가지고 대안을 가지고 방향감을 가지고 세상을 산다는 것, 만들어 놓은 세상도 중요하지만 아이들이 만들고 있는 활동

---

5) 자식교육에 방관자 자세를 취하는 국가의 무책임과 학교의 무책임에 대해, 학부모는 스스로 참여하여 책임지는 교육을 구하고 만들어낸다. 학부모는 이유 있는 불안을 극복하기 위해 이유 있는 대안을 모색한다. 대안 모색이 사교육으로 집중된다. 가족의 모든 자원을 투입하는 사교육 구매가 교육특구로 귀결되었다. 교육특구로 진화된 사교육은 차별을 목적으로 내건 교육형태를 지칭한다. 차별(교육목적)은 '중앙'을 진술하는 방식으로 가치화된다. 중앙은 성적과 석차 혹은 학력과 경력을 표준으로 사람을 분별하는 방식을 포함한다.

도 중요하다는 것이다. 그 활동은 눈을 떼지 않고 마주 바라보고 있는 교사의 상상력에 의해 살아나는 것이고, 그 상상력 없이는 그 활동은 기력을 잃는다.

학교·교사는 교육을 기획하는 의무를 다하여 권위를 확보해야 한다. 교육의 한계와 가능성을 분명하게 한다. 가르칠 수 있는 것의 한계와 임계점을 명확하게 설정한다. 아이들을 자극할 수 있는 환경을 마련하고 기다려야 할 것이 무엇인지를 곰곰이 생각한다. 책도 교재이지만 사람(삶)도 교재가 된다는 것을 인정한다. 아이를 평가하는 것과 성적을 평가하는 것을 구분한다. 비로소 책임 있는 교육이 성립한다.

2. 교사에게 요청되는 구조적 탐구

가. 교사가 교육을 철학한다

전문직인이기 때문에 교사는 철학을 요청한다. 교사는 교육을 철학한다. 그것은 자신의 이론을 가지고 싶다는 욕망, 자신의 교재를 가지고 싶다는 욕망의 표출이다. 가수가 자신의 노래를 부르고 싶어 하듯이 그렇다.

철학한다는 것은 예언하고 싶은 욕망의 표출이다. 예언자 같이. 예언은 하늘을 빌려 하는 인간의 말이다. 하늘을 빌리지 않고 인간의 힘으로 예언을 한다. 인간의 힘은 개념적 사유에 의거한다. 개념적 사유로 지혜가 되는 예언을 하여 그것이 합리가 되고자 한다. 지혜와 개념적 사유가 철학을 구성한다. 잘사는 사람은 그 삶이 곧 정보가 된다. 그 정보는 인터넷 정보를 넘어선다. 그 정보는 곧 지혜이다. 그것은 집단적 연대의 성질을 가지며 그리고 사건을 거치며 검증된다.

철학하기는 관례적 도덕을 비켜가는 법이다. 철학은 실적·업적이 아니고 '내' 사고의 실험이고, 판정이 아닌 즐김이고, 최상의 문화적 향유이다. 철학은 나의 신분과 정체를 벗고 나섬의 행위이다.

철학하는 자에게는 추구하는 관심사가 있다. 그 관심사는 그의 뜻이 된다. 뜻을 세우는 것은 자기 철학하기이다. 그는 주관을 죽여 객관을 얻는다. 그는 객관을 보는 눈을 획득한다. 그래서 그는 세계관의 변화를 가져온다.

철학하는 자는 정치적 결단을 한다. 경험법칙에 안주하는 보신과는 단절한다. 야스퍼스의 말을 빌리면, 철학은 정치적 결단으로 제 모습을 드러낸다. 그는 나섬을 선택한다. 내부의 그리고 외부의 금기 깨기를 시작한다. 단절을 통해 새로움을 추구한다. 시작 지점에서 다시 길을 찾아 나서기를 행위한다. 묻힌 것을 다시 발견하는 것을 추구한다. 철학의 체계 수립자가 아니라 철학을 사는 것에 존경심을 잃지 않는 자이다.

교육은 늘 철학을 요청한다. 성장하는 아이들의 문제이기에 그렇다. 아이를 보지 않고 그 아이를 판정하는 국가와 어른들의 고집이 정체되어 있다. 어른과 국가는 교육과 아이들에 개입하고 싶은 유혹에서 헤어나지 못한다. 어느 시대나 그랬다. 국가와 어른들이 고집을 버려야 한다. 버린다는 것, 비운다는 것, 그것은 습숙과의 단절이다. 철학하는 자세를 취하지 않고 버리기는 어렵다. 버리고 단절하여 사상과 지혜를 획득한다.

나. 교육철학 하기는 교육활동의 체계화로 나타난다

교육철학 하기는 듀이를 빌려, 교재를 가르치지 않고 아이를 가르치는 길을 묻는 질문이다. 지금 활동해야 하는 교사는 후자의 물음에 대답해야 하며, 그 대답은 '나의 교육활동'의 체계화로 나타난다.

'나의 교육활동'의 체계화는 이론일 수 있는 틀을 갖추는 것과 특수한 '나의 교재'를 가지는 것이다. 교재는 아이들'의' 것인 소질・재능・관심이 지닌 필요의 충족과 사회적 요구(직능, 직업세계)의 성취를 프로그래밍한 것이다. 교재를 가진다는 것은 아이를 '구별 짓기' 하여 교육의 동력을 끌어내는 짓을 하지 않겠다는 교사(학교)의 대사회적 약속이다. 이것이 학교・교사에 '의한' 교육의 논리이다. 이것이 책임 있는 교육을 가능하게 한다.

체계화는 관념을 실현 가능하게 하려는 작업이다. 체계화는 철학적 질문과 정책적 구안을 거친다. 철학적 질문은 논리적 조건에 대한 탐구이며, 정책적 구안은 전략에 대한 탐색이다.

체계화 작업은 기존의 명제가 아니라 현상을 파고든다. 현상의 다른 의미를 재발견한다. 다른 의미를 드러내 기술하고 지시한다. 새로운 안경(말하자면 브루너의 교수심리학 혹은 교수과학 같은, 교수기술 교수공학을 넘어)으로 달리 보기를 권고한다.

다. 교사가 교육적 관계를 기획한다

'문화적 목표'에 예속된 학교가 아니라 교육적 구상에 따라 배치되는 학교를 기획하고 운영한다. '교육은 앎을 매개로 하는 교육적 관계'라고, '학교와 교사는 이 교육적 관계를 확장하는 교육활동에 책임을 다하는 자'라고 일단 말하겠다.

교육적 관계가 실재한다. 교육적 관계는 정답이나 시험으로 고정된 관계가 아니라, 과학답게 예술답게 도덕답게 하는 행동양식을 추구하는 그 교사와 그 학생의 관계를 말한다. 교육적 관계는 모험이다. 그 관계는 교육과정(세계를 읽는 능력으로서의 학력)에 규정된다. 교육과정은 교사와 아이들이 동일한 활동을 이끌어내는 맥락, 개념과 대안과 방향을 가지고 생각하고 행동하는 맥락이다. 이것이 교육의 합리성을 담보한다.

아이들을 마주하고 있는 교사, 이 엄연한 사실을 무엇보다 먼저 교사가 자신의 현실로 받아들이는 것, 그것은 따져보고 챙기는 이성의 문제가 아니라 아이들의 요구를 직접적으로 챙겨서 반응하는 감성, 상상력이다. 현실감각에 따르는 책임감, 그 책임의 윤리 혹은 논리를 관철하는 교육과정 기획을 매개하는 교사와 아이들의 관계, 그것이 교육적 관계이다. 이 관계가 합리적 교육활동을 규제한다. 관계는 책임의 공개, 교육과정 수준에서 이루어진다. 학력이 아니라 학력을 추구하는 아이들과 관계한다.

아이들의 요구를 교육학으로 대답하는 것이 학력신장이다. 청년실업이라는 난제 앞에서 직업세계에 적응하고 직업세계를 확장하는 창조적 능력의 단초가 되는 학력을 실질적으로 고민하는 것이 교육과정 노력이다.

국가가 관리하는 교육과 가족이 모든 자원을 투입하는 교육은 기본적으로 경쟁과 석차의 과정으로 환원되게 되어 있다. 학력은 사람을 분별하는 기제로 작용하게 되어 있다. 학생과 교사를 개별화하고 학교를 분류하게 되어 있다. 학교(교육)는 삶의 장이 아니라 특수한 목표달성을 위해 관리되는 장이 된다.

교육기관인 학교는 체계적 학습으로 학력을 성취하는 체제이다. 체계적 학습을 통한 학력은 교류, 대화, 검토, 연습, 재현, 탐색 등과 같은 활동을 거쳐 교재(subject matter)를 인간화 행동양식으로 전환하는 과정이고 결과이다. 그것은 잴 수 있고, 기록될 수 있다. 학력의 가치를 인정한다. 미래의 예언치로서가 아니라 학력다운 학력을 인정한다. 잘 삶의 밑천이 되기에 충분한 행동양식이 되는 것, 그것이 '학력답게' 된 학력이다. 개념을 가지고 말할 수 있고, 대안을 가지고 선택하고, 그 방향으로 줄기차게 결단하는 인간화된 능력이다. 대결 같은 경쟁과 석차로 포박된 인간활동을 해방시키는 것, 그것은 이른바 지식기반형 사회의 요청이다. 개성과 창의의 시대는 천재의 업적이 정보가 되는 시대가 아니라 한 사람 한 사람의 삶이 정보가 되는 시대의 요청이다. 저마다 개념과 대안과 방향을 가진 선택을 가능케 하는 교육이 시대의 요청이다.

교육적 관계 방식에서 아이들과 교사는 다르면서(갈등하면서) 같아진다(용서한다). 어떻게 그렇게 되는가? 아이들은 이해의 활동을 한다. 교사는 그 활동을 기획하면서 자신의 활동을 이해한다. 아이도 교사도 이해가 성장한다. 이해의 활동과 이해의 성장, 그 이해의 다름과 같음이 교사와 아이들 간의 관계방식이다.

아이들과 교사가 동일한 한 가지 활동을 하면 그것은 책임 있는 교육활동이 된다. 그때 교사와 아이들은 교육적 관계를 형성한다. 한 가지 동일한 활동, 즉 이해를 구하는 활동을 한다. 그 활동을 하며, 교사와 아이들은 서로 같이 되고 그리고 서로 다르다는 것을 경험한다. 교사의 교육활동 이해와 아이들의 교과 이해, 거기에 아이들과 교사의 다름이 있고 같음이 있다.

라. 교사는 '무엇을 어떻게 하면 교육이 되는가'를 묻는다

'교육은 무엇인가' 하고 본질을 추궁하지 않는다. 새삼 관념적 구조물을 구축하는 것이 불필요하고 해롭기 때문이다. 본질 혹은 불변의 고상한 것을 교육이라고 생각할지도 모르는 그 생각으로 행동을 면제받는 형이상학적 함정에 빠지지 않고, 교육의 본질을 고민하는 방법을 생각한다.

문자 그대로 생각이 분노를 자아내고 행동으로 이어지는 교육본질에

대한 고민은 어떤 것일까? '교육이 무엇인가' 하고 묻지 않고, '무엇을 어떻게 하면 교육이 되는가'를 묻는다. 이 물음을 통해 교사 저마다 자신의 교육활동을 통하여 교육의 개념을 정립해보는 경우를, 그래서 교사들이 모이기만 하면 교육에 대해 이론적 논의를 하게 되는 그런 경우를 상상해 본다. 틀림없이 그들 논의는 각자가 교육활동을 하며 부딪치는 난관을 가지고 '이론적으로' 이런저런 이야기를 나누는 그런 경우이다.

여기서 '이론적'이란 자기 경험을 말하여 그 경험이 재구성되는 반성과 같은 경험이다. 이론적 논의에 냉소하는 분위기야말로 본질을 생각나게 하는 상대주의 풍토를 만들어내지 않았을까? 나는 '본질에 대한 관심'은 이론적 논의의 결핍과 욕망이라고 본다.

삶이 되는 교육은 '무엇을 어떻게 하면 국어교육이, 혹은 수학교육이, 혹은 도덕교육이 되는가'라고 묻는 교사들의 구조적 탐구에 의존한다. 교실에서 가르친 수학이 교실 밖(학교와 사회)에서 학습되는 수학으로 진전되는 길을 탐구한다. 그것이 수학을 잘 가르친다는 의미이다. 이것을 지키지 못하면서 근무여건을 불평하고 구호를 외치고 사교육을 개탄하고 있다.

마. 무엇을 어떻게 가르치면 아이들의 배움이 확장되는가?

교실에서 얻은 것을 교실 밖에서 되새김한다. 인수분해 풀이가 되새김되어 세계와 연관하는 방식으로 확대된다. 세계와 연관하는 작업을 하고 있는 '나', 그 나를 발견한다. 자아를 발견한다.

삶이 되는 교육은 '아이들이 교실에서 학습한 것을 교실 밖에서도 내내 고심하게 되는 경우'라고 한마디로 정의한다. 거기서 시작한다. 그때 시작이 반이 된다.

이해와 용서, 그렇다면 교육은 이해라는 행위방식을 깊게 하여 존재각성에 이르는 길이라고 할 수 있다. 이해와 용서는 인간의 특권이다. 이해는 사실과 진실을 구성한다. 앎과 인성은 병행한다.

교육은 이해(이론적인 것)와 용서(실천적인 것) 중 어느 하나에 치중하거나 아니면 둘을 절충하려고 한다. 현대교육학은 이해와 용서를 하나로 통합하려고 한다. 문제는 둘이 하나가 되도록 교육의 목적을 정립하고 교육과정을 기획하는 일이다.

화이트헤드(Whitehead)는 그의 저서 『교육의 목적』에서 "이해하는 것은 용서하는 것이다"라고 천명한 바 있다. 용서는 합리의 영역 안에 있다. 그것은 경험에 내재하며 경험을 초월하지 않는다. 화이트헤드는 그것을 교육목적으로 진술하려고 했다. 용서를 인간발달의 정점으로 삼아 발달이론 체계를 형성하고 그 체계로 설명되는 발달을 교육목적으로 정립하려는 사회심리학자도 있다.

이해는 설명으로 나타나고, 용서는 신념으로 나타난다. 사실을 넘어서 있는 진실, 진리, 소망, 소원, 자비, 사랑, 불멸은 체득된다. 체득은 내적 희열을 거치는 자기화의 형태를 취한다. 말하자면 진실은 체득되는 것이며 인격으로 성립한다. 평화는 인격이지, 지식이 아니다. 인격은 이해의 임계점이다.

먼저 이해의 활동을 조직하라. 아이들을 작업하게 하라. 그것은 '닫힌' 엄격한 공간이다. 그리고 이야기를 지어낼 문화적 공간을 조성하라. 그것은 '열린' 내심과 관계의 상상력 공간이다. 이 명령을 교육에 정립하는 것이 오늘 우리가 뚫고 풀어야 할 현안이고 근본문제다.

Ⅳ. 학교·교사의 교육과정 기획

학습형사회 운영에 대한 책임은 학교·교사의 교육과정 기획을 필연적으로 요청한다. 학교·교사의 교육과정 기획이 무엇이며, 왜 중요한 것인지에 대해 논의한다.

1. 교육과정은 방향과 종착점에 대한 물음(졸업)의 기획이다

방향과 종착점에 대한 물음이 아이들의 교육을 기획하게 한다. 이것이 '졸업을 기획한다'는 말의 의미이다. '졸업을 기획한다'는 것은 '이런 것을 이런 수준에서 이해해야 하고, 그 수준이 세계에 연관하는 일관된 방식이어야 한다'고 할 때의 그 방식을 프로그래밍 한다는 것이다.

졸업을 기획한다면 아무도 IQ와 성취도(성적)를 가지고 교육을 기획하지 않을 것이다. 아이들의 유능과 행실을 기획하지 않을 것이다. 지식을 전달하지 않고, 지식을 이해라는 행위방식이 되게 가르치려고 할 것이다. 이해는 세계와 연관하는 인간적 도구이다. 학습과 체득의 장이 되는 학교를 기획할 것이다.

교육의 길, 공부의 길은 실재한다. 교육을 생각하는 사람들은 교육의 길은 어디로 향하고 있으며 그 길의 끝은 어디인가 하고 늘 묻는다. 방향과 종착점이라면 결국 자아의 발견이라고 해야 하지 않을까? 자아의 발견은 세상을 잘살아보려고 의욕하는 '나'를 의식하고 있는 '나'일 것이다. 세상을 잘살려고 한다는 것은 내면을 살피고 타자의 시선으로 연관한다는 것일 터이다.

이렇게 생각하자. 교육의 길을 이탈하지 않고서, 오로지 교육의 길을 걸어서 도달할 지점(목적)이 어디인지 생각해야 한다. 먼저 자기만을 위한 욕망이 아니고 모두가 욕망할 만한 것, 그리고 반드시 무엇인가를 배워서 얻게 되는 것, 이런 조건에서 그 지점을 생각한다면 교육의 길을 이탈하지 않을 수 있을 것이다.

2. 교육과정에 의한 교육활동이 교육의 합리를 담보한다

교재구성의 지적 수고를 거친 교육과정이 교육활동의 합리를 담보한다. 교육과정을 구성하고 그것을 규범으로 삼아 활동하는 것은 교육의 합리를 구하는 방식이다. 그것은 교육의 자율을 인식하는 근거이다.

교육은 교육과정을 가지고 하는 것이다. 그것이 교육의 합리적 근거이다. 교육과정은 비판 가능한 교육활동임을 공개하는 것이다. 교육과정에 따른 교육활동은 교사와 학교에 의한 자원 재분배이다.

교육과정은 학교·교사가 펴는 핵심정책이다. 정책적 자율이라고 했을 때 그 자율은 교육과정 구성에 관한 학교·교사의 책임을 지칭한다.

3. 교사가 교육과정을 기획함이 마땅하다

교육은 교사를 통한 실제적 개입이며, 현실감각에 기초한 책임감이다. '하나를 가르쳐서 둘 셋을 알게 한다.' 이 일상적 언어를 세련시켜 사용하는 것이 '교육과정'이다. 가르칠 하나가 어떤 것이며 알게 될 둘 셋은 어떤 것인지, 그것을 어떻게 평가할 것인지, 이런 질문을 가진 고민을 하는 것이 '교육과정 기획'이다.

교육과정 질문은 다음과 같다. 무엇을 어떻게 하면 국어교육이 되고 음악교육이 되는가? 이 질문은 판을 거듭하는 자신의 교재구성으로 대답된다.

국어교재를 가지고 국어교사가 된다. 음악교재를 가지고 음악교사가 된다. 교재는 소통을 이끄는 콘텍스트이다. 텍스트가 아니다. 그 교사의 교재는 '국어교사회의 교과서'의 재현이다. 교사는 교육과정의 틀 속에서 구속과 자유를 동시에 누린다. 이것이 교사가 논의공동체에 참여하는 방식이다.

교육과정은 공부의 길이다. 공부에도 길이 있다. 그 길을 어떻게 낼까? 듀이의 경험재구성 모형을 참조하여, 프레이리의 의식화 모형을 참조하여, 스키너의 행동수정 모형을 참조하여, 그 길을 만들 수 있다. 터놓은 공부의 길, 그것이 코스워크이다.

다소간 자의적이긴 하지만 교사는 지식을 체계적으로 제시하고, 학생은 이해의 활동을 한다. 코스워크는 지식을 체계적으로 제시하는 방식이라고 해도 된다. 체계적으로 제시한다는 것은 마음을 실어 공부하도록 지도한다는 것이다. 체계적 제시는 논리적인 것과 심리적인 것을 통합하려는 교사의 교육학적 노력을 표상한다. 수업의 목표를 진술하는 방식은 지식의 체계적 제시라고 할 수 있다.

교사의 교육과정 기획은 교육활동 기획을 내포한다. 학교·교사의 교육활동 기획이란, 엄밀한 의미에서 교육환경을 기획하는 것이다. 코스워크 기획을 가지고 끝없이 교류·토론하는 과정을 기획하는 것이다. 지식·정서(인성)를 교류·노출하면서 그것이 지식이 되고 정서가 된다. 그 교류를 기획하는 것이 학교·교사의 책임이다. 그 학교의 교육기획은 그 교류를 기획하는 것, 그 교류가 인문적 환경이 되도록 하는 것이다. 그 교육기획은 교사가 코스워크를 기획하고 그것을 교류할 수 있는 환경(자율성)을 기획하는 것이다.

4. 교사의 코스워크가 지식과 이해의 확장을 이끈다

공부는 지식을 얻기 위해 마음 혹은 정신을 사용하는 일이다. 심리학적으로 정신을 바짝 차리는 일이다. 마음(정신)은 이해를 담당하는 인간의 부위이고, 인간이게 하는 역할이고, 그 사람의 사고하는 방식이다. 어떻게 마음을 실어 지식을 얻는 공부를 하도록 지도하는가, 이것은 교육의 축복이고 동시에 재앙이다.

지식은 '~에 관한'이라는 형식을 취한다. 대상이 있고 주장이 있다. 지식을 획득한다는 것, 즉 이해한다는 것은 온당하게 그 대상을 설명한다는 것이다. 원리와 사례를 오고 간다는 것이다.

지식과 이해 이전의 것은 현실, 현재이다. 날 것이다. 날 것은 해석과 평가를 기다리는 형태로 존재한다. '현실이 어떻다'는 판단은 그가 탐구의 대상 혹은 문제를 설정하고 조작을 통해 개념적 탐구를 했다는 것이다.

이해는 사물의 의미와 의의를 인지하는 일, 사물의 있는 그대로의 모습을 자세하게 살피는 일, 겉으로 나타나지 않는다 해도 그것의 의미를 새기는 일이다. 이해는 사물에 대한 이론적 이해이다. 이론적 이해는 보이지 않는 것을 보는 능력을 포함한다. 이해는 진리를 파악하는 힘이다.

이해는 지식을 논리적으로 가정한다. 이해한다는 것은 그 지식을 획득한다는 것이다. 이해를 평가하기 위해 그의 지식이 어떤 것인지를 묻는다.

브루너는 '지식의 구조에 대해 말할 수 있는 것'을 지식을 획득하는 것이라고 생각한다. 지식의 구조는 생각의 경제학, 핵심 아이디어이다. 지식의 구조에 의거하여 교재구성이 이루어지고 개념 획득이 이루어진다면, 배움을 담보하지 않는가? 게다가 과학이 지배하는 시대에 과학의 대중화가 교육의 문제라면 더욱 그러하지 않는가?

이해는 이론적이다. 이해는 세계와 연관하는 하나의 행위방식이다. 어떤 것을 이해하게 되었다는 것은 전과 다르게 세계를 연관 속에서 설명할 수 있게 되었다는 것이다.

이해는 사물에 대한 공감의 길을 연다. 이해는 체득을 포함한다. 체득은 이해의 임계치이다. 즉 체득은 마음을 실어 공부하면 이르게 될 이해의 형태이다. 체득은 내심의 힘, 이른바 내면화의 과정을 밟는다. 내면의 힘은 상상력의 원천이다. 이해는 내면과 관계에 의해 성장한다. 이해의 성장은 인간발달을 표상한다. 이해의 성장은 인간다움의 척도이다.

설명할 수 없는 것은 가르칠 수 없다. 설명할 수 있는 것을 중심으로 교실을 구성한다. 교실은 가르치는 활동의 공간이다. 가르침이 배움으로 전환하도록 가르침을 구성한다. 설명할 수 없는 것(삶의 신비)은 자극할 환경을 만들고 기다린다.

교육은 교류(사회관계) '속에서' 이루어진다. 대화의 관계가 교육을 성립시킨다. 그 사회가 갈등과 대립의 관계라면 교육은 홀로 익히는 과정이 된다. 그런 사회에서는 IQ와 성취도가 교육을 결정하는 요소가 된다.

교사도 학생도 이해의 성장의 길을 걷는다. 교사는 교육에 대한 이해(설명)를 추구한다. 교사는 아이들의 이해의 성장을 위한 사회문화체제를 구축한다. 자신의 체제를 가진 교사만이 아이들의 체제를 구축한다. 그 목적의 특수성 때문에 국가와 학부모는 교육을 지원한다. 그것이 교사론의 근거이고, 교육기획의 자율성의 근거이다.

인간의 학습자원은 다양하다. 소질도 재능도 취미도 관심사도 특기도 습관도 포부도 경험도 성향도 부모영향도 계기도, 모두 학습자원이다. 그 자원은 이해라는 행위방식을 거쳐 비로소 원하는 바의 것이 된다. 이해는 사물을 분류하고 구분하고 범주화하고 이름을 붙이고, 이런 활동을 하여 사물을 제자리에 놓는다. 이해는 눈에 나타난 사물을 넘어 눈에 보이지 않는 사물의 세계로 확장하고, 이 길을 걷고 있는 동료 인간과 함께 한다. 교육은 이해의 성장을 구상한다. 이해의 성장에 직간접으로 중요한 사람들이 관여한다(이해의 성장은 용서를 전경으로 나타낸다. 용서가 교육의 전면에 나서지 않는다. 교육의 언어가 설득일 수는 없기에 그렇다. 이해의 임계점이 용서이다).

5. 전문가 교사는 기록 가능한 교육활동을 한다

전문가 교사는 누구인가? 전문가 교사는 이론을 가지고 활동한다. 그는 이론에 의존하는 활동을 한다. 그는 이론에 자문을 구한다. 가설을 가지고 활동하기에 모험을 감내한다. 그는 활동에 책임을 진다. 그에게 증상치료용 땜질식 처방이 있을 리 없다. 교육은 의료보다 사법보다 전문가에 의한 전문적 작업이다.

전문가는 교육적 구상을 현실화하는 학교체제를 구축한다. 교사 전문가는 교육적 구상, 이론의존적 활동, 가설을 가지고 하는 활동, 정답이 아니고 물음을 묻는 활동을 한다.

전문가 교사는 자신의 교재를 재구성한다. 수업은 건축물 설계에 비유될 수 없다. 교실에서 아이들과 교사는 짓고 부수기를 반복한다. 설계는 결국 매뉴얼로 기능하기에, 그것은 교사의 관료화를 심화하는 기제로 작용한다. 그 관료화는 한 번에 딱 들어맞는 비법 같은 것을 찾는 관행이 된다. 교사는 비법 같은 매뉴얼에 빠지는 유혹을 물리치고, 자신의 교재를 재구성하는 지적 수고를 마다하지 않는다. 여기에 배달이라는 모형과 대조되는 예술이라는 모형이 성립한다. 배달이라는 모형은 아이들에게도 정답을 요구하고, 자신의 관료화된 일처리 방식을 그대로 반영한다. 거기에 교육적 관계가 성립할까?

지식체계(탐구방법)를 가르치는 것이 과학을 잘 가르치는 것은 아니다. 과학자(인재, 인력)를 교육하는 것이 아니라 삶을 교육한다. 과학의 신비가 있고, 과학자의 세계를 보는 눈이 있고 과학자의 삶이 있다.

교육활동은 기록되어 공개된다. 교육활동의 기록이 상수이다. 아이들의 성적과 행실은 변수이다. 교육활동의 기록을 상수로 삼을 때 밀실의 교실을 해체하고, 비판 가능한 교실이 된다. 아이들의 유능과 성실이 어떻게 교육의 상수가 될 수 있는가? 그것이 상수라면 교육은 아이들의 행동수정 공학이 되어야 한다. 유능과 성실을 실체화한 성적과 행실이 그 아이를 평가(이해)하는 조회체제가 되었다. 그것을 조회체제로 하여 선발하는 그 폭력을 용인하는 학교·교사의 기록이 이루어지고 있다. 그렇다면 거기에는 '이해'의 활동이 사라지고 없다고 해야 한다. 그 아이를 이해할 수 있기 위해, 교사(학교)의 교육활동은 기록되고 공개되어야 한다.

소통과 재구성이 창조를 구성하는 법이다. 우리는 정보의 바다에 산다. 정보를 나의 정보로, 그 정보의 가치를 나에게 의미하는 바를 파악한다. 그리고 나의 선택에 적합하게 가공한다. 새롭게 편집한다. 그것이 정보화시대의 창조의 문맥이며, 그 창조가 교육과정을 구성한다.

6. 가벼운 교육을 고발하고 엄중한 교육을 선포한다

국가경쟁력도 인력도 인재도 개천의 용도 아닌, '잘 삶'이 교육의 문제라고 교육을 제자리로 되돌린다(길을 잃었다면 출발지점으로 돌아와 다시 길을 나선다는 옛말을 새긴다).

'교육은 엄중한 것'이라는 프레이리의 경고에 귀 기울인다. 프레이리는 고발과 선포의 문법으로 적는 현실감과 거기서 빚어지는 책임감 없이는 교육은 성립하지 않는다는 것을 경고한다. 그는 브라질 민중의 삶에 책임을 지는 역량, 교육적 역량일 수밖에 없는 역량을 쌓는 교사의 길을 정비해주었다.

삶으로 돌아가기 위해, 먼저 가벼운 교육을 경계한다. 민중 혹은 인력 혹은 국가경쟁력을 교육의 목표로 내세우면 교육활동은 획일로 귀결되고 가벼운 일감이 되어 버린다. '하나만 잘하면 대학 간다' 혹은 다양성을 교육의 지표로 내세워도 결과적으로 하나의 줄로 혹은 획일로 돌아가고, 그 결과 교육활동은 더 가벼운 일감이 되어 버린다. 어떤 외적 가치도 그것이 교육적 가치로 번역되어야 하고, 교육적 가치로 번역된다는 것은 그 가치가 교육의 이유여야 한다는 것이다.

V. 결론

지금까지 삶이 되는 교육이 어떻게 가능한지를 포괄적으로 이야기해 왔다. 어떻게 삶이 되는 교육이 가능한가(철학적 물음)와 무엇을 어떻게 하면 교육이 되는가(실천적 물음)라는 물음을 가지고 이야기해 왔다. 그 핵심은 논리적 조건과 뚫고 풀어가는 정치(정책)이다. 삶이 되는 교육은 가르침이 배움으로 확장되는 과정을 가르치며, 그 방향은 자아의 발견이다.

삶이 되는 교육은 문화적 목표에 끄달리고 있는 교육상태를 벗어나서 교육적 구상에 의거한 교육활동을 하겠노라고 고집하는 교사(학교)에 의해 가능하다. 그 교사는 아이들(사람들)은 '자연적 철학자'라는 것을 기본적으로 가정한다.

세상을 산다는 것은 세상의 이치(내면과 관계)에 대해 이해를 가지고, 그래도 세상은 살 만하다는 신념을 가진다는 것이다. 그 이해와 신념이 그 사람을 이야기꾼으로 만든다. 교육은 이야기꾼을 대상으로 이루어진다. 지능과 성취도로 판정된 사람을 대상으로 하지 않는다.

맺음의 말을 적는다. 전체주의 사회에서는 교사가 철학하는 것을 용인하지 않는다. '공식' 철학이 있기에 그렇다. 신자유주의를 정책기조로 삼는 사회도 교사의 철학을 필요로 하지 않는다. 대세의 흐름을 따르며 라이프스타일을 좇는 것을 철학인 양 하기에 그렇다. 세계관적 확신을 수반하는 민중주의 혹은 민족주의도 교사가 철학하는 것을 반기지 않는다. 엘리트인 체하는 자들의 정세분석이 철학의 자리를 차지해버리기 때문이다.

(공)교육에 대한 사회적 합의가 어느 정도 이루어진 곳에서는 '수업 잘하기의 기술'이 철학을 대신하고 있을지 모른다. 문화적 전통이 붙박여 있는 교육, 그 전통을 재발견하고 재구성해야 하는 한국교사들이 비로소 제대로 철학을 한다. 교사들은 철학하기를 요청받고 있다. 한때 그 요청에 응하여 소리 높여 외치기도 했다. 오늘 여전히 구호로 외치는 것에 싫증난 교사들이 교육을 철학하려는 욕망을 표출하고 있다. 어떻게 철학해야 하는가? 프레이리가 일러준 대로 고발과 선포의 어법을 구사하면 된다.

교과교육을 잘하는 교실과 학교를 만들어내는 교사가 되고, 그 경험을 가지고 교육일반을 말하고 역사를 웅변한다. 이것이 교사의 과학적 태도이다. 이것이 교사를 이해하는 과학적 개념이 된다. 그 교사는 틀림없이 '교육은 삶의 방식 변혁을 매개하는 사람관계'라고 아주 포괄적으로 규정할 것이다. 거기서 교사들은 교육을 인식하는 공동기반을 가진다. 거기서 교사들은 듀이가 말하는 공동의 이해관계를 발견하며 민주주의를 산다.

참고문헌

조용기(2005), 『교육의 쓸모』, 서울: 교육과학사.

장 지글러 저, 양영란 역(2005), 『탐욕의 시대』, 서울: 갈라파고스.

김덕영·윤미애 옮김(2005), 『짐멜의 모더니티 읽기』, 서울: 새물결.

존 듀이 지음, 이홍우 역(1990), 『경험과 이해의 성장』, 서울: 교육과학사.

허숙 역(1992), 『교육과정과 목적』, 서울: 교육과학사.

배평모 편저(2000), 『거창고등학교 이야기』, 서울: 한걸음.

브루너 저, 김인식 외 역(1992), 『교육의 적합성 논쟁』, 서울: 교육과학사.

콜버그 저, 김민남 외 역(2005), 『도덕발달의 철학』, 서울: 교육과학사.

프레이리 저, 교육문화연구회 역(2002), 『희망의 교육학』, 서울: 아침이슬.

화이트헤드 저, 오영환 역(2004), 『교육의 목적』, 파주: 궁리.

이사도라던컨 저, 최혁순 역(2004), 『이사도라 던컨의 무용에세이』, 서울: 범우사.

지은이 ─────────────────

연구책임자 : 이경숙(경북대학교)

편 집 자 : 김종혁(배재대학교)

공동연구자 : 김민남(경북대학교)

　　　　　　김부태(경북대학교)

　　　　　　김종혁(배재대학교)

　　　　　　박태수(연변대학교)

　　　　　　손종현(대구가톨릭대학교)

　　　　　　윤선진(경북대학교)

　　　　　　이상원(경북대학교)

떠남과
남겨짐의
교육

초 판 인 쇄 | 2013년 3월 4일
초 판 발 행 | 2013년 3월 4일

지 은 이 | 이주와 교육 프로젝트팀
펴 낸 이 | 채종준
펴 낸 곳 | 한국학술정보㈜
주　　소 | 경기도 파주시 문발동 파주출판문화정보산업단지 513-5
전　　화 | 031) 908-3181(대표)
팩　　스 | 031) 908-3189
홈 페 이 지 | http://ebook.kstudy.com
E - m a i l | 출판사업부 publish@kstudy.com
등　　록 | 제일산-115호(2000. 6. 19)

ISBN　　978-89-268-4137-2 93370 (Paper Book)
　　　　978-89-268-4138-9 95370 (e-Book)